U1020337

"十二五"国家重点图书出版规划项目

社会学文库 SOCIOLOGICAL LIBRARY 主编 郑杭生

关系社会资本新论

陈云松 / 著

New Perspectives on Social Capital

中国人民大学出版社
·北京·

社　会　学　文　库　编　委　会

主编 郑杭生

编委（按姓氏笔画排序）

马广海　王思斌　王雅琳　田毅鹏　包智明
庄孔韶　刘少杰　刘世定　刘祖云　关信平
江立华　孙立平　苏国勋　李　强　李培林
李路路　吴忠民　沈关宝　宋林飞　张　静
周晓虹　侯钧生　洪大用　郭于华　郭志刚
黄　平　景　军　景天魁　蔡　禾　潘绥铭
戴建中

总　序

现在，文库不少，社会学文库也有几个。在这样的情况下，接受中国人民大学出版社的委托，主持一套社会学文库，就不得不追问自己：这套文库只是单纯在数量上增加一个文库而已，还是应该在质量上力求有自己的某些特点？这就是本套文库不可避免要面对的定位问题。经过考虑，本套文库的定位至少涉及如下四个方面：

第一，它是一套研究性的文库。就是说，进入本套文库的著作，必须是研究性、探索性的。研究性、探索性的必备要素是与某种新的东西联系在一起的，即有某种创新性，因此，它们不同于一般资料性的、介绍性的、编译性的作品。这并不是说后者不重要，而是说，因为类别不同，后者应该有自己的出版渠道。

社会学研究无疑涉及诸多方面，有理论研究和经验研究、定性研究和定量研究，有对现实社会现象的研究，又有对社会学本身的研究，等等。本文库欢迎一切真正有研究价值的著作；同时，根据社会学国际化与本土化相结合的要求，根据本国的国情，把重点放在如下几个方面：

——对转型中的中国社会的认识有所深化的研究著作。

——对有中国特色的社会学理论有所贡献的研究著作。

——对世界社会学的新发展和走向有所把握的研究著作。

第二，它是一套精品性的文库。就是说，在研究性的著作中，我们更看重精品之作。所谓精品，在内容上至少要符合下述几条中的一条或同时具有：一是能够从社会学的视角对人们普遍关心的社会热点和焦点问题做出有说服力的分析，公认有真知灼见，经得起时间和历史的考验。二是能够对实现“增促社会进步，减缩社会代价”的社会学深层理念有所贡献。三是对社会学的学科建设和理论创新有所推动。四是对中国社会学的国际化和本土化有所促进。而在形式上，要有与内容相匹配的叙述形式，要有较好的可读性，力求深入浅出，尽可能雅俗共赏，为大家所喜闻乐见。

第三，它是一套使社会学界新生力量脱颖而出的文库。就是说，通过研究性的精品之作，使那些在社会学界没有什么知名度，或知名度不高的“无名小卒”、新生力量、后起之秀程度不同地提高知名度，把他们实实在在地介绍给学界和社会，使他们尽快成为学界名人，在这个意义上，本文库也许能够成为培养社会学人才的有效渠道之一。众所周知，没有或缺少新生力量的学科和学界，是没有什么希望的。这当然在任何意义上都不是说可以忽视现在的学界名人，他们是我们最重要的依靠力量，他们负有提携后进的重任。我们真诚希望现有的学界名人和即将脱颖而出的学界名人，共同使本文库成为名副其实的名人文库，在学界和社会上发挥更大的作用。

第四，它是一套供不同学派观点争鸣的文库。一个没有不同学派争鸣的学界，不能说是成熟的。我在社会学界多次强调“要多一点学派，少一点宗派”。因为学派之争是学术问题、学术观点的争论，用的是学术标准，可以争得面红耳赤，但过后仍然是朋友；宗派之争则用非学术标准，党同伐异，大有“谁不和我们歌唱，谁就是我们的敌人”的“气概”。因此，学派之争，与人为善，相互切磋，推进学术；宗派之争，与人为恶，相互攻击，阻碍学术。如果本文库在促成不同观点的社会学学派形成方面、在促成不同学派展开富有成果的争鸣方面，起到了应有的积极作用，我们将会感到非常高兴和欣慰。本文库将对各种不同观点的学派一视同仁。

总之，我们真诚希望本文库能够出研究成果、出精品、出名人、出学派。简言之，我们把“四出”作为中国人民大学出版社社会学文库的定位。

古人曾说过这样的意思：定位于“上”，可能得乎“中”；定位于“中”，可能得乎“下”。本文库这种“四出”的定位，从目标上说应该属于“上”，但结果仍有两种可能：或“上”或“中”。我们希望能够争取前一种可能，避免后一种。最后究竟如何，当由读者和时间来鉴定。

应当指出，本文库是在一个不平常的时候出版的。

首先，无论是就政策环境和体制条件来说，还是就国内氛围和国际环境而论，中国社会学正处在新中国成立以来最好的大有可为的发展时期。现在，社会学的学科地位，即作为要加强的哲学社会科学基本学科之一，得到了确认。人们越来越体会到社会因素即非经济因素对改革、发展、稳定的重要性，从而也认识到以非经济因素为切入点的社会学，也和以经济因素为研究对象的经济学一样，是一门与每个人的实际生活息息相关的学问，是一门推进改革、发展、稳定的科学，感受到有许多问题需要从社会学的视角来看待和解读，并领悟到社会学的理论研究和经验研究是制定符合实际情况的社会政策的基础环节。人们对社会学从不了解、不甚了解甚至误解到逐步了解；一些社会学的用语（如社区、社会化、弱势群体、社会转型、良性运行等）日益普及化、大众化，其中一些还为政府部门所采纳和使用。这使中国社会学的发展不仅有了自上而下的体制条件，而且有了自下而上的社会氛围。经过激烈竞争，中国社会学界获得了第三十六届世界社会学大会的主办权，该届会议的主题是“全球化背景下的社会变迁”，将于 2004 年 7 月在北京召开，由中国社会科学院社会学研究所承办。现在欧美社会学界都十分关注中国社会的变化、中国社会学的研究。无疑，在世界社会学的格局中，与欧美强势社会学相比，无论从规模、投入，还是从成果、影响等方面说，中国社会学仍然是弱势社会学。强势社会学界如此关注中国社会的研究，对植根于本土社会的中国社会学界来说，既是一种沉重的压力，同时又是进一步发展的强大动力。在这样的情况下出版本文库，应当说是正当其时。我们希望不要辜负这样好的条件。

其次，这种不平常性还表现在世界社会学正处在自我反思和重建的过程之中。这种自我反思和重建的趋势并不是凭空而生，而是有现实根据的。这就是旧式现代性的衰落、新型现代性的兴起。我认为，这种旧式现代性的衰落、新型现代性的兴起，既影响着中国社会学的国际化，又影响着中国社会学的本土化。关于这一点我想多说几句。

所谓旧式现代性，就是那种以征服自然、控制资源为中心，社会与自然不协调、社会与个人不和谐，社会和自然付出双重代价的现代性。20 世纪向 21 世纪的过渡时期，全球社会生活景观呈现出重大转折的种种迹象，人们看到：人类对自然的倒行逆施造成了越来越严重的"绿色惩罚"，导致了天人关系的紧张，甚至"人类对自然的战争，变成了人类自我毁灭的战争"；人欲的激发和资源的匮乏所引发的对资源控制权力的争夺，又不能不导致价值尺度的扭曲、伦理准则的变形、个人与社会的关系的恶化。旧式现代性已经进入明显的危机时期。这样，在世界、在中国，探索新型现代性便成为一种势在必行的潮流和趋向。

所谓新型现代性，是指那种以人为本，人和自然双赢、人和社会双赢，两者关系协调和谐，并把自然代价和社会代价减小到最低限度的现代性。从中国社会转型加速期取得的巨大社会进步和付出的种种社会代价中，我们都能从正反两方面，亲身体会到新型现代性的深刻意涵。

就两种类型的现代性与社会学的关系而言，过往的旧式现代性锻造了以往的社会学——它的感受力和想象力、设问和眼界，甚至它的理论抱负和期望所能达到的限度。当现代性面临重大转折之时，必定也是社会重构、个人重塑、个人与社会的关系发生重建之日。社会学不可避免地卷入其中，经历预设的根本变化、视野的重大调整、理论的重铸和再生过程。

对旧式现代性做出反应的，不仅有新型现代性，而且还有后现代性。如果说，新型现代性是对旧式现代性的一种积极、正面意义的反思，那么主张后现代性的后现代主义则一般是对旧式现代性的一种消极、否定意义的反应。后现代主义批评旧式现代性的弊病是对的，但它的解决方法不是革除弊病，而是连现代性也加以抛弃，从而走向了极端。它对社会和知识基础的所谓"解构"，无助于增进社会的和谐。

因此，处在这样一个旧式现代性步入没落、新型现代性勃然兴起的历史时期，中国社会学必须顺应时代的要求，跟上世界社会学重建的步伐，结合中国的实际，在理论研究上开拓出新的学理空间。而经过我国快速转型期独特经验的熏陶，中国社会学界的主体性、自觉性和敏锐性已经大为提高，将有助于达到这一目标。

我们也真诚希望，本套文库能在实现上述目标的过程中发挥应有的促进作用。

以上权且作为本文库的序言，与大家共勉。

郑杭生

2003 年 8 月于气和文轩

目　录

实证篇

本土篇

导言：社会资本研究的兴起与瓶颈

自20世纪50年代以来，“社会资本”逐渐成为一个新兴、热门却又充满争议和歧义的重要概念。我们知道，无论是群体层面的公共参与和社团参与，还是个体层面的社会交往和人际关系，它们所带来的嵌入在网络中的社会资源，都会在群体或者个人层面对经济社会结果产生重要的影响。因此，所谓群体层面的社会资本，指的是能够给为群体特别是网络全体成员带来收益的社会网络资源；所谓个体层面的社会资本，即关系社会资本，指的是为个体带来效益的社会关系资源。“群体社会资本”的理论渊源可以追溯到梭罗和托克维尔，并通过罗伯特·帕特南（Robert D. Putnam）的一系列重要著作而广为人知。“个体社会资本”则从马克·格兰诺维特（Mark Granovetter）对于弱关系的论述而逐渐发展成熟起来，也即罗纳德·博特（Ronald Burt）、波茨（Alejandro Portes）、林南、边燕杰和莫维（Ted Mouw）[①] 等中外学者视界中的社会资本。尽管两者都是网络即社会“关系”或“连带”（social ties）所附着和带来的资源，但显然与帕特南、科尔曼（James S. Coleman）等人关注的社区、地区甚至国家层面的团结、公共参与、信任等“群体社会资本”具有一定的差异。“个体社会资本”，即“关系社会资本”，其相关概念和理论经过近半个世纪以来的发展，已经形成了一系列的术语、测量工具、分析方法和结论。而在群体层面，由于诸多大家尤其是早期的社会资本学者在社会资本定义和结果方面存在不少含糊之处，这方面的文献和实证研究更加繁多且结论不一。

“社会资本”因为定义含混不清而长久以来颇受争议（Portes，1998；

① 莫维在一些研究中也被译作墨乌、莫尔和毛泰德（梁玉成，2010；吴愈晓，2011；林南，敖丹，2010）。

Durlauf，1999；Manski，2000；边燕杰，2004；张文宏等，2004；罗家德，赵延东，2005）。本书所涉及的社会资本仅指向个人层面，而非集体层面的信任、社会规范等等。我们把社会资本理解为“嵌入一种社会结构中的、可以在有目的的行动中摄取或动员的资源”（Lin，2002）。“嵌入性资源”是一个宽泛的定义，这就使得社会学家对个体层面的社会资本与曼斯基（Charles F. Manski）和杜尔拉夫（Steven N. Durlauf）等经济学家对社会资本的理解得以兼容。比如，莫维在一篇重要的文献回顾里就指出，同群效应（peer effects）或社区效应（neighborhood effects）引起的社会互动（social interaction）都可以被“归入社会资本的定义”（Mouw，2006）。就此而言，凡是能影响个体行为或结果的某个参照群体（reference group）的特征、行为或结果，都可以被视为嵌入性资源（类似定义参见 Durlauf，1999；Portes，1998），即社会资本。本书采用这一宽泛的社会资本概念，是因为它可以提供更为丰富的文献。这些文献中有关因果推断识别的策略，为我们如何在今后的经验研究中纠正估计偏误提供了经验和教训。

社会资本的概念的重要性，可以从这一领域的大量研究成果和更为深远的文化影响力中得到印证。在谷歌学术中，搜索“social capital”可以得到 4 230 000 篇文献；在中国知网数据库中搜索“社会资本”，可以得到 54 900 文献。而利用文化大数据，我们更能发现，“社会资本”概念的扩张和勃兴，已经超越了社会分层、社会流动、社会阶级等社会学传统的研究重镇。图 1 是基于谷歌图书 800 万种英语书籍的词频统计曲线，展示了 1900 年到 2008 年各相关词汇在百万书籍总体中的出现频次变迁。因为这些海量的书籍代表的是整个社会的知识和观念，而不仅限于学术界的影响，所以在图中出现得越多，其文化影响力就越大。

在图 1 中，我们比较了社会分层和流动、社会资本和网络两大研究领域的 8 个最具代表性的术语（社会身份，social identity；社会地位，social status；社会运动，social movements；社会流动，social mobility；社会分层，social stratification；社会资本，social capital；社会网络，social networks；社会阶层，social class）。这两个领域的研究，尤其集中了社会学近十年来的热点。但它们的词频比例却不尽相同。

我们能看到，社会分层和社会流动的词频比例在 1975 年左右达到高峰，然后开始下降。而社会运动和社会网络的词频比例则从 20 世纪 80 年代末 90 年代初迅速上升，约在世纪之交分别超越社会地位和社会流动。同样在这段时间附近，社会资本的词频比例也迅速超越社会流动，且增长速度更快，到 2003 年左右已经超越社会阶层成为词频最高的领域。为比较中西差异，我们也对简体中文语料库进行了同样的检索。结果同样是社会资本和社会网络的词频比例在 2004 年前后超越了社会阶层和社会流动（图 2）。这充分反映了社会资本研究，无论是在西方学术界还是中国学术界，都是一股新崛起的强大洪流。

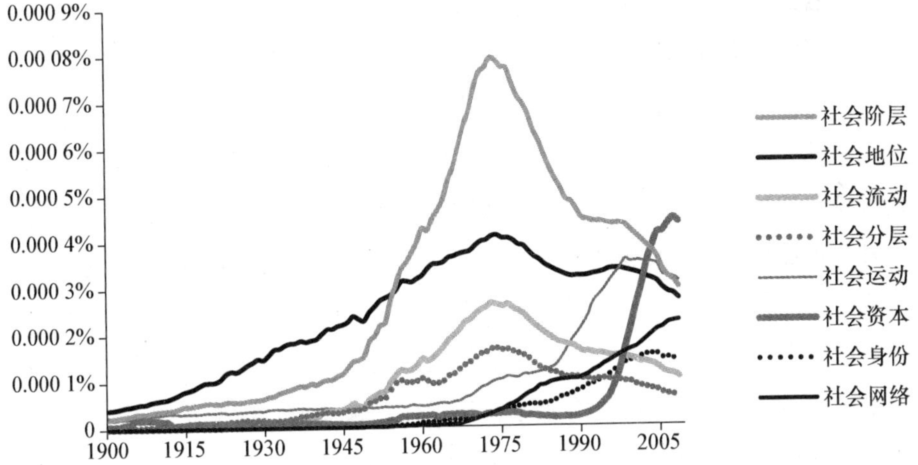

图 1　社会学研究热点领域的词频比例历史曲线

（谷歌图书英语语料库 1900—2008）

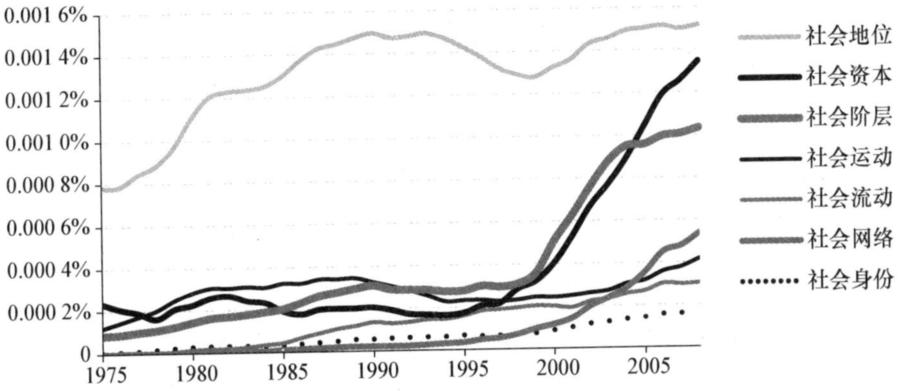

图 2　社会学研究热点领域的词频比例历史曲线

（谷歌图书简体中文语料库 1975—2008）

社会资本研究的兴起，恰逢定量方法在社会学中的勃兴。也因此，社会资本和相关概念从一开始就伴随着统计描述和分析。从 20 世纪七八十年代格兰诺维特的小规模样本描述、林南的纽约州阿巴尼样本描述、马斯登（Peter V. Marsden）的底特律经典研究（DAS）、边燕杰的天津城市样本分析，到 21 世纪初莫维、陈云松对高级计量模型的倡导，定量分析始终是社会资本研究的主要工具。一方面，这使得社会资本研究从一开始就遵循社会科学的原则和标准，获得了其他很多社会学概念所未能拥有的说服力。另一方面，定量分析尤其是基于抽样调查的数据分析的内在缺陷，也必然会形成社会资本研究的瓶颈。其中，最主要的瓶颈，有两个方面。

第一，社会资本概念长期以来强调客观性，但对其主观建构性认识不足。迄今为止，社会学家、经济学家对个人层次社会资本的定义、测量和分析始终是一种“上帝视角”。也即，社会学家是作为客观冷静的第三者在计算、分析行动者的社会资本存量和使用。而问题在于，尽管社会资本可以被理解为一种客观的存在，但其积累、分布和演化，却和个体的主观判断、经验等息息相关。以最简单的二元连带为例，人与人之间的友谊或者关系往往存在着不对称性。当关系一侧的个体对连带强度（关系强度）或者对方资源量判断不准确之时，其所预期的社会资本往往不一定被获取，即便获取了，也往往不一定能给自己带来预期的帮助。而重要的是，社会资本不是一次性消费品。针对某一个潜在的资源提供者（即帮助者、关系人），某一次以社会资本为目标的行动失败或成功，必然会对行动者下一次的决策和行动产生影响，甚至形成一种路径依赖。因此，要全面地理解社会资本，特别是附着于“关系”之上的社会资源，就必须充分考虑其两面性：它既是一种客观的嵌入性资源，又必然因“关系”的变化受到主观判断的影响，因此会随着时间的变化而变化。换句话说，社会资本是结构的，又是建构的。不过，无论是经济学家还是社会学家，以往对社会资本结构性的关注都远远大于建构性，这就容易使得相关的分析容易囿于静态框架。

第二，社会资本的经济社会效应，需要进行反事实框架下的因果推断。近几十年来，社会学家们对社会学发展的现状和目的争议重重。其中一个具有代表性的观点就是，尽管定量分析方法不断发展，但大量的社会学实证研究囿于研究设计、数据质量和模型设置，仅仅停留在统计回归的描述阶段，而缺乏基于因果判断的解释能力。一方面，以谢宇、温希普（Christopher Winship）、索布尔（Michael Sobel）、摩根（Stephen Morgan）和莫维等为代表的社会学家强调社会学分析必须基于反事实因果关系框架，重视回归分析中的模型设置问题（参见 Morgan & Winship，2007）；另一方面，以索伦森（Aage Sorensen）、布丢（Raymond Boudon）、埃尔斯特（Jon Elster）和赫德斯特罗姆（Peter Hedström）为代表的社会学家则强调要把厘清社会机制、社会过程和统计推断结合起来（参见 Hedström & Swedberg，1998；Hedström，2005，2008；陈云松，2008）。虽然侧重点各不相同，但这些社会学家都强调解释性机制或者因果推断是社会学分析的目标。此外，从政策研究的角度而言，也只有因果分析才能预测事件将来在什么条件下能发生并得出干预措施中的控制手段，从而为我们制定对策、改良社会提供依据（王天夫，2006）。

为避免对因果概念进行过多哲学意义上的讨论，本书使用的因果关系概念基于反事实框架（counterfactual framework）。这是一个近年来被主流社会科学界共同接受的因果概念。也即，一个影响因子或者干预（treatment）对个体 i 的因果效应，应该是 i 在控制组和干预组中的两个可能的结果状态之间的差异。也即，$\delta_i = Y_t - Y_c$。但是，好比“人不能踏进同一条河流”，个体 i 的结果，只可能在一个组中被观察到。这样对于 i 而言，Y_t或者Y_c两者有其一必然是缺失数据（关于反事实的定义和框架参见 Holland，1986；Winship & Morgan，1999；Winship & Sobel，2004）。谢宇（2006）曾经以大学教育为例来说明该问题。比如，在分析大学教育与个体的收入的因果关系时，对于一个上大学的学生，我们不可能获得他不上大学的情况的数据。因此，社会学定量分析中只能用平均干预效应（average treatment effect）来替代：估算一组大学生（干预组）与一组非大学生（控制组）之间的平均收入差异，即 $\bar{\delta} = \bar{Y}_t - \bar{Y}_c$。但这个替代的前提是，干预组和控制组必须在其他收入因素上是一致的。也即，两组人的年龄、性别、家庭背景、智商、性格等等的平均值都一样。一旦两组之间在某个变量 E 的均值上不一致（例如性格，往往难以采集数据），且这个遗漏掉的变量本身和解释变量又有关系，那么我们估算出来的 $\bar{\delta}$ 就是有偏差的，甚至是伪相关，因果判断就无从谈起。

从计量经济学的术语角度来讲，在回归分析当中，我们一般通过控制一系列的变量来使得两组别具有可比性。但是，总有那些无法被观察的或者学者没有想到的变量会导致两组之间不具有可比性。对于回归方程而言，这就意味着解释变量和遗漏误差项出现了相关，不能满足高斯-马尔可夫定理(Gauss-Markov theorem)，估计参数就会有偏误。在计量经济学领域，这个问题一般称为内生性（endogeneity）问题（参见 Wooldridge，2006；Cameron & Trivedi，2005）。不管是计量经济学还是定量社会学分析，由于绝大多数实证研究基于非实验性数据，也即无法保证实验组和控制组的相似性，所有基于调查数据的实证研究无一例外都受到内生性问题的困扰。而这些困扰，主要源自一般性的遗漏变量偏误（omitted variable bias）、自选择偏误（self-selection bias）、样本选择偏误（sample-selection bias）和联立性偏误（simultaneity bias）等多个方面。[①] 既然社会学的研究旨趣在于某种机制或因果关系，而非局限于描述变量之间的统计相关，那么内生性偏误就应该成为社会学定量研究中必须直面的问题。在社会学研究领域，尽管对于反事实因果关系、模型识别策略的关注一直存在（如 Winship & Morgan，1999；Sobel，1996；Morgan & Winship，2007），但在大量的实证研究中，内生性问题往往被一笔带过，甚至不加提及。而且，回顾性文献也缺乏对内生性问题的全面梳理［唯一的例外可能是莫维（Mouw，2006）对于社会资本因果效应的文献回顾］。而社会学中文文献对内生性问题则关注更少。王天夫（2006）和章奇（2008）对社会科学领域因果分析的基本概念进行了非常好的回顾，但对和因果推断紧密相关的内生性问题及其解决方案却没有进行深入探讨。

社会学定量研究中，内生性问题的主要解决方法可以概括为四个方面。

第一，解决遗漏变量偏误。主要有 6 种策略可用于消解遗漏变量偏误问题。一是利用非传统数据作为遗漏变量的替代以控制潜在的遗漏变量。二是依赖于变量在时间维度上的差异，运用固定效应模型去控制时间固定的非观测因素。三是利用组内策略，即用非时间性的组内差异去估计固定效应模型。四是使用工具变量。五是双重差分。六是断点回归。

第二，解决自选择偏误。在实证研究中解决自选择偏误，最直观的方法就是设法使得选择行为不存在。因此，随机分配是解决该问题的最佳途径，因为它可以确保主解释变量和未观测因子之间没有任何关联性。解决自选择

① 实际上，还有一些导致内生性问题的来源，比如测量误差等等，限于篇幅，这里不加讨论。

偏误的方法主要有三：一是实验或自然实验。在社会互动研究中，外生性干扰（如自然实验、政策介入或自然发生事件）可以用来建构排除限定（即工具变量）以帮助识别模型。二是匹配法。罗森鲍姆和鲁宾（Rosenbaum & Rubin，1983）将其命名为倾向评分匹配（PSM）方法。其直观的理念是，用尽量相似的控制组或对照组成员来进行比较以减少偏误。三是建立选择过程模型。

第三，解决样本选择偏误。被广泛用来解决样本选择问题的方法是赫克曼的二阶段法。该方法的主要特点是简明性以及 OLS 回归技术（标准最小二乘法）在研究中的普遍运用。当然，该方法也有若干问题，包括二分因变量的误用、反向 Mills 比率的计算难度大、错估标准误差，以及真实模型的修正项与其他回归量之间的共线性。

第四，解决联立性偏误。联立性偏误实际也可以看成是一种特殊的遗漏变量偏误，因此工具变量方法显然适用。近来的研究常常采用外生性政策的干预或者对部分样本的外生干扰来充当工具变量。

尽管这些方法在定量社会学分析中得到了初步使用，但总体上社会学领域内相关的分析较为零散，也未有专论对此进行梳理。本书并非计量方法的教材，但我们试图通过对相关内生性问题最为文本化、直觉化的描述，来说清楚相关的概念、理论与方法，并通过基于社会资本的实证研究来展示这些方法的应用和组合应用案例。通过对案例章节的阅读，可以比较快速地对反事实因果推断方法在社会资本领域的应用有系统性的认识。如果能够起到这样的作用，我们就非常欣慰了。

理论篇

第一章　社会资本的本体论：从嵌入性资源到心灵图谱

导读：以往对个体社会资本的测量和分析均将其视作客观的嵌入性资源，而对其主观建构性关注极少，这使得社会资本分析容易囿于静态框架。本章从清代权臣年羹尧与雍正之间的互动案例入手，引入布迪厄的“惯习”和“场域”概念，提出“建构性”社会资本的定义：行动者的惯习对场域性资源的主观判断。在此基础上，本章详细阐述建构性社会资本的分布和积累图式，并初步提出社会资本的结构性、建构性以及动态演化三类模型。通过把经典理论、质性研究与量化研究三者结合起来，本章从认识论层次进一步扩展对社会资本概念的理解，并为本土化的实证分析和仿真研究奠定概念基础。

社会资本一直是社会科学界不断争论的话题。尽管所有学者都认为参与互动的成员维持和再生产了这种社会财产，但社会资本概念的模糊性的确造成了很多“理论和测量上的歧义”（林南，1999a）。林南（1999a）在回顾分析了各家的研究之后认为，针对社会资本的研究主要存在两个视角，“一是关注个人对社会资本的使用……二是关注群体层次的社会资本”。本章专注于个人层面的社会资本、网络资源，而非社群中的信任、共鸣等群体资产。同时，本章关注的是中国社会中的个人社会资本行为，将“关系”视为社会资本得以生成、使用、积累和演化的社会结构。而“关系”本身是一个因人而异、因时而异的变化中的社会网络。因此，本章也是“关系社会学”对社会资本经典概念的一次反思（Bian，2001；边燕杰，2004）：西方学者提出的社会资本，多考量其嵌入性、结构性，而我们强调社会资本所得以生成的“关系”

的建构性，从动态演化的角度来理解社会资本。

社会资本尽管可以被理解为是客观存在的，但是个体的主观判断、经验同样影响着社会资本的积累、分布和演化。举例而言，人与人的关系通常并不对等，个体对两者间关系强度的不同判断会影响个体的预期以及相应的行为选择。同时，某一次以社会资本为目的的行动结果必然影响着个体下一次的行动选择。故此，社会资本既是客观的嵌入性、结构性资源，也是主观的心理建构。但诸多现有研究仅关注社会资本的结构性而不是建构性。本章将以一个穿越式的假想研究课题为缘起，以反思的形式来阐明社会资本建构性对于社会科学研究的重要意义。这个假想的课题，就是让以社会资本研究而知名的中西学者们，回到1725年的中国，来测量一下在一年中从大将军沦为死囚的年羹尧的社会资本。在此基础上，本章结合布迪厄著名的“场域”与“惯习”的概念，进一步提出社会资本的建构性定义、分布图式和动态演化模型。该定义及模型的提出，可以进一步加深我们对社会资本生成、积累、演化的理解，为未来更好地进行社会资本测量和动态分析提供基础。此外，把经典理论、质性研究与量化研究三者结合起来，本身也是方法上的一个新的尝试。

一、穿越式的假想研究：年羹尧的社会资本

年羹尧，汉军镶黄旗人。《清史稿》载：“雍正初，隆科多以贵戚，年羹尧以战多，内外夹辅为重臣。”（赵尔巽等，1977）其实，年羹尧一个更为重要的身份就是清世宗雍正入承大统的功臣。根据清史一代宗师孟森先生的考证，早在康熙四十八年（1709年）皇四子胤禛刚刚被册封为雍亲王之时，年羹尧就已经是“雍邸私人”。雍正继位一向是清史界争议不断的话题，但有一点是公认的，那就是年羹尧的军权，对皇位的强有力竞争者十四阿哥允禵起到了牵制作用，从而确保雍正的顺利继位。十四阿哥允禵是雍正的胞弟，极得康熙的喜爱，在外掌抚远大将军印，是继位的热门人选。康熙六十一年（1722年）十一月十三，理藩院尚书隆科多口含天宪，在畅春园宣布由皇四子克承大统。作为皇位有力竞争者的十四阿哥，当然咽不下这口气。不过，他在甘肃军中受到年羹尧的暗中牵制，等回到北京奔丧，四哥已经坐上龙椅，

其反应也只能是“举动乖张，词气傲慢”，最多不过对雍正“肆其咆哮”了。因此，孟森先生（2000）考证说：“羹尧为雍邸心腹，世宗之立，内得力于隆科多，外得力于年羹尧，确为实事。”

年羹尧在雍正继位后掌抚远大将军印，任甘陕总督，累封太子太保、一等公。可惜月满则亏，雍正三年（1725 年）二月庚午，日月合璧，五星连珠，年羹尧上了一道贺疏，用《易经》中的“朝乾夕惕”来赞美雍正的辛勤工作。可年毕竟是个武夫，把“朝乾夕惕”写成了“夕惕朝乾”。按道理皇帝应该一笑置之，然而雍正却龙颜大怒，叱责年羹尧有意倒置，批示说：“羹尧不以朝乾夕惕许朕，则羹尧青海之功，亦在朕许不许之间而未定也。”（赵尔巽等，1977）自此，年羹尧祸事连连，数月内从大将军被连降为杭州将军、闲散章京，直到职爵尽削。当年腊月（即 1726 年初）被逮捕归京，定大罪九十二款，最后于狱中自裁。年羹尧的长子被斩，其他 15 岁以上的儿子被流放。《甄嬛传》里失宠的年妃，确有其人，也确因兄长而失宠。

选择 1725 年的年羹尧作为本章的焦点案例，有一个非常重要的理由：简化模型。这是因为，这一年里年羹尧的生与死，完全取决于雍正一人的态度。其理性行动的首要目标，就是想方设法取得君主的原谅和宽恕，以消减牢狱之灾甚至延续生命。换句话说，年羹尧作为一个行动者（agent），除了雍正皇帝，其他的社会连带都无关紧要，也无济于事，因而在我们的研究中可以忽略。这样，年羹尧-雍正之间的一个二元连带的社会互动，既是一个完整清晰的分析单位，又比一般行动者的社会网络要简单得多。

（一）学者的尴尬：追问社会资本

假设我们让社会资本研究领域的代表性学者穿越到 1725 年来开一个圆桌会议，定义和测量年羹尧的社会资本，场景会如何？

博特宣称社会资本是年羹尧圈子里的事情，是年羹尧的“朋友、同事以及更一般的熟人，通过它们获得使用金融和人力资本的机会”（Burt，1992）。不过，当博特试图以问卷的形式来调查年羹尧的社会资本之时，问题就难免凸显了出来。显然，年羹尧要首先问自己：谁是朋友？谁是熟人？谁首鼠两端？谁两肋插刀？而在 1725 年，最重要的是：谁能够帮自己解决贬官流放的问题？如果是皇帝，他是不是重感情、贵承诺，会不会念及当年主仆恩情而挽回震怒？问题在于，对关系的判断力是非常个人化的。有人世事洞明，有人糊里糊涂。让 1725 年的年羹尧来填写一份 CGSS 式的问卷，无论用定名法（name generator）还是定位法（position generator），社会学家们得到的这份数据，指向的都必然是雍正皇帝。年羹尧深知，唯有端坐龙庭的雍正才能挽回他的命运，而年羹尧至死也都认为皇帝会有心回意转的时刻。可是，了解真实历史轨迹的我们定会追问：这得来的指标是否真实有效？当年羹尧在“最亲密的朋友”一栏里写下雍正的名字之时，是不是过于一厢情愿？当皇帝以职业编码里的最大值出现在社会资本数据中时，是否真的代表着挽救年羹尧的力量，还是相反？

科尔曼一如往常高屋建瓴但是语焉不详。他会把年羹尧的社会资本定义为年大将军“个人拥有的社会结构资源”，然后模棱两可地说它“由它的功能决定”，会“促进处在结构内的个体的某些行动”（Coleman，1990）。问题在于，1725 年的腊月年羹尧才得到赐死的圣旨。也就是说，在这一年的绝大多数时点上，无论是年羹尧还是科尔曼都无法得知这次事件的最终结果，无法判断社会资本的功能是否实现：如果年被宽恕了，就说明他的社会资本起作用了，他把资源转化为了生存权；而如果年被杀，则说明他寄予希望的社会资本压根不够或者压根就是找错了人。但在生死判决出来之前，难道一个人的社会资本如同“薛定谔之猫”① 一样，是一个介于“生”和“死”、“足够”和“不够”之间的不可知的函数吗？②

波茨说社会资本是年大将军“与他人关系中所包含的一种资产”，是“嵌

① 薛定谔之猫是著名量子物理学家薛定谔于 1935 年提出的一个佯谬。薛定谔设想在一个封闭盒子里面有个放射源、一只猫、一个毒药瓶。放射源每秒以 50%的概率放射出一个粒子。一旦粒子发射出来，它将通过一个巧妙的传动机构将毒药瓶打开，猫就会死亡。现在要问：1 秒钟后盒子里的猫是死还是活？按照量子力学的叠加性原理，1 秒钟后盒子处于无粒子态和一个粒子态的等概率幅叠加态。既然微观的放射性粒子是处于 0 和 1 的叠加态，那么宏观的猫也应处于死猫和活猫的叠加态。这就与我们的日常经验严重相违，因为要么死，要么活，不可能不死不活。量子理论对此的解释是：如果没有揭开盖子，我们永远也不知道猫是死是活。在揭开盖子的一瞬间，猫的波函数由叠加态立即收缩到某一个本征态。通过这个佯谬，薛定谔想要阐述的问题是：宏观世界是否和微观世界一样也都遵从量子叠加原理？薛定谔之猫与我们的常识相违背，看似否定了宏观世界的量子叠加态，然而 1997 年科学家还是在离子阱中观察到了这种“薛定谔猫”态。也就是说，宏观世界中也存在量子效应。

② 科尔曼被批评为在进行“循环论证”（circularity）的道理正在于此。既然社会资本的存在只有靠它的结果来证明，那么如果没有一个“事先边界”（ex ante perimeter），就无法界定社会资本（Durlauf，1999）。

入的结果”。而这个社会资本，是年羹尧“个人通过其成员身份在网络中或者在更宽泛的社会结构中获取稀缺资源的能力”（Portes，1995）。既然强调是一种获取资源的能力，且这种能力包含在与他人的关系之中，那么我们今天可以反问：仅仅调查社会关系的一端是否合理？作为社会学家，我们是不是也应该去询问一下年-雍二元关系的另外一端？去让雍正皇帝也来坦陈一下他有无可能宽恕年羹尧？

林南的华裔身份或许使他更能深入探寻基于“关系”的社会资本的意义，但他也会遇到挑战。根据林南的说法，社会资本是“嵌入一种社会结构中的、可以在有目的的行动中摄取或动员的资源”（Lin，2002）。但“可以摄取”本身就涉及一个筛选或判断问题。什么是可以摄取的，什么是有希望摄取的，什么是无法摄取的，这些判断由谁来做，依据是什么？如果林南是判断者，那么他的判断和年羹尧的是否一致？实际上，年羹尧至死还认为君主依然对他温情脉脉，甚至会把君主的讽刺当作宽慰，把牢卒老于世故的安慰当作来自紫禁城的宽恕暗示。当我们到杭州城外采访看门人年羹尧并记录他的社会资本时，是否可以说，我们所测量到的社会资本，其实不过是年羹尧一厢情愿的判断，又哪里是客观的嵌入性资源？

边燕杰说社会资本是附着在年羹尧与雍正的“关系”上的资源，拜访、餐饮等等社交行为可以加强这种关系（Bian，2001）。那么，我们要追问的是：年羹尧与雍正之间的关系是一成不变的还是不断演化的？起码我们知道，君臣二人这段缘分，从一开始的亲王与家仆，到后来的君主与权臣，再到死敌仇家，经历了复杂的变化。既然我们提出“关系社会学”，那么我们就应该认识到，关系并不是一成不变的。而关系如何演化，关系的变化对社会资本的分布、积累和使用有何影响，这些都是非常重要的社会资本问题，是“关系社会学”的应有之义。即便我们聚焦代表社会资本积累、维系方式的餐饮行为这个小小的课题，我们也会发现，起码年羹尧与雍正的饭局，从亲王与家仆的欢宴，到君主与权臣的杯盏交错，不同时期的关系机制和资源大相径庭。如果不对关系的变化进行分析，就难免让人觉得“关系社会学”仍未离开社会资本概念的西方窠臼。

用这一连串质疑，其实就是强调一种我们习以为常的社会现象对于社会资本研究的意义，甚至是强调中国人情社会中一个几乎古往今来、人人皆知的社会现实对于社会资本研究本土化所具有的启发意义。这种现象，就是世态炎凉有冷暖、世事洞察有高下。千百年来现实社会生活中的关系也好，门路也好，社会资源也好，凡是涉及社会资本的判断，都是非常个人化、事件化的，都是取决于一时一地的情境，而少有一成不变的。也因此，社会资本是一种不断变化着的结构性资源。对社会资本的分析，我们首先应该做的就是打破静态的、客观的视角局限。

（二）关系的误判：迷雾背后的年雍互动

年雍关系究竟如何变化？因何变化？我们仍然暂时撇开社会资本这个现代概念，先从浩如烟海的清代史料中仔细梳理出微言大义的线索：对于 1725 年苦苦求生的年羹尧来说，雍正皇帝毫无疑问是他脑海中社会资源分布的最大焦点。君主的力量是如此凌厉，能够轻易地改变一个行动者的命运。而年雍二人的关系从开始到最炽烈的信任、友谊，可以说是花团锦簇、烈火烹油的意象：夺嫡密谋使得年雍二人亲如弟兄。这种巨大的社会资本，让年羹尧在春风得意的时代甚至可以僭越礼制。例如，《清史稿》载年羹尧“请发侍卫从军，使为前后导引，执鞭坠镫。入觐，令总督李维钧、巡抚范时捷跪道送迎。至京师，行绝驰道。王大臣郊迎，不为礼。在边，蒙古诸王公见必跪，额驸阿宝入谒亦如之”（赵尔巽等，1977）。有了和皇帝的亲密关系，年羹尧的军法严酷近乎恐怖。野史的记载更令人寻味：“尝舆从出府，值大雪，从官之扶舆而行者，雪片铺满手上，几欲坠指。将军怜之，下令曰‘去手’，盖欲免其冻僵也。从官未会此意，竟各出佩刀自断其手，血涔涔遍雪地矣。”（辜鸿铭等，1998）实际上，年羹尧可以完全不顾及和这些王公大臣以及部下建立维护什么社会关系，因为雍正是他整个宦海生涯的核心，是他需要的几乎所有社会资本的来源。帝王的资源加上看起来牢不可破的连带强度，使年羹尧在率性地破坏那么多社会关系的情况下，非但毫发无伤，还获得人生的巨大成就与满足感。

帝王的资源永远可以决定臣子的起落甚至生死，但人与人之间的关系，此一时彼一时。实际上，雍正登基后，年雍之间已经由简单的主仆之谊变成君臣之道。可惜武夫如年大将军者，仍然以旧日私谊和雍正进行互动。而他当初参与夺嫡密谋的身份，此时却已是雍正心头一块无法落下的石头。这一切，从一开始就注定了年羹尧个人的悲剧。孟森先生从年雍看似热络的君臣对话中，就已找出了世情变换的草蛇灰线。根据对《东华录》和故宫《文献丛编》等大量史料中上谕和奏折的分析，即位后的雍正一直在给年羹尧“灌米汤”。雍正二年（1724 年）三月十八的《奏谢自鸣表折》上，雍正的朱批居然是：“从来君臣之遇合，私意相得者有之，但未必得如我二人之人耳。……总之我二人做个千古君臣知遇榜样，令天下后世倾慕流涎就是矣。”（孟森，2000）这种以上媚下的言辞，在历代帝王的朱批中可谓空前绝后。而年羹尧居然真的谬托知己，认万乘之尊作布衣之交。在《谢珐琅双眼翎折》的最后，年羹尧撒娇卖宠式地向雍正索要赏赐，说“如有新制珐琅物件，赏赐一二，以满臣之贪念，臣无任悚惶之至”。而雍正忍住光火，对这种越轨的言辞只能以半开玩笑的佻词答之，复以“今将现有数件赐你，但你若不用此一‘贪’字，一件亦不给你，得此数物，皆一字之力也”（孟森，2000）。这个“贪”字，分量千钧而年羹尧毫不自知，甚至继续违反规制把很多朱批原本私藏起来留为纪念，或者说是凭证也未可知。

君王累积的怨气，终于到达了临界点。1725 年四月，雍正以修筑城墙而扰民的小事为由，降年羹尧为杭州将军，而让岳钟琪代理甘陕总督和抚远大将军。年羹尧一头雾水，但他也深知，此事不用也不可能指望别人，唯有君主才可以挽回一切。于是，一场年羹尧式上访，从此拉开帷幕。年大将军心中不平，从西安行至扬州的仪征就不再南下，上疏说：“臣不敢久居陕西，亦不敢遽赴浙江，今于仪征水陆交通之处候旨。”（赵尔巽等，1977）此时的年羹尧，试图依仗当年的功劳和主仆之谊，来向皇帝表达内心的疑惑与不快，更期望雍正改变裁决。但清醒的旁观者，岂不知君主的力量越大，年羹尧的负面社会资本就越多，他就越必须一死以谢天下呢？果然，雍正不出意外地“益怒，促羹尧赴任”。同时，在雍正授意下，山西巡抚伊都立、前山西巡抚范时捷、川陕总督岳钟琪、河南巡抚田文镜、原直隶巡抚赵之垣以及侍郎黄炳、鸿胪少卿单畴书等封疆大吏和京官纷纷“交章发羹尧罪状”（赵尔巽等，1977）。可以想象，等待着年羹尧的是四面楚歌，一败涂地。几个月后，北京传来死罪的消息。事已至此，年羹尧不得不采取他最后的求助方式，上了一道《临死哀求折》，说：“臣今日一万分知道自己的罪了，若是主子天恩，怜臣悔罪，求主子饶了臣。臣年纪不老，留作犬马自效，慢

慢的给主子效力。”（孟森，2000）

在这个折子中，作为满大臣的他以“主子”称呼皇帝虽不意外，但可怜的辞气，必然再次唤起雍正对他作为“雍邸私人”的回忆。但可惜的是，当年基于夺嫡密谋而升华的友情，此刻早已是雍正最要避讳的一段历史。年羹尧越是想靠旧情打动雍正，雍正杀人灭口的机心越不可动摇。于是，雍正再也按捺不住，直接回复：“乞命折览。尔既不肯自尽谢罪，朕只得赐你自尽。尔亦系读书之人，历观史书所载，曾有悖逆不法如尔之甚者乎？自古不法之臣有之，然当未败露之先，尚皆假饰勉强，伪守臣节。如尔之公行不法，全无忌惮，古来曾有其人乎？朕待尔之恩如天高地厚，且待尔父兄及汝子汝合家之恩俱不啻天高地厚。朕以尔实心为国，断不欺罔，故尽去嫌疑，一心任用，尔作威福，植党营私，如此辜恩负德，于心忍为乎？尔自尽后，稍有含怨之意，则佛书所谓永堕地狱者矣，万劫亦不能消汝罪孽也，雍正三年十二月十一日。”雍正不但要年羹尧速死，还诅咒他死后如有不平，就会堕入阿鼻地狱。其锥心彻骨之恨，让近三百年后的我们读来都脊骨发凉。

在重访清史的诸多细节之后，我们不难发现，在 1725 年，年羹尧并不理解他和雍正之间关系的微妙转变。他一直在自以为是地寻找、识别那些社会资源，并冒失地加以运用。雍正也从半嗔、警告而最后走向愤怒，最终导致年羹尧的求生目标没有实现。实际上，他的社会资本动员过程，在我们看来无异与虎谋皮，是一种昏聩不堪、无可救药的愚蠢。在雍正皇帝看来，年的社会资本动员过程要么是无礼、冒犯和小小的狡诈，要么是完全没有领悟到天威之不可侵犯。孟森（2000）精辟地分析道：“……羹尧粗材，竟昧古来可共患难难共安乐成例，即无他杀以灭口之故，语言文字之隙，已足以杀身而有余。”在近三百年后，我们尽可以嘲笑年羹尧是个粗材，但问题在于：究竟有哪个行动者可以说自己洞若观火？谁能够不受自身的性格、学识、判断力和过往经验的影响？本质上说，每一个行动者或多或少都是年羹尧，每一个人或多或少都会一厢情愿。从这个角度看，亲密或者疏远的关系、有用或者没有用的资源，有可能只是行动者一方的幻象。既然如此，建立在这种关系基础上的社会资本，除了结构性的一面，必然就包含一种主观的、建构性的特征。

二、社会资本的建构性：布迪厄、惯习与关系

社会资本是一个“动态的实践概念”，是通过人与人的实践互动而形成的（刘少杰，2002）。而“实践”不仅仅是结构性的，还是建构性的。布迪厄（2003）说：“作为实践活动的实践的理论与实证主义唯物论相反，它提醒我们，认识的对象是建构的，而不是被动记录的；它也与理智主义唯心论相反，它告诉我们，这一构成的原则是有结构的和促结构化的行为倾向系统，即惯习（habitus）[①]。”社会资本结构性的一面，也就是它的嵌入性，是众所周知而且很容易被理解的，它也是社会资本概念自诞生之日起最具有启发性、最被重视的属性。但社会资本建构性的一面，则往往容易被忽视。社会资本学者专注于网络、结构洞等客观社会关系，仿佛自己是一个不偏不倚而且全知全能的观察者，分析行动者和社会关系所组成的世界，如上帝般居高临下地解剖一出好戏，对行动者的心智一概以理性选择而蔽之。前文之所以不厌其烦地对诸多社会资本学者进行追问，其目的就是提醒：“单个行为人与未来保持的并支配其现时行为倾向的实践关系，是在两个方面的关系中得到规定的：一方面是其惯习……另一方面则是社会世界客观上给予该行为人的机会之特定状态。”（布迪厄，2003）也就是说，社会资本是结构性和建构性的统一，是客观和主观的共同产物。忽视了建构性，就会把合乎逻辑的事物当作事物的逻辑。

（一）社会资本的建构性定义：基于场域和惯习

“场域”代表着各种不同的社会空间，是“各个位置之间的客观关系网络”（Bourdieu & Wacquant，1992），它展示的是由不同的资本和权力所决定的处于不同位置的行动者之间的客观关系。我们可以把具体的社会资本事件，作为界定社会资本场域的依据。比如，求职的场域，是劳动力市场或者职业分配部门的权力结构。而“惯习”是“持久的、可转换的潜在行为倾向

① Habitus 亦曾被译作“习性”。为统一起见，本章在引用有关文献时做了调整，均采用“惯习”的译法。

系统，是一些有结构的结构”（布迪厄，2003），是“心智和认识结构”，是“结构的内在化产物”（Bourdieu，1989），是“社会结构的嵌入和身体化”，“既低于意识、语言的水平，又高于内省的细察斟酌和意志的控制”（Bourdieu，1984）。场域可以理解为一种社会位置，惯习可以理解为一种性情倾向。而这二者互相定义，高度相关。一方面场域形塑惯习，另一方面惯习赋予场域意义、感觉和价值（Ritzer & Goodman，2004）。实际上，通过惯习和场域的二元整合，布迪厄回避了“个体方法论”和“整体方法论”之间的鸿沟，形成了一种“关系方法论”（methodological relationism），即除了个体和结构，结构与个体之间的关系也应该作为社会学的研究对象（Ritzer & Gindorff，1992）。鉴于布迪厄曾经运用场域和惯习这一对概念，成功地建立起了实践理论，我们同样可以运用这一对概念，对社会资本的定义进行补充。这或许印证了波茨（Portes，1998）对于布迪厄的盖棺论定：“在那些把社会资本概念引入当代社会学话语的学者中间，布迪厄的分析在理论上最为精练，因此它的被忽略令人扼腕惋惜。”

我们把对社会资本的分析起点具体化到行动者的实践层面。每一个行动者的行动虽然不都是绝对理性的选择，但绝对不是建立在一个对情境漫不经心的、毫无历史经验可循的掷骰子式的赌博之上的。布迪厄（2003）强调的实践逻辑“排斥任何形式的算计”，仅仅是因为这种算计早已经被身体化了，并不是说没有算计。在开始一个社会资本行动之前，行动者（即求助者）一般要了解社会资本两个维度的内容：第一，资源的分布情况（distribution），包括要明确哪一类的行动对象的资源有助于达成目标，涉及对社会职位的划分、对事件发生场域的界定以及对资源归属主体的穷举。因此，资源分布是客观的，但正如布迪厄所说的那样，它又会受到行动者的主观估价和赋值。例如，同一社会位置上的资源，即便在同一个人看来，随着时间的变化也会有所差异。第二，资源的可摄取度（accessibility），主要是明确社会联系的紧密程度和远近程度，并由此涉及行动的策略、后果等方面。因此，资源的可摄取度虽然包括客观的因素，但更多的是主观的判断，是行动者对周边他人资源的一种认识和筛选。简单说，可摄取度就是行动者与资源拥有者之间的人际关系的强度（tie strength）。

我们试着对社会资本的概念进行重新定义。由于场域是一种客观的社会结构，首先我们可以把那些由客观的社会联系所指向和连接的资源定义为“场域性资源”。这个概念与林南的“社会资源”概念非常类似。但“场域性”概念本身强调了社会客观关系的结构性，也提出了其受主观评估和被赋予意义、价值的可能性，而“社会”的概念则显得有点含混不清。在引入“场域性”这一结构性概念元素后，我们开始第二步：引入建构性元素。由于处在行动者识别范围之外的“场域性资源”无法被资本化，行动者的惯习会决定哪些“场域性资源”被识别。而惯习更会对这些场域性资源的可摄取度即“关系”进行判断，并通过经验、学习的内化，对场域性资源进行重新认识，从而衡量其真正对自己有用的规模。这样，我们可以得出一个社会资本的建构性定义：惯习对场域性资源的分布判断。而社会资本行动的过程，我们既可以看作一个理性行动的过程，也可以看作“并不是以在按照某一计划建构起来的若干可能性中进行果断选择为目标的某种意识的理智活动，而是惯习的实践活动”（布迪厄，2003）。只不过，惯习并非真的毫无理性，而是被场域所形塑，在行动中调整更新，并赋予场域新的理解。惯习的获得与演化过程，是一个社会化过程，一个学习改变行动信念和决策的过程。通过社会资本的建构性定义，本章要强调的是：社会资本的存在方式是二元的。它有资源的客观属性，也有心理分布图式的主观属性。

（二）社会资本的建构性图式：基于差序格局和资源不平等

在实际生活中，一个人可以说清自己有多少钱、多少个记得名字的朋友。但一个人对自己的社会资本，仅仅有一个模糊的认识。唯有当指定一个事件，或者明确一个工具性目标（比如，求职）时，这个认识才能具体化。那么，一个行动者如何判断自己在事件中的场域性资源的分布和有用规模呢？我们将离开年羹尧，尝试建立起一个“初始事件”的认知三维模型图（图 1-1）。这个模型的本质是一个认知序列，它不是作为第三者的客观记录，而是行动者的主观判断。

1.“初始事件”的蝶形模型

“惯习的预测是一种建立在既往经验上的实践假设，对最初的经验特别倚重”(布迪厄，2003)，因此这个模型的主人，“我”，是一个“初始”的行动者。就事件 A（即一个工具性目标，例如求职）而言，“我”没有大量关于对场域性资源的判断和记忆的累积，对有利于目标达成的资源的了解，也仅仅限于他人的客观身份、职位。对与他人之间互动的程度和社会心理距离的判断，也仅仅具有一些最基本的人生体验。总之，“我”仿佛是一个刚刚跨进社会工作的年轻学生。在图 1-1 中，横坐标“交往面”是以行动者“我”为核心的同心圆，表示在“我”心目中与周围人的交往亲密程度，也可以理解为费孝通（1998）的“差序格局”。在横坐标上，离圆心越远，“我”对社会资源的摄取难度就越大，争取到资源的概率就越小。而纵坐标则表示场域性资源的多少。于是以“我”为轴心，形成一个底面为圆的三维坐标系。“我”周边的每一个人都在这个坐标系中有一个位置。接下来我们具体定义事件 A，即定义一个工具性目标。一般而言，由于社会中的资源分布往往是不均衡的，就某个目标（事件 A）而言，往往那些对目标最有帮助的人，未必和“我”有最亲密的关系。甚至，往往是距离越远的人所具有的资源越多。因此，“我”周边的场域性资源的分布，必然呈蝴蝶状，即图 1-1 中 A1、A2、A3、A4、A5 五个点所决定的分布面。A2 的纵坐标代表“我”自己的资源，A1 和 A3 的纵坐标代表资源的达高性，A4 和 A5 的横坐标是“我”的关系格局中最远的边界。

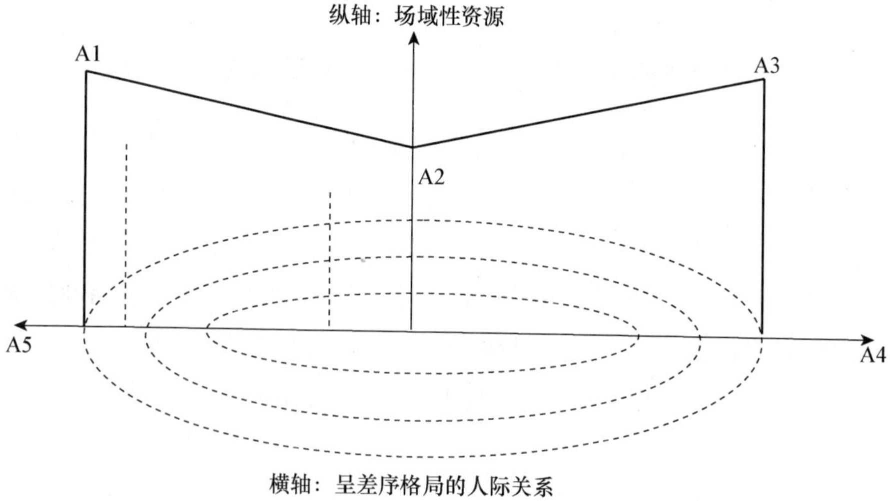

图 1-1　“初始事件”的蝶形模型

假定在事件 A 中，根据“我”的判断，有三个最可能提供帮助的朋友。

其中，朋友1资源最多，但关系相对疏远；而朋友3和“我”关系最好，但资源最少；朋友2则处于两者之间。假定“我”决定采取社会资本行动（即求助）且只能求助一人，那么这个选择就完全取决于对分布面A中的三者心理距离和资源这两大要素的综合权衡：关系远近和资源多少决定了“我”真正可用资源的数量。因此，这个主观判断出来的可用资源量，实际上就是资源与心理距离的商。在测量上，所谓心理距离，其实可以视作社会资本研究中“连带强度”的倒数：关系越“远”，连带就越“弱”。也因此，行动者所判断的可用资源，实际上就是客观的场域性资源与连带强度的乘积。总体上，人们可能倾向于挑选那些既有影响力又不至于离自己太远的人作为社会资本行动的对象（例如朋友2）。当然，人的行为倾向千差万别，“惯习”千差万别，如果圆心中不是“我”，而是其他人，则可能做出完全不同的判断。例如，人格内敛者可能对心理距离比较看重，不太愿求助生人，因此朋友1虽然资源多，但行动者会“不好意思”去求助。

这个“初始事件”社会资本和学者提出的“个人地位”“身价”等概念有很多相通之处，都是一种他人在个体心理空间上的序列分布（翟学伟，1999）。也就是说，“初始事件”社会资本的主观性、建构性是具有压倒优势的。这是因为，场域是长期占据社会世界中的某个位置的结果（Ritzer & Goodman，2004）。但是，“初始事件”社会资本只是一个开端，随着事件的不断积累，随着场域和惯习之间的不断作用，社会资本整体的结构和建构二元性就会显现出来。

2. “事件累积”的凹锥模型

对“事件累积”的解释如图1-2所示。其中，时间被定义为事件的序列。将事件A的分布面进行顺时针旋转，就可以得到事件B的分布面（比如，A是求职，B是找到工作后的晋升）。当然，两个面之间还可以有更多的事件（即分布面），表示从A事件到B事件的进程中的其他事件。在两个分布面的形成过程中，朋友1、2和3三人的坐标分布很可能要发生变化。引起这个变化的原因如下。

（1）情境迁移：同一个朋友，在不同的事件中具有不同的社会资本价值。也即从A到B，三个朋友的纵坐标都可能发生变化。例如，一名商人朋友对于自己求职的作用可能不如一名官员朋友大，但对于贷款则很有作用。

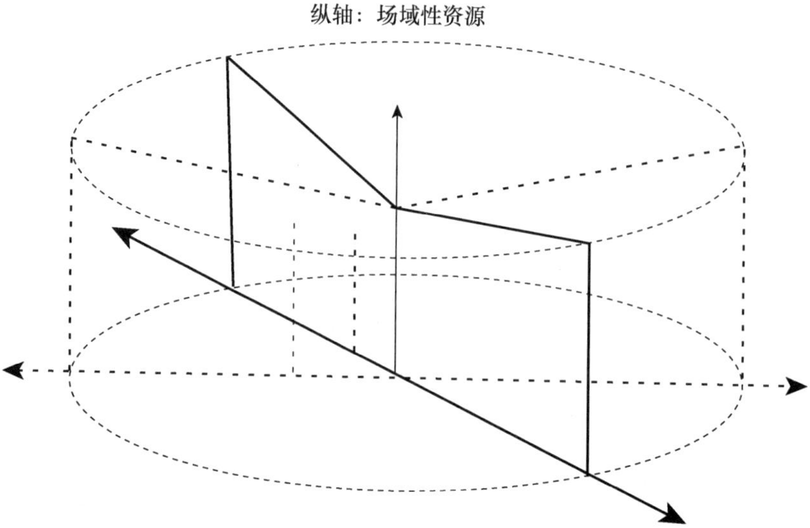

图 1-2 “事件累积”的凹锥模型

（2）距离伸缩：事件 A 完成后，就形成一个可参考行动。这是因为，由于“我”和朋友 2 进行了一次互动，“我”和朋友 2 的交往距离将发生伸缩性变化，即朋友 2 的横坐标会发生变化。因此，参考行动改变了场域的结构（甚至，他人与朋友 2 的社会互动都有可能引发“我”与朋友 2 之间距离的改变）。

（3）记忆积累：事件 A 的结果将在“我”心目中形成一个记忆，影响到对在事件 B 中是否继续选取朋友 2 作为行动对象的权衡。同样，其他人的事件也将对“我”产生心理暗示作用，在“我”心目中形成一个记忆。例如，如果“我”得知有人曾经成功地通过朋友 1 获得了场域性资源，那么这会促使“我”在行动上向朋友 1 求助。

（4）记忆消除：如果历经多次事件，但某个人仍然不能成为“我”的行动对象，那么很可能他将逐渐淡出“我”的记忆：惯习使得他可能失去坐标系中的位置。或者说，如果“我”拥有了巨大的行动对象选择数量，那些时间相对久远、长期不被动员的记忆就会消失。

（5）分类趋同：随着事件的积累，“我”会逐渐对类似的事件进行分类。对于每个分类的事件，采取不同的场域性资源判断标准。也就是说，那个刚刚工作的“我”，随着时间的推移，将越来越善于利用记忆。这也就是布迪厄（Bourdieu，1977）所谓的“作为历史产物的惯习，生成了个人或集体的行动，而历史，也因此和引起它的那些历史相一致”。

这五种变化，归根到底是因为主观的“我”发生了变化。如果我们把事件 A 的分布面旋转 360 度，那么可以得到一个总体的社会资本分布凹锥（其形状类似一个圆柱体的顶部被挖去一个圆锥）。而“我”一生中身边的每个人，随着事件的积累和时间的推移，在这个锥体中都有一个坐标轨迹。他们或者她们，有的是扭曲的圈，有的是短短的弧线，有的紧靠中心，有的忽近忽远。透过这些变化的轨迹，我们再一次看到：社会资本是记忆的产物，是历史对自身进行不断修正的结果。

三、社会资本的动态模型：基于信念的演化

我们假设行动者是部分理性的，在此基础上我们对社会资本进行模型化定义。因为社会资本具有主观建构性，我们对一个二元最简关系中所蕴含的社会资本进行两端定义：一端是行动者，一端是帮助者。此外，社会资本研究目前主要有三个对象：第一，使用关系与否（using contacts）；第二，使用了的社会资本（used social capital）；第三，可摄取或可使用的社会资本（accessed social capital）（林南，1999a）。[①] 本章主要对第二和第三类对象进行定义以及补充。我们将从传统的结构性模型入手，进而演绎出建构性模型和基于此的动态演化模型。

（一）结构性模型

首先，我们用 R 来表示场域性资源（即嵌入性资源）的规模，用 T 来表示连带强度，T 介于 0～1 之间。这样，我们可以宽泛地将社会资本 S 定义为 R 与 T 的乘积。之所以要将资源与连带强度相乘，是因为连带强度的大小对资源规模起着乘数作用。当强度是百分百的时候，比如直系亲属、挚友等等，那么嵌入性资源可以完全地被行动者所用。当强度是 0 时，比如陌生人，嵌入性资源就不可用。如果我们相信无论是社会学家记录的还是被访者自己诉

---

① 尽管提法不同，但社会资本领域相关的文献回溯均从这三个层面着手（参见 Mouw，2003；Lin，2002，2008；陈云松，范晓光，2010，2011）。

说的 R 和 T 都是客观、真实和无偏差的，我们就可以首先得到一个结构性模型，即：

$$S=R\times T \tag{1.1}$$

在实际研究中，诸如职业地位、收入、教育程度等等可以作为 R 的操作化定义，T 则可以通过社会心理测量或者人为给定百分比的形式来赋予数值。这一模型之所以是结构性的，是因为它仅仅考虑了 R 作为嵌入性资源的客观规模和 T 的结构强度，但并未考虑主观性对 T 的影响。基于这个宽泛的结构性模型，我们分别给出“使用了的社会资本”和“可摄取的社会资本”的细化模型。

假设行动者找到资源所有者 1 并获得了帮助，那么，他所使用了的社会资本就可以被定义为：

$$uS=R_1\times T_1 \tag{1.2}$$

如果我们把图 1-1 的同心圆的社会距离直径（即关系远近）用其倒数关系强度来取代，那么我们就得到图 1-3：事件 A 中的资源分布总体呈铲状，而社会资本就等于事件 A 的资源分布面中，资源提供者的坐标点与原点所决定的矩形的面积（图中的阴影部分面积）。而对于行动者的可摄取的社会资本总量和均值，在事件 A 的分布面中我们同样可以进行定义。假设场域事件 A 中有 n 个可以求助的对象，则我们可得到：

$$aS=\sum(R_n\times T_n) \tag{1.3}$$

$$\overline{aS}=\sum(R_n\times T_n)/N \tag{1.4}$$

在我们目前的社会资本研究中，几乎无一例外都使用了结构性模型的形式，而且往往没有考虑连带或关系强度 T。有的仅仅是把 T 作为单独影响被访者的经济社会结果的因素而纳入模型。从这一点上看，可能存在普遍高估或低估社会资本的实际因果效应的问题。

（二）建构性模型

在结构性模型基础上，我们引入基于连带强度 T 的主观维度从而建立起

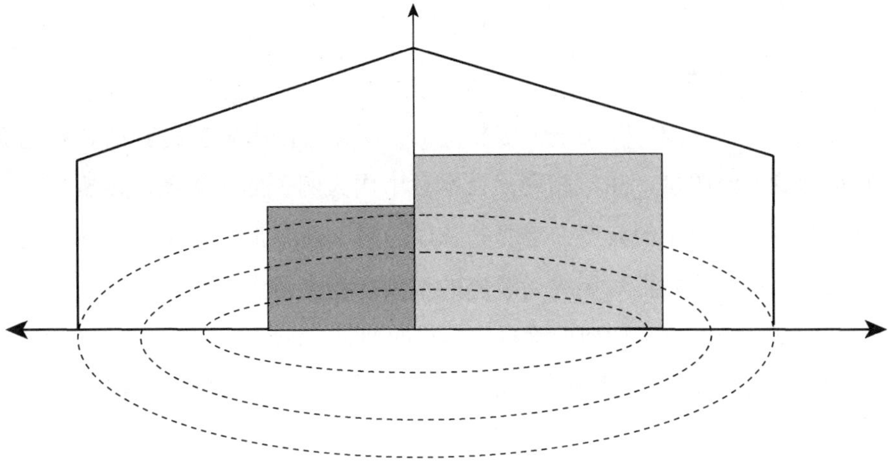

图 1－3　社会资本的结构性模型：阴影面积

建构性模型，即强调“关系”在行动者和帮助者心目中是不对称的。我们用 aS_{ij} 来代表行动者 i 期望从帮助者 j 那里所获得的资源量（或者说，就是 i 判断 j 能提供的可用资源量），用 T_{ij} 表示行动者 i 心目中自身和帮助者 j 之间的关系。这样，在采取一个社会资本行动之前，行动者 i 向社会学家报告的可从 j 处得到的可用社会资本为：

$$aS_{ij}=R_j\times T_{ij} \tag{1.5}$$

行动者 i 拥有不止 j 一个社会资本摄取对象，因此他心目中的可摄取社会资本总量以及均值就是：

$$aS_i=\sum(R_n\times T_{in}) \tag{1.6}$$

$$\overline{aS_i}=\sum(R_n\times T_{in})/N \tag{1.7}$$

而在关系的另外一头，我们用 pS_{ji} 表示帮助者 j 所愿意给予行动者 i 的资源量，用 T_{ji} 表示帮助者 j 心目中自身和行动者 i 之间的关系，则 j 愿意提供给 i 的社会资本为：

$$pS_{ji}=R_j\times T_{ij} \tag{1.8}$$

也因此，在行动者 i 的网络中，n 个潜在帮助者所真正愿意提供的社会资本总量和均值为：

$$pS_i' = \sum(R_n \times T_{ni}) \tag{1.9}$$

$$\overline{pS_i'} = \sum(R_n \times T_{ni})/N \tag{1.10}$$

显然，因为 T_{ij} 和 T_{ji} 是不一定相等的，所以行动者期望得到的，和他真正可能得到的资源量，并不相同。在本章中作为例子的年羹尧，显然就是一个 T_{ij} 很大而 T_{ji} 很小的典型：年羹尧总以为皇上还是那个当年可以和自己推心置腹的四爷，而雍正对年羹尧跋扈的不满和粉饰帝王形象的决心，让他从登基开始就已经在思考如何剪除自己当年的羽翼。

注意，我们实际上除提出了林南（Lin，1999a）归纳的“使用关系与否”（using contacts）、“使用了的社会资本”（used social capital）和“可摄取的社会资本”（accessed social capital）之外，又补充了第四类研究对象：“愿提供的社会资本”（provided social capital）。当然，到目前为止以上仍然只是一个简化的社会资本建构性模型。这是因为：第一，虽然已经考虑连带强度 T 的建构性，但还没有考虑 R 的建构性。实际上行动者对他人资源的了解可能和真实情况不一致，这在前文的“事件积累”中就已经提及。比如，“县官不如现管”，职业地位所代表的客观资源，可能实际上要受到具体事件场域 A 的限制。再如，社交场合出于面子而进行的交流甚至吹嘘，可能让一方高估另外一方的资源。第二，这个模型仅仅是静态模型，反映的是一个时点上某个事件场域 A 分布面上的社会资本。而随着时间的变化，行动者和帮助者之间的关系强度可能会发生变化。因此，我们需要在建构性模型的基础上更进一步，为社会资本建立起动态模型。

（三）动态演化模型

基于建构性模型，我们进一步引入对场域性资源认识和连带强度的信念演化要素，从而建立起社会资本的动态模型。根据贝叶斯学习规则，行动者的理性不是无限的，对事物的判断也不是完美的，因此他们对真实世界的状态并无把握。这样，我们可以用 $SW \in \{\psi, \psi'\}$ 来表示行动者所理解的社会的两个可能状态。在时点 t 上，我们将行动者认为社会真实是 ψ 的信念概率记为 ρ_{it}，将认为社会真实是 ψ' 的信念概率记为 $1-\rho_{it}$；然后将在认为社会真实是 ψ 的情况下得到 X 的概率记为 $\rho_{it}(X \mid \psi)$，将在认为社会真实是

ψ'的情况下得到 X 的概率记为$\rho_{it}(X \mid \psi')$。在一个行动结束之后，行动者会在时点$t+1$ 上获得一个结果 X。此时他对于真实社会的理解就会发生变化。根据贝叶斯定理，后续的信念可以写作此前信念的函数，而行动者也会调整自己的信念。这样，在时点 $t+1$ 上，认为社会真实是 ψ 的信念概率就成为：

$$\rho_{it(t+1)}=\frac{\rho_{it}P_{it}(X|\psi)}{\rho_{it}P_{it}(X|\psi)+(1-\rho_{it})P_{it}(X|\psi')} \tag{1.11}$$

换句话说，早前时点 $t-1$ 上的社会资本判断和行动，会影响行动者对关系强度 T 的判断，或者影响行动者对场域资源 R 的判断，甚至同时改变对这两者的信念，从而对下个时点 t 上的社会资本行动产生影响。实际上，上一个时点的社会资本行动甚至还会影响下一个社会资本行动的发生概率。比如，刚刚因为小孩上学的事情找了领导帮忙，那么再找领导为自己晋升讲话，就有点不好意思开口。年羹尧向雍正上书，也必须每次等到一个借口，或者行至一个新的城市，或者有新的旨意降临。不过，为模型简洁起见，本章不对此进行演绎，而是专注于 T 和 R 的演变。换句话说，我们假设社会资本行动的发生概率之间是独立的。因此，我们设立的动态模型主要是基于行动者 i 的社会资源分布面坐标系中 j 的横坐标与纵坐标的变化。

注意，T 和 R 的双要素的变化组合有四种：T 变 R 不变，R 变 T 不变，R 和 T 均变化，或者 R 和 T 均不变。下文将对前三种逐一进行分析。R 和 T 均不变，则可以直接使用上文的结构性或建构性模型来描述。此外，由于在动态模型之中，“使用了的社会资本”（uS）、“可摄取的社会资本”（aS）和“愿提供的社会资本”（pS）的“身份”会不断随时间转化（比如，帮助者 j 愿意提供的资源，就是行动者 i 真正使用了的资源，即 $pS=uS$）。为模型简洁起见，我们用 S 来进行统一指代。

1. 行动者对关系 T 的判断变化，但对场域性资源 R 的判断不变（帮助者的横坐标变化）

这种情况下最简单的一个案例，就是 i 向 j 求助未果，认为 j 不帮忙并非是能力不足，而是对自己“不够意思”。或者，j 帮忙超出了 i 的预期，i 于是认为 j 对自己比自己想象的更好。我们把在时点 $t-1$ 上，i 对 j 的资源

的期望值记为 $S_{ij(t-1)}$；而实际获得的资源，也即 j 所愿意付出的资源记为 $S_{ji(t-1)}$，把 i 实际获得的资源与其期望从 j 那里得到的资源之间的差异 $S_{ji(t-1)}-S_{ij(t-1)}$ 记为 X_i。显然，X_i 的效用函数会影响到 i 对 j 关系强度的重新判断。

我们设定效用值 $X_i'=v(X_i)=v[S_{ji(t-1)}-S_{ij(t-1)}]$。$v$ 的函数形式我们可以参考预期理论中的价值函数（Tversky & Kahneman，1979，1992；参见图 1-4）。对于社会资本而言，同样规模的资源变化，在行动者和帮助者看来是不一样的。这是因为，根据预期理论，人们会规避风险，高估损失，而低估收益，导致图 1-4 中第一象限和第三象限的曲线并不对称。换句话说，人们通常会高估自己的付出或者预期损失的效用，低估所获得资源的效用。

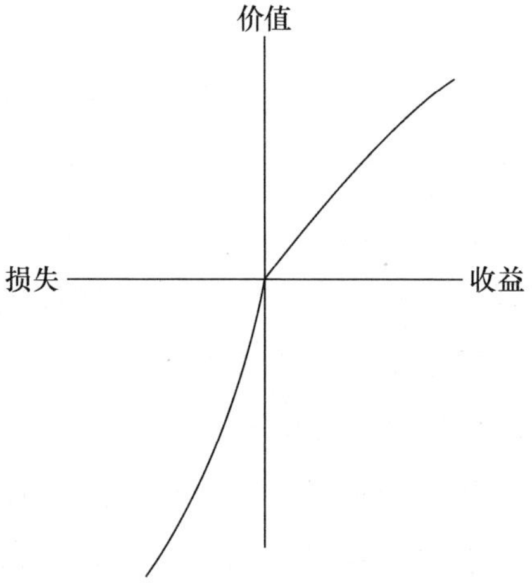

图 1-4　预期理论中的价值函数

根据卡尼曼和特沃斯基的实验（Tversky & Kahneman，1979），该价值函数形式为：

$$v(x)=\begin{cases}\chi^{\alpha} & (x\geqslant 0)\\ -\lambda(-x)^{\beta} & (x<0)\end{cases} \tag{1.12}$$

整个函数为递增，在左下象限为凹型，在右上象限为凸型，即随着 x 的绝对值不断增大，价值的变化越来越小。此外，损失区域内的曲线比收益区域内的更陡峭，即得到同样资源带来的效益比失去同样资源感到的痛苦要小。因此，社会资本行动者有事先的期望，如果得到了更多，就形成心理上的收益，如果得到的不如期望多，就形成心理上的损失。也因此，行动者 i 对社会资本的价值判断函数，会有一个第一象限内的函数形式。而根据卡尼曼和特沃斯基的实验（1979），α 和 β 取值为 0.88，λ 取值为 2.25。

考虑到 T 的数值设定为 0～1，且一次社会资本行动不太可能使得人际关系强度直接降到 0，实际情境中关系强度的演化函数为：

$$T_{ijt}=T_{ij(t-1)}^{1-F(x_i')} \tag{1.13}$$

其中，F 函数将效用值 X_i' 转化到 −1～1 的区间，使得每次社会资本行动后关系强度范围处在最高点 1 和最低点 T 的平方之间（因为 T 处于 0～1，因此 T 的平方小于 T）。具体形式为：

$$F(x)=2\left[\frac{x-\min(x)}{\max(x)-\min(x)}\right]-1 \tag{1.14}$$

综合以上，在 T 变 R 不变的情况下，$T_{ijt}=T_{ij(t-1)}^{1-F(x_i')}$，此时社会资本的演化模型就是：

$$S_{ijt}=R_{ij}T_{ij(t-1)}^{1-F(x_i')}=R_{ij}T_{ij(t-1)}^{\frac{2\min\left[S_{ji(t-1)}-S_{ij(t-1)}\right]-2\left[S_{ji(t-1)}-S_{ij(t-1)}\right]}{\max\left[S_{ji(t-1)}-S_{ij(t-1)}\right]-\min\left[S_{ji(t-1)}-S_{ij(t-1)}\right]}} \tag{1.15}$$

2. 行动者对场域性资源的 R 判断变化，而对关系 T 的判断不变（帮助者的纵坐标变化）

这种情况的一个类比就是，i 求助 j 未果，但并不认为这是关系不够所致，而是觉得 j 的资源就这么多，比自己预期的少。或者 i 获得了超出预期的帮助，但认为不是关系所致，而是因为 j 的资源比自己想象的要更大。在时点 $t-1$ 上，行动者 i 寻求帮助者 j 的资源，帮助者 j 最终给予的是 $S_{ji(t-1)}$。既然关系强度的判断没有变化，那么在下一个时点 t 上，行动者 i 会以上次获得的社会资本 $S_{ji(t-1)}$ 来更新自己的信念，从而倒推出帮助者 j 的资源。这样我们得到资源判断的演化模型为：

$$R_{ijt}=S_{ji(t-1)}/T_{ij(t-1)} \tag{1.16}$$

当 $S_{ji(t-1)}$ 小于 $S_{ij(t-1)}$，对资源的判断 R_{jit} 就会下降。当 $S_{ji(t-1)}$ 大于或者等

于 $S_{ij(t-1)}$，对资源的新判断 R_{ijt} 就会上升或保持不变。

而社会资本演化模型之二就是：

$$S_{ijt}=S_{ji(t-1)} \tag{1.17}$$

3. 行动者对场域性资源 R 和关系 T 的判断同时变化（帮助者的横坐标和纵坐标同时变化）

在实际的社会资本行动中，上文提及的 T 变 R 不变，或者 R 变 T 不变，可能只是两个极端的情况。更多的情况是行动者 i 对 j 的场域性资源以及连带强度的判断可能是同时变化的。因此，我们假设资源和关系判断的变化程度具有一定的权重性，而这种权重性是性情或倾向（propensity），即个人异质性的一种表现，也即有的人更信赖关系、友谊，有的人更信赖自己对资源的判断。结合上文 S 各自的演化模型方程 1.16 与方程 1.17，我们设定变化的权重为 $\theta_{it}\in[0，1]$，并把 R 和 T 同时变化情况下的社会资本定义为 R 变 T 不变与 T 变 R 不变这两种情况下的 S 数值的加权函数，即：

$$S_{ijt}=\theta_{it}\times[R_{ij}T_{ij(t-1)}^{1-F(x_i')}]+(1-\theta_{it})\times S_{ji(t-1)} \tag{1.18}$$

θ_{it} 越接近 1，那么关系变化的影响力就越大。θ_{it} 较大的人，对人际关系的判断容易有变动，而对自己分析客观资源的能力更为自信。相反，θ_{it} 越小的人，则有着比较稳定的人际关系判断。

回到年羹尧。显然，年羹尧生命的最后几年，他信念中的 θ_{it} 系数是非常小的，几乎是 0，也即他心目中皇帝和他的关系是稳定可靠的，甚至等于最初的 T_{ij0}。这个所谓的 T_{ij0}，就是他们君臣一体、关系最为亲密的年代。从这个角度，年羹尧永远活在自己的光辉岁月之中。而雍正皇帝，重重不快之下，T_{jit} 早已从当初的 T_{ji0} 迅速降低到极小甚至为 0。关系强度既然为 0，诛杀年羹尧就是意料之中的事了。当然，即便在两人关系的蜜月期，是否 T_{ji0} 就一定等于 T_{ij0}，我们也未可知。但或许在某个酒酣耳热、热血沸腾的密谋之夜，主子和奴仆的关系的的确确曾经达到过那个顶峰。但时光荏苒，场域更迭。帝王事业的波诡云谲，岂能让生性多疑的雍正，容得下一成不变的上下关系呢？人生的多疑，其实疑的就是关系。

（四）新模型对社会资本的意义

本章之所以提出社会资本的建构性模型和动态模型，是因为过往的实证研究对社会资本的测量往往基于被访者或者说行动者的“一面之词”，存在很大的测量误差。而且，就是这个“一面之词”，还是以帮助者 j 的客观职业地位等最大可能的资源限度来计算的，没有把连带强度直接作为决定社会资本数量的内在维度。实际上，很多实证研究只是把连带强度作为社会资本模型的一个控制变量，极少关注连带强度的不对称性和主观性，这使得我们对社会资本的研究停留在静态和机械的阶段。

更重要的是，随着分析社会学、计算社会学的不断发展，社会学分析的方向已经突破了从宏观到微观的单一路径，从微观到宏观跃迁的路径研究方兴未艾（陈云松，2008）。我们过去习惯于用社会结构解释个人行动（诸如回归分析），而缺乏从个人行动上升到中观甚至宏观社会模式的解释方法。但通过计算机仿真技术，基于动态模型，我们可以对一定群体中人们社会资本的积累、分布进行模拟，从而分析群体中社会资本的结构、流动和分层，实现从微观向宏观的跃迁解释：这正是科尔曼所期望的中层理论。因此，建构性模型和动态模型的提出，实际上为未来的社会资本研究提供了必要的基础。

与此同时，伴随建构性和动态社会资本模型的诞生，我们还获得了一些新的社会学分析和社会资本测量对象。起码有两个新的变量非常有意思。第一，从相关文献看，个人层次的社会资本主要有三种不同的测量方法，即定名法（McCallister & Serge，1978）、定位法以及资源生成法（Van der Gaag & Snijders，2005）。但这三种方法都是基于“行动者”的，而不是对资源提供者的调查。而文中提出的“愿提供的社会资本”，是一个应该面向帮助者的全新测量对象。第二，一旦我们有了基于行动者主观判断的“可摄取的社会资本”（aS）以及“使用了的社会资本”（uS），又有了基于帮助者主观意愿的“愿提供的社会资本”（pS），那么，我们就可以测试行动者社会资本的主观度（subjective ratio），即 aS_{ijt}/pS_{ji} 或者 uS_{ijt}/pS_{ji}。而这个主观度，显然和人的智识、性情甚至一系列人口社会学指标有关。毋庸置疑，它本身就应该是社会资本分析者关注的对象。

布迪厄忠告我们，要在看似完整的意义中重新引入表象（representation）。也因此，社会资本的研究，已经到了一个不得不和经典取向分离的时候。这既是从认识论角度对主观客观二重性的全面理解的要求，也是社会资本研究本土化的应有之义。布迪厄（2003）说：“由于个人或集团是客观地得到定义的，而对它们做出定义的依据不仅是它们之所是，而且是它们之被认为的所是，一种被感知的存在，这种存在即使严格取决于它们之所是，也绝不可能完全归约为它们之所是，所以社会学必须考虑到客观上依附于它们的两种资产：一方面是像物理世界的任何事物那样都可以计数和度量的物质资产，首先是身体资产；另一方面是象征资产，而象征资产不过是当它们在相互关系中被感知和被评价时的物质资产，也就是说它们是一些区别性资产。”尽管这段话晦涩异常，但我们相信社会资本正是这种与常识决裂的、以二元方式存在的集合体。特别是，兼具客观性和主观性的“关系”，是我们理解建构性社会资本的主要桥梁。而作为社会资本研究本土化主要方向的“关系社会学”，理应以此作为重要的学科突破方向，并结合心理学、行为经济学等诸多兄弟学科的前沿知识和分析技术，对传统的社会资本概念进行一次整合、洗礼与提升。富有挑战意义的是，场域和惯习可能成为整合个人层次和群体层次社会资本的重要概念。虽然这不在本章的讨论之列，但我们有信心认为这将成为中国社会学对社会资本概念进行本土化的一个重要方向。

第二章　社会资本的强度论：关系测定的类型学

导读：关于关系社会资本的测量，文献多强调的是通过定名法、定位法和资源生成法对相应社会关系中所嵌入的资源数量进行操作化。但这些测量方式，很少考虑网络本身的强度。可实际上，人与人之间的关系强度是社会互动过程中能够真正发挥社会资源价值的重要杠杆，恰如第一章里年羹尧与雍正关系的冷热，决定了真实的社会资本高低。问题在于，关系强度研究长期以来似乎并没有成为学科领域的重点，强度本身往往直接用“强”“弱”来进行简单和主观区分，缺乏统计的科学依据。本章回顾测量的相关文献，提出关系强度测量的重要意义，并示范如何运用潜类分析（latent class analysis）方法正式建构关系强度的类型学，并进一步介绍如何使用锚定方法来解决不同人对强弱的不同定义。

在社会学家看来，关系强度（连带强度）在个人求职中或多或少发挥着一定作用。格兰诺维特对弱关系的经典研究，就是最明显不过的例证。但是，涉及强关系或弱关系的实证研究往往对关系强度本身的科学测量关心不多。绝大多数的研究满足于简单的“强”“弱”二元区分，且衡量标准因人而异。本章首先简要梳理已有研究中的关系强度理论，重点关注这些研究对关系强度的操作化，然后提出我们应该如何科学地利用现有的标准调查数据来构建关系强度类型。其中，将重点介绍潜类分析（LCA）方法。在此基础上，将用 CGSS 2003 数据来演示如何检验关系强度本身和人们的经济社会现状的直接关联。

一、关系强度的价值：资源的杠杆

关系强度具有双重属性。一方面，它是一个显性指标。每一个人，都会对自己的朋友和自己之间的亲密程度，给出强、弱、一般等等的界定。但另外一个方面，由于每个人对强弱的理解不同，这就导致关系强度本身具有隐性指标或者说是潜在指标的属性。这类指标不容易从个体直接精确测量，需要通过其他方法来加以综合测算获得。在结构方程模型的语言中，“获得感”是一种典型的潜变量（latent variable）。不过，社会学家的一个共识就是，关系强度取决于连带双方的交往时长、感情深浅、亲密与否，也受互惠程度、私密程度、社会圈子的叠加性及交往同质性等影响（Granovetter，1973；Alba & Kadushin，1976；Lin，Vaughn & Ensel，1981；Marsden & Campbell，1984）。换句话说，关系强度实际上由关系历史、关系互动频率、关系自然属性和使用情况等诸多方面共同决定。

但在社会资本研究中，学者们只关心关系嵌入的资源多少，尽管对关系强度的讨论实际上是社会资本理论的缘起。下面将首先回顾这些讨论，然后分析过往学者们在关系强度测量中的无心之失。

（一）关系强度的理论

总体上，关于关系强度的理论论述，可以回溯到20世纪70年代，并可划分为三个方面。

第一，弱关系论。格兰诺维特（Granovetter，1973，1974）提出了弱关系概念。他认为，弱关系是个体获取与工作关联的非冗余信息的“桥”，因此显得尤为重要。而林南等所提出的社会资源假设（Lin，Ensel & Vaughn，1981；Lin，1982，1990）进一步为弱关系理论提供了辅证：弱关系有助于个体在等级社会体系中获得自己小圈子难以企及的资源，从而提升资源性交往的异质性。围绕弱关系理论，多年来学界已经积累了大量实证研究（Boorman，1975；Sprengers，Tazelaar & Flap，1988；Montgomery，1992；Bian & Ang，1997；Granovetter，1974）。①

① 相关文献回顾可参见 Lin，1999a，1999b；Ahmad，2005。

第二，强关系论。在弱关系理论提出后不久，就有研究者认为来自强关系的求职信息对于初职获得的效应要强于弱关系（Murray et al.，1981）。克拉克哈特（Krackhardt，1992）用希腊语中的“Philos”一词特指强关系，并揭示了其在组织变化中的价值与意义。尤其值得一提的是，当考虑到特定的制度和文化情境时，弱关系的解释力被大大削弱。例如，在民主德国的工作分配体制下，强关系非常有助于求职者联系上高声望的资源型关系人（Völker & Flap，1999）。在日本，强关系使用者在职业流动中具有明显优势（Watanabe，1987）。国内早期的一项研究表明，受制于求职链和国家的工作分配体制，人们对强关系具有普遍的依赖性（Bian，1997）。

基于这两大理论，学者们进一步对关系强度和关系使用的关联性进行了分析。一方面，研究发现关系使用偏好存在人口学变量方面的差异。例如，女性在男性主导的职业体系中更依赖于强关系来找工作（Hanson & Pratt，1991；Lin，2000，2003）。此外，地域区隔似乎也影响个体对关系强度的偏好（Hogan，Eggebeen & Clogg，1993；Beggs，Haines & Hurlbert，1996）。还有研究发现，处于较低社会经济地位的人们更倾向于使用强关系（Lin，2000；Portes，1998）。另一方面，关系效应有一定的人群差异。埃里克森（Erickson，1996）强调非亲属（弱）关系可以给高阶层地位成员提供更为强大和丰富的社会网络。魏格纳（Wegener，1991）认为弱关系对高地位群体的早期工作更为有利。相反，梅弗尔森（Meverson，1994）发现强关系在瑞典高级经理人中对收入有着明显的正效应。不过，在较高层的职业等级体系中，强关系对工作获得具有“天花板效应”（Lin & Dumin，1986）。

（二）关系强度概念的不足

在人们的印象中，亲属（kinship）或好友关系（confidants）是典型的强关系。相反，弱关系指的是一般熟人（acquaintances）和普通同事关系。多年以来的社会学研究也大致采用这样的基本区别方法。然而，这种对弱关系和强关系概念的直观理解，很可能无法充分把握求职过程中的社会关系本质。如果对关系强度没有科学、可靠的测度规范，人际互动所固有的复杂性就会对我们解读关系强度及其劳动力市场效应带来巨大挑战。因此，有必要对过往研究中关系强度的操作化进行系统梳理，以明晰目前社会学相关分析的不足。

如表 2－1 所示，早期的研究（20 世纪 90 年代之前）多采用传统的二分法，用“强”“弱”来区分求职者和帮助者之间的不同连带强度，且多以身份来界定。譬如，亲戚就是强关系，而一般的相识则为弱关系。虽然这种操作化简洁明了，但这种过于化约主义的分类，难免会因粗疏而存在误导性。因此，魏格纳（Wegener，1991）就强调，强关系和弱关系的二元论过于简单化和自觉化：如何在强关系和弱关系之间划一条明确的边界，就给学者出了个大难题。人为地将“每周见面 3 次”作为划分标准，既缺乏社会学的经验支持也没有心理学证据。进一步而言，这种粗糙的二分法还使得许多重要信息被过滤掉。

相对较近的研究（20 世纪 90 年代以来）开始关注关系强度的多维性，并引入涉及关系强度核心内容的多个指标。典型的研究来自魏格纳（1991），他用了 5 个指标来不厌其烦地测量关系。虽然这种新的研究策略提高了关系强度的测量效度，但远未达到令人满意的地步。这是因为，将更多的变量纳入模型进行分析，势必对阐述关系强度的有效性带来很多不便；而且模型也不够简约——必须要用非常多的关系强度相关变量去预测收入水平、职业声望。为解决这一问题，大部分研究不得不自行选择其中 1～2 个变量来代表关系强度（如 Bian，1997；Mouw，2003；McPherson，Smith-Lovin & Brashears，2006）。然而，这样的选取带有较大的随意性。而且，关系强度本身确实是多维度的，是各种相关要素的综合，选取 1～2 个维度不可避免地导致了以偏概全。总之，如何实现简约模型和完整概念之间的平衡，多年以来都未得到解决。因此，有必要引入特定方法去应对这一问题。

表 2－1　实证研究中关系强度的操作化和测量

文献	操作化和测量
格兰诺维特（Granovetter，1974）	X＝接触次数：“经常”“偶尔”和“很少”
弗里德金（Friedkin，1980）	X＝1（强关系）：互惠性关系；X＝0（弱关系）：非互惠性关系
林南等（Lin et al.，1981）	X＝1（强关系）：亲戚、朋友和邻居；X＝0（弱关系）：一般熟人、朋友的亲戚、亲戚的朋友
布里奇斯和维尔梅兹（Bridges & Villemez，1986）	X＝1（强关系）：每天见面或每周见面超过 3 次的亲戚或朋友、一起长大的邻居或同学、住在一起的亲戚；X＝0（弱关系）：一般熟人

续表

文献	操作化和测量
马斯登和坎贝尔（Marsden & Campbell，1984）	X=情感强度：情感的封闭性
林南和杜民（Lin & Dumin，1986）	X=身份：亲戚>朋友>一般熟人
马斯登和赫尔伯特（Marsden & Hurlbert，1988）	$X=1$（强关系）：亲戚和朋友；$X=0$（弱关系）：邻居、以前的老师、以前的同事、老板、雇员和商业伙伴、以前的战友、其他关系模糊的人、朋友或亲戚介绍的人
斯普雷格斯等（Sprengers et al.，1988）	$X=1$（强关系）：配偶、父母、兄弟姐妹、配偶的兄弟姐妹；$X=2$（中度关系）：朋友；$X=3$（弱关系）：一般熟人、同事
魏格纳（Wegener，1991）	X_1=接触频率；X_2=关系维持时间；X_3=社会距离；X_4=关系动机；X_5=关系特活动
蒙哥马利（Montgomery，1992）	$X=1$（强关系）：高频率接触；$X=0$（弱关系）：低频率接触或随机接触
埃里克森（Erickson，1996）	X=身份：亲戚>朋友>一般朋友
边燕杰（Bian，1997）	X_1=身份：亲戚>朋友>一般熟人；X_2= 亲密度（5级量表）
边燕杰和宋安（Bian & Ang，1997）	X=亲密度（5级量表）
沃克尔和弗莱普（Völker & Flap，1999）	X=身份：亲戚>朋友>一般熟人
莫维（Mouw，2003）	$X=1$（亲戚）；$X=2$（朋友、一般熟人）
阿玛德（Ahmad，2005）	X_1=接触频率（5级量表）；X_2=亲密度（5级量表）
李和潘（Lee & Phan，2006）	X=接触频率（3级量表）
麦克弗森等（McPherson et al.，2006）	X_1=关系维持时间；X_2=交流频率；X_3=是否亲属
翁尼拉等（Onnela et al.，2007）	X=双方通电话总时间

格兰诺维特（Granovetter，1973）曾指出，未来的实证研究应该加强对关系强度的操作测量，并对相关因素进行权重分析。就此而言，一方面我们要选择更多合适的指标，另一方面要对这些指标进行可识别的类型化。迄今为止，就关系强度的指标选取范围来说，虽已经有了长足的发展（Marsden & Campbell，1984；Wegener，1991），但很少有研究对第二个任务给予足够的重视。本章试图寻求新的统计方法以生成关系强度的类型学。

二、测量关系强度的方法：潜类分析

（一）潜类分析概述

潜类分析是识别类型学和对观测对象进行类别化的理想选择（Hagenaars & Halman，1989）。它最早由拉扎斯菲尔德（Lazarsfeld，1950）引入因子分析。而后，该方法逐渐扩展到定类变量、定序变量、连续变量及混合形式的研究中去（Goodman，1974a，1974b；Clogg，1988；Lawrence & Krzanowski，1996）。[①] 潜类分析假定存在某一个未被观测或者潜在（latent）的类属变量，它可以解释一组被观测（manifest）类属变量的相互关系。就本研究而言，潜类变量指的就是关系强度，而显变量则为关系强度的各种具体测量指标，如身份、接触频率、关系维持时间等等。

根据潜类分析的逻辑，当显变量的应答者归入某一潜类后，彼此间相互独立，我们就可以依据给定的显著性水平对潜类数进行分组。譬如，如果接受0.05显著性水平上的四分类模型，那么关系强度可以据此分为四大类。相比于“强”“弱”二分法，基于潜类分析对关系强度进行分类测量以科学统计量为基础，因此具有更高的效度，也更为稳健。而且，再多的维度，都可以通过潜类分析而得到化约。潜类分析的基本思想，实际上也就是降维。

在这一章，我们采用的是探索性潜类分析[②]。该方法不仅适用于缺乏关系强度精准理论的现实，而且还能为研究假设的充分性提供信息。其分析步骤具体如下：首先拟合一分类模型，然后是二分类模型，以此类推，直到模型达到足够的解释度（Goodman，1974a，1974b）。当模型很好地拟合数据时，潜类概率和潜条件概率等相关统计量就能够告诉我们更多的关系强度结构信息。然后，所有的被访者将被分配到合适的潜类中，从而创建出新的关系强度类别变量。

---

① 文献回顾可参见 Magidson & Vermunt，2001。

② 有关探索性潜类分析和验证性潜类分析的区别，以及对模型拟合度和有效性的讨论，请参见 McCutcheon，1987。

（二）数据描述

下面用 CGSS 2003 数据来做演示。中国综合社会调查（CGSS）由香港科技大学调查中心和中国人民大学社会学系共同主持完成。CGSS 2003 是其五年计划（2003—2007）中的首次调查。除了被访者的家庭和个人特征外，该调查还包括社会分层、职业流动和社会网络等议题。根据四阶段不等概率抽样框架，调查共访问了中国 125 个区县的 5 900 位居民。本研究关注的是那些通过个人关系而非正式渠道实现的职业流动，可用样本量为 967。囿于许多关键变量上存在数据缺失，最终获得有效样本量为 698。

实际上，关于关系强度的测定在其他调查（如 CGSS 2008）中也有出现。不过，本研究的主要目的是通过数据分析来真实展示这种识别关系强度的方法及其优势，而不是利用该数据就关系强度的类型和劳动力市场效应给出结论性的答案。因此，针对 CGSS 2003 的分析只能提供一个演示。当然，有兴趣的读者可以对其他数据进行类似分析，并研究关系强度类型的可能变化及其劳动力市场效应的历时演变。

（三）关系强度测量

求职者和关系人之间的社会关系强度的多维性可以通过测量一系列的指标来反映（Granovetter，1973；Marsden & Campbell，1984）。在 CGSS 2003 中，与本研究相关的四个指标分别为：相熟程度、亲密程度、信任程度和关系身份。在调查问卷中，题器设计如下：

H5a. 这个起过关键作用的人与您是什么关系？

H5b. 您和他的相熟程度是？（1，不认识；2，不太熟；3，比较熟；4，非常熟）

H5c. 您和他的亲密程度是？（1，谈不上亲密；2，不太亲密；3，比较亲密；4，非常亲密）

H5d. 您对他的信任程度是？（1，谈不上信任；2，不太信任；3，比较信任；4，非常信任）

其中，H5b、H5c 和 H5d 分别测量的是情感强度、情感封闭性和信任度，而 H5a 是对关系强度的间接测量（Marsden & Campbell，1984）。本次调查发现，被访者和关键人的关系呈现多样化，包括家庭成员、亲属、朋友、战友、同事、老生/师徒、邻居/同乡、间接关系和熟人等。延续以往研究的传统，我们将他们编码为朋友、亲属和一般熟人三类。具体见表 2-2。

表 2-2 关系强度指标的分布

	非常熟	比较熟	不太熟	不熟
相熟程度	66.0%	24.8%	7.5%	1.7%
亲密程度	46.6%	33.5%	10.2%	9.7%
信任程度	56.3%	40.4%	0.9%	2.4%
关系身份	亲戚	朋友	一般熟人	
	51.6%	25.9%	22.5%	

（四）其他变量

在生成关系强度类型之后，可进一步分析关系强度的使用偏好。为此，需要使用被访者的人口学变量及其阶层、职业声望情况。描述性统计详见表 2-3。

在关系强度使用偏好研究中，通过潜类分析生成的关系强度是因变量。而主解释变量是基于被访者上一份工作，即“前职”所划分的阶层以及职业声望指数。迄今学界有数种关于中国社会分层的框架，这里仅取较早的一种进行演示性的分析，即五类别的分层框架（李路路，2003）。虽然该框架以职业为基础，但是在某种程度上而言，它是对新马克思主义和新韦伯主义的综合。[①] 实际上，这两种分析模式都基于西方工业社会，单独使用任何一种都难以适用于正在经历快速社会转型的中国（李路路，2003）。关于职业声望，我们的计算方法参照了李春玲（2005）的 81 分类。尽管 CGSS 2003 将受访者的以往职业、现职和父亲职业分别划分为 37、38、38 大类，未能很好地与李春玲的分类全部匹配，但调查中的职业几乎都能在李春玲（2005）的分类中找到。

考虑到政治资源会影响个体的求职方式（Polanyi，1957；Li & Walder，

① 阶级理论主要存在马克思强调的“剥削”和韦伯的“市场能力”这两大流派（Giddens，1973）。沿着这两条脉络，后来国际社会分层与流动界逐渐形成了基于财产所有权的赖特框架和以雇佣关系为基础的 EGP 框架（Wright，1997；Goldthorpe，1980；Erikson & Goldthorpe，1992）。

2001；Walder，2003），中共党员（以下简称党员）身份将作为再分配权力的代理变量纳入模型。教育获得不仅作为人力资本带来了高额的市场回报，而

表 2-3　其他变量描述统计

		样本数	百分比		
本人阶层（前职）	1——高级行政和管理人员	30	4.3		
	2——专业人员	132	18.9		
	3——低级行政或管理人员	70	10.0		
	4——体力劳动者	439	62.9		
	5——个体户和小业主	27	3.9		
父亲阶层	1——高级行政和管理人员	63	9.0		
	2——专业人员	76	10.9		
	3——低级行政或管理人员	72	10.3		
	4——体力劳动者	463	66.3		
	5——个体户和小业主	24	3.5		
工作满意度	不满意	211	30.2		
	一般	235	33.7		
	满意	252	36.1		
教育程度	小学及以下（参照组）	339	48.5		
	中学或中专	212	30.4		
	大专	94	13.5		
	大学及以上	53	7.6		
单位性质	国有部门	490	70.2		
	非国有部门	208	29.8		
政治面貌	党员	114	16.3		
	非党员	584	83.7		
区域	东部地区（参照组）	369	52.9		
	中部地区	203	29.1		
	西部地区	126	18.0		
性别	男	344	49.3		
	女	354	50.7		
		均值	标准差	最大	最小
年龄		37.59	10.19	60	18
年收入（元）		9 490	14 055	240 000	0
本人职业（前职）	职业声望指数	38.75	16.33	90	7
父亲职业	职业声望指数	37.97	21.2	90	4

且还是阶层声望的直接测量指标，因此也将其纳入模型。同时，本研究还区分了国有部门和非国有部门。此外，控制变量还包括性别、年龄等人口学变量。考虑到地区经济发展差异和本研究样本量有限的情况，我们参照经济地理学有关研究选择了中国东部地区、中部地区和西部地区这三大区域（Wei，1998；Kanbur & Zhang，2005）。考虑到样本的代表性问题，我们对数据做了加权。

三、结果和诠释："中度关系"及使用

如前所述，关系强度的四个观测指标中，除了一个是三级量表，其余皆为四级量表。因此，观测变量可用由 192（4×4×4×3）个单元格组成的交互表来表示。我们希望通过潜类分析去考察 4 个变量的收敛程度。譬如，求助于非常信任的朋友的人是否也更倾向于寻求亲密度高的社会关系。这样我们可以用潜类分析方法对关系强度进行分层并且逐级测试相关模型拟合的统计量。

（一）关系强度的类型

表 2-4 呈现了潜类分析模型的拟合度，同时还报告了似然比卡方 L^2（及其 p 值）、贝叶斯信息指数（BIC）、皮尔逊卡方 χ^2（及其 p 值）和自由度等指标。其中，模型 1 检验了单潜类结构（完全独立），模型 2 和模型 3 分别检验了双潜类和三潜类结构。我们逐级测试直到似然比卡方 L^2 不再显著为止。注意，在潜类分析模型拟合中，似然比卡方的使用要优先于皮尔逊卡方（McCutcheon，1987）。从表 2-4 可以看出，模型 3 的 L^2 和 BIC 都最小。而且，自由度非常接近于似然比卡方。实际上，基于以上的比较，L^2 的 p 值显示，在 0.05 显著性水平上我们可以拒绝模型 1 和模型 2。换句话说，模型 3 的三潜类方案达到了我们的解释要求，比双潜类要好。

表 2-4　潜类分析模型的选择：拟合度统计

	模型	L^2	$p(L^2)$	BIC	χ^2	$p(\chi^2)$	df
1	单潜类	1 407.37	0.000	228.69	7 672.47	0.000	80
2	双潜类	334.50	0.000	−765.60	972.07	0.000	68
3	三潜类	124.63	0.969	−896.89	141.35	0.794	56

模型 3 为我们提供了一个关系强度的三分类型。表 2-5 报告了三潜类的条件概率和相对规模。条件概率反映的是在某一特定潜类中的个体为某显变量（manifest variable）的可能性（McCutcheon，1987）。譬如，被访者属于潜类 1，其大约有 97%的可能倾向“非常信任”的个人关系。基于此，我们为每位被访者“分配”生成一个关系强度属性值，代表求职者对关系强度的使用类型。根据麦克卡森（1987）可知，将观测值匹配至潜类是概率性的（probabilistic），可能存在某些误差。表 2-5 报告了“分配”前和“分配”后的潜类规模，从中可以看到这种差异是非常小的。用于估算分类误差（*E*）的期望概率和潜变量与联合变量的相关度（Lambda）都在表 2-5 中做了汇报。

如表 2-5 所示，潜类分析得到的关系强度分为三类。接下去，我们分别对这三类关系强度的特征加以系统性说明。

首先，近 50%的样本落在了类型 1 中。这表明强关系仍然是当前中国大多数求职者的主要选择。对于不信任或不太信任和不熟或不太熟的人，他们从不求助。对于不亲密或不太亲密的人，他们去求助的概率只有 1.5%。相反，他们几乎有 80%的概率从亲戚那里去寻求实质性帮助。因此，类型 1 可以界定为强关系型（S）。

其次，约 10%的样本属于类型 3。该类型成员使用“不太熟/不亲密/不信任”的社会关系的概率非常大。相反，就相熟程度和亲密程度而言，类型 3 成员压根就不选择“非常熟/非常亲密/比较亲密”的关系。同时，他们有约 60%的概率去选择一般性熟人关系，这个可能性几乎是强关系类型的 10 倍（6.2%）。因此，我们将其界定为弱关系型（W）。

表 2-5　三类关系使用者的条件概率及潜类规模

		潜类 1：强关系	潜类 2：中度关系	潜类 3：弱关系
相熟程度	不熟	0.000	0.000	0.159
	不太熟	0.000	0.006	0.670
	比较熟	0.013	0.573	0.171
	非常熟	0.987	0.421	0.000
亲密程度	不亲密	0.009	0.069	0.613
	不太亲密	0.006	0.147	0.387
	比较亲密	0.083	0.757	0.000
	非常亲密	0.902	0.027	0.000

续表

		潜类 1：强关系	潜类 2：中度关系	潜类 3：弱关系
信任程度	不信任	0.000	0.000	0.226
	不太信任	0.000	0.007	0.054
	比较信任	0.016	0.845	0.625
	非常信任	0.984	0.148	0.095
关系身份	一般熟人	0.062	0.338	0.576
	朋友	0.146	0.383	0.323
	亲戚	0.792	0.273	0.101
规模（分配计算前）		50.4%	38.9%	10.7%
规模（分配计算后）		49.4%	40.1%	10.5%
		N=698	E = 0.035 9	Lambda = 0.927 7

最后，类型 2 几乎占了总体的 40%。该发现尤为重要，因为这表明中国劳动力市场并不是简单的强关系或弱关系的二元模式：真实的情况是三足鼎立，且类型 2 仅次于强关系。与类型 1 即强关系型相比，这部分人选择“比较熟”“比较亲密”和“比较信任”的比例均在 50%以上。尽管亦有相当比例的人选择“非常熟”“非常亲密”和“非常信任”的关系，但概率低得多。更重要的是，选择“不太熟”“不太亲密”和“不太信任”的比例则大大上升。譬如，约有 22%的类型 2 成员使用“不熟/不亲密/不信任”或“不太熟/不太亲密/不太信任”的关系。此外，与类型 1 相比，类型 2 成员在求职时寻求非亲属关系的概率要更大。由此，我们将类型 2 定义为中度关系型（M）。

社会学家对强关系和弱关系并不陌生。但为何中度关系使用有如此大的规模？让我们通过一个典型的求职过程来说明。假设行动者有三个可以选择的求职帮助对象：弱关系帮助人 W，一位泛泛之交；强关系帮助人 S，一位亲戚；中度关系帮助人 M，一位朋友。

在一个社会中，资源（权势和信息）是有限和分层的（Lin，Ensel & Vaughn，1981），真正有职业决定权即“权势”或者关键职业信息的关系人是比较少的。特别是，在转型期社会，权势只能借助于早先制度化或施恩回报过程的关系来维系，是一种体制内的资源；而职业关键信息的流动往往也是封闭式的。换句话说，人们总是比较难找到和动员那些最有决定权的关键权力人。而关键权力人对众多希望与自己接触但本身可交换资源有限的求职者也并不重视。因此，从概率的角度说，弱关系帮助人 W 往往拥有更大的权力、更关键的信息，而强关系帮助人 S 像是没有什么权力或者只有冗余信息的亲戚、家人。这两个“极端”，在现实求职过程中，都不是最优选择。

相反，帮助人 M 则是一种有效的折中选择：常常作为具有某些特定社会和经济资源的朋友身份出现。求职者会基于特定的制度、文化和求职情境，经过通盘考虑以选择最有效的关键人和策略。事实上，尽管没有对关系强度进行严格的分层和多维界定，但边燕杰和宋安（Bian & Ang，1997）发现在 20 世纪 90 年代中期，中国社会的中等亲密程度的社会关系对资源的动员力要强于新加坡。在新近的一项基于移动电话分布图的沟通网络研究中，翁尼拉及其同事（Onnela et al.，2007）发现，强关系和弱关系在信息传播中同时“失效”。这些研究也在暗示，中度关系可能是现实生活中的重要场景，但却被我们以往的关系强度研究所忽视。

（二）社会分层与关系使用偏好

如前所述，中度关系能够很好地将社会上层和社会下层整合起来。也就是说，中度关系扩大了找到关键人的可能，提供了合适的资源，使得较低社会地位群体能够更好地向上流动，而且还为他们在更高的社会位置上站稳脚跟提供了可能。这样说来，一个直觉的推测就是，阶层、职业声望等等社会分层指标，有可能和中度关系使用有一定联系。比如，阶层更低的人可能更倾向于使用弱关系或中度关系。

不过，还有一种可能就是，社会分层与关系分层之间并没有明显联系。这是因为，各个阶层的人，其朋友圈的相对资源结构都比较类似。比如，对于一个求职的农民工而言，他的圈子从上到下是：1～2 个在城里有较高地位的远房亲戚，3～5 个比自己职业更好的同乡打工者，5～10 个老家的近亲。而对于一个想换岗的机关工作人员来说，他的圈子虽然总体资源更多，但相对结果是类似的：1～2 个在大机关、实权部门的远房亲戚或间接关系人；3～5 个自己的部门领导和有一定资源的人，5～10 个和自己一样级别的好友或者家人。如果是这样，每个阶层的人在使用关系的倾向上就会是差不多的。

为验证社会分层和关系分层之间有无关联，我们进一步进行数据分析。表 2－6 呈现了各阶层（李路路，2003）的强关系、中度关系和弱关系的分布状况，包括被访者的阶层（基于其先前职业划分）和父亲阶层（被访者 18 周岁时父亲的阶层）。与此同时，我们还考察了关系强度偏好在被访者及其父代不同职业声望指数（李春玲，2005）上的分布。在图 2-1 中，纵坐标为使用关系比例，横坐标为本人和父亲的职业声望。从表 2-6 和图 2-2 看，父亲的阶层和职业声望，似乎和中度关系使用相关联。

表 2-6　关系使用的阶层分布

	强关系	中度关系	弱关系	*N*
本人阶层				
1——高级行政和管理人员	40.0%	46.7%	13.3%	30
2——专业人员	50.8%	39.4%	9.8%	132
3——低级行政或管理人员	47.1%	41.4%	11.4%	70
4——体力劳动者	48.5%	40.8%	10.7%	439
5——个体户和小业主	74.1%	22.2%	3.7%	27
父亲阶层				
1——高级行政和管理人员	63.5%	27.0%	9.5%	63
2——专业人员	55.3%	34.2%	10.5%	76
3——低级行政或管理人员	52.8%	34.7%	12.5%	72
4——体力劳动者	46.7%	42.8%	10.5%	463
5——个体户和小业主	37.5%	58.3%	4.2%	24

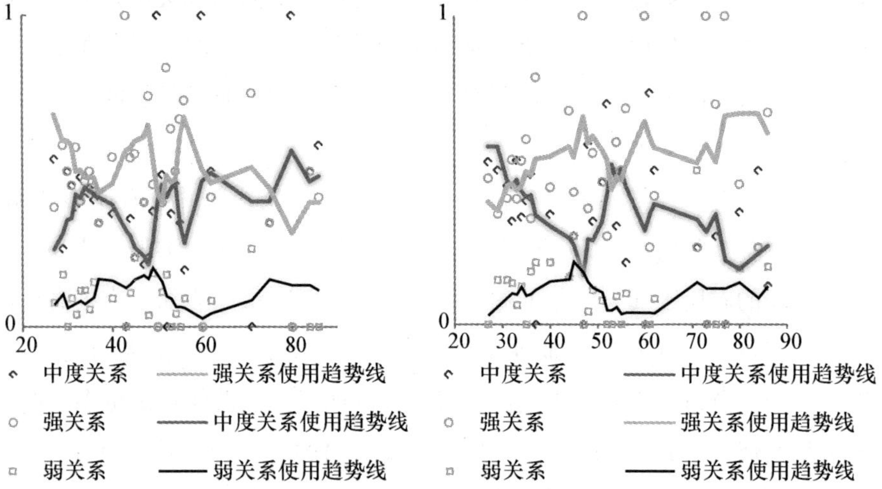

图 2-1　关系使用与职业声望

接下来我们将关系强度作为因变量纳入多元 logit 回归模型。考虑到同时控制了基于职业的社会阶层和职业声望，我们首先用 OLS 拟合了线性模型并计算了膨胀系数以分析是否存在共线性。我们发现模型的 VIF 系数仅为 5.2，远小于经验值 10，因此不存在共线性问题。表 2-7 报告了回归结果。

首先来比较中度关系与强关系的使用，即表 2-7 的第一列。结果表明，年龄、性别、教育程度等等人口学变量对关系强度偏好并无显著影响。本人的阶层和职业声望同样对关系强度偏好没有显著效应，但父亲的阶层，即被访者的社会出身、家庭背景因素对社会关系的选择使用具有影响。具体而言，较之来自体力劳动者家庭的人（父亲阶层=4），来自管理和经理人阶层家庭的个体更倾向于使用强关系。在弱关系与强关系的比较中（表 2-7 第二列），本人阶层对关系选择有显著效应：自身是管理和经理人阶层的比体力劳动者更多地使用弱关系。而家庭背景的情况与中度关系对强关系的比较非常接近。最后，社会分层对人们在求职过程中到底选择弱关系还是中度关系没有显著差异（表 2-7 第三列）。

表 2-7　多元 logit 回归：关系强度作为因变量

	中度关系/强关系	弱关系/强关系	弱关系/中度关系
本人阶层 1	0.690	2.239*	1.503
本人阶层 2	0.675	0.201	−0.524
本人阶层 3	0.303	1.218*	0.714
本人阶层 5	−0.092	−0.967	−0.785
本人职业声望	0.004	−0.005	−0.002
父亲阶层 1	−1.923*	−2.193*	−0.296
父亲阶层 2	−0.751	−1.402	−0.598
父亲阶层 3	−1.341**	−1.572*	0.188
父亲阶层 5	−0.588	−2.693*	−1.94
父亲职业声望	0.030	0.040	0.011
父亲与本人职业交互项	−0.000 3	−0.002	−0.000 04
国有部门	−0.153	−0.216	−0.029
中部地区	0.264	0.121	−0.099
西部地区	−0.425	−0.316	0.201
男性	−0.293	−0.469	−0.136
年龄	−0.003	−0.001	0.002
中学或中专	0.252	−0.403	−0.545
大专	0.105	0.201	0.060
大学及以上	0.611	−0.038	−0.685
党员	−0.461	−0.194	0.188
截距	−0.567	−1.849	−1.468

注：(1) 参照群体为体力劳动者（阶层 4）、非国有部门、东部地区、女性、小学及以下教育程度、非党员。(2) * $p < 0.05$，** $p < 0.01$。

（三）中度关系的机制

在样本中，使用中度关系的人数总占比为40%，远高于弱关系的10%。因此我们可以大致推测，和弱关系相比，中国人普遍倾向于使用中度关系和强关系。如何解释这一现象？如果劳动力市场或就业岗位以信息稀缺为特征，那么，弱关系的功效对于求职应该最大，弱关系的使用者也势必将增多；相反的是，如果空缺岗位被管理者牢牢控制，或者权威者的推荐是获得好工作的条件，那么强关系就更管用，人们就更愿意动用强关系。因此，理论上我们可以推测，对转型期国家的劳动力市场，中度关系实际是强弱关系的一种折中，可以在两者间取得一个平衡并综合两者的优势发挥作用。

实际上，中国确实处在深度社会转型之中，中国的劳动力市场被持续的再分配权力（Polanyi，1957；Bian & Ang，1997）和市场经济（Nee，1989；Cao & Nee，2000）所同时结构化。有关市场转型的论辩的焦点在于市场化过程是否削弱了再分配权力。其中，市场转型论认为市场能将再分配者（先前的政治精英）推向不利的位置（Nee，1989，1991，1996；Nee & Matthews，1996）。路径依赖论①坚持认为原有的政治资本通过新形式的经济资本去保持其优势地位（Rona-Tas，1994；Bian & Logan，1996；Shu & Bian，2003；Walder，2003）。就本章而言，中度关系的普遍使用，实际构成再分配力量与市场力量博弈的风向标。

进一步分析，根据关系强度理论，信息和引荐对就业机会都同样重要（Bian，1997）。如前所述，弱关系根植于开放的劳动力市场，该市场中的信息为稀缺资源；强关系则在计划经济体制和准劳动力市场中发挥作用最高效。在当下中国，制度的演进已经至少从两方面对计划经济时代的求职进行了重新结构化。其一是国家的工作分配体制在20世纪90年代中期瓦解，这强化了弱关系在有关就业机构中的相对优势。其二是劳动力市场中就业制度的规范化，使得有效的就业信息明显增加。这表明，市场化进程为“信息-友好”（information-friendly）型工作提供了更大的空间，同时也压缩了“引荐-倚

① 相关文献参见North，1997；David，1994。

靠”（influence-leaning）型工作的空间。[①] 当然，再分配力量的主导优势仍然强大。这也就是我们看到 CGSS 2003 数据中，中度关系使用比例达 40%，但仍低于强关系 50%的原因。

四、结语

弱关系和强关系二分法过于简单、过于“直观”而非基于统计学准则。我们以 CGSS 2003 为例子，展示了潜类分析对于科学计算关系强度的价值。通过潜类分析生成的关系强度类型可信度较高，是因为它并非基于一般的经验法则，而是经过了拟合优度检验。该统计策略揭开了劳动力市场中更为细致的关系强度图景。譬如，本章指出，在当代中国，中度关系使用者占比达到 40%，而传统的强关系使用者占比在 50%上下波动，弱关系的使用者占比却不到 10%。

在生成关系类型的基础上，我们探究了当下中国人在求职过程中的社会关系使用偏好，并发现社会分层与关系使用分层存在一定的关联。我们知道，在任何求职过程中，不同的劳动力市场或岗位空缺都在不断地形塑着求职者的行为。在自由市场经济的劳动力市场，信息稀缺，对弱关系的依赖度更高；在再分配力量主导的劳动力市场，强关系更有用。因此，作为理性行动者，求职者会选择那些最有效的关系类型。由此，我们可以说，当下中国劳动力市场的真实状况既不属于纯粹的强关系型，也不是单纯的弱关系型。源自以往的再分配权力和文化因素仍然扮演着重要角色——强关系的使用仍然颇为普遍。同时，即便是在市场转型中，强关系依旧遍布社会生活的各个角落。正如本章所论及的，市场化是普遍和高效的，它直接导致了中度关系的使用在各阶层的兴起。尽管超过半数的关系使用者倾向于强关系，并且其与社会出身密切相关，但相较于弱关系，使用中度关系的优势显而易见。这正是因为宏观的制度环境重构了微观层面的个体对关系强度的偏好。

---

① 例如，私营企业、合资企业和 NGO 机构提供了新的工作机会。此外，求职者不仅可通过参加统一的公务员考试进入政府部门，而且还能够通过公开招考进入某些中高级行政岗位。

第三章　社会资本的因果之争：模型的内生性问题和解决方案

导读： 因果关系是社会学分析的核心议题。然而，基于调查数据的定量分析会受到内生性问题的困扰，使得我们往往不能就变量之间的关系轻易做出因果性推断。这导致大量现有的社会学定量分析虽以解释为己任，但实质上仅仅停留在描述统计相关阶段，或者错误地提出因果性结论。本章以广义的社会网络行为即社会互动（social interaction）研究为例，详细讨论了遗漏偏误、自选择偏误、样本选择偏误和联立性偏误等四种主要的内生性（endogeneity）问题的来源，并介绍了克服内生性问题的一系列模型识别方法。

迄今为止，关系社会资本的研究主要有三大主线，即针对三种不同的操作化定义来分析其效应：使用关系本身（using contacts）、社会资本使用量（used social capital）和社会资本拥有量（accessed social capital）。其中，林南先生于 20 世纪 80 年代提出的社会资源理论（Lin，Ensel & Vaughn，1981），主要关注的就是第二类操作化定义。该理论认为“关系人”（contacts）的地位、声望等资源指标，对被帮助者的求职结果具有积极的作用。[①] 虽然这一理论取得了巨大的成功，积累了相当多的文献，但随着研究者对内生性问题的日益关注，该经典假说在提出 20 多年后遭受了空前挑战，并引发了一场以莫维和林南为代表的“莫林之争”。前者来自美国社会学重镇、北卡罗来纳大学教堂山分校社会学系，后者则是社会资本的资深前辈、著名华人学者、杜克大学荣休教授。

---

① 实际上，本章是关注第一类社会资本定义的陈云松等（2013）研究的姐妹篇。

林南的社会资源理论认为，使用了更多社会资源的人，会获得职位方面的优势，即"关系人"的资源或地位有助于求职（Lin，1999a，1999b，2002，2008）。莫维（Mouw，2003）则强调，以往实证分析中那些支持林氏观点的证据，仅仅反映了某个遗漏变量特别是社会"趋同"（homophily）[①]对求职结果的影响。要证明社会资本的因果效应，应当基于反事实框架，采取更好的模型识别方法来解决内生性问题（Mouw，2006）。在此批评提出后，林南及其合作者针对莫维的批评进行了反驳（Ao，2007；Lin & Ao，2008；林南，敖丹，2010；Lin，Lee & Ao，2013）。因此，"关系人"地位的效应，究竟是"好风凭借力，送我上青云"的社会真实，抑或仅仅是"物以类聚，人以群分"所导致的幻象，似乎没有定论。直到陈云松和沃克尔于2016年发表《社会资本和同质性对劳动力市场结果都有作用》一文后，这段争论才算画上句号。

在非实验的社会科学研究中，类似莫维提出的质疑，实际就是计量经济学领域关注已久的"内生性问题"。本章主要介绍这一问题的由来和解决方法。我们强调的是，尽管林南的社会资源理论非常符合我们的人情观感和理论直觉，以往大量的实证分析结果也支持这个理论，然而以当今的社会科学方法论的角度检视这些研究，其因果推断的逻辑并不能真正让人服膺。而莫维（2003）提出的"同质性"本身，也仅仅是潜在干扰项中的一种，是可能引发内生性问题的来源之一，而远非全部。要回应莫维（2003）的质疑，应当采用高级模型识别方法来重新检视以往的经典假说。

一、内生性问题来源

内生性问题的来源不一而足，主要是模型设置问题和测量误差。本章主要关注模型设置问题，即广义的遗漏变量偏误。在广义的遗漏变量偏误概念之下，可以把这些内生性问题的来源划分为四个不同的类别。

---

① "Homophily"也被译作"同质性"（如梁玉成，2010；吴愈晓，2011）。但我们认为，"趋同"更能体现社会互动和选择的动态特征。

（一）一般性遗漏变量偏误

在不同的学科中，遗漏变量偏误经常被称作未观察到的偏误（unobservable bias)、隐藏偏误（hidden bias)、紊乱问题（confounding problem）抑或未观察到的异质性问题（unobserved heterogeneity)。以社会资本分析为例，一个典型的回归模型可以写成：

$$y=\beta_0+\beta_1 x_1+\beta X+\varepsilon \tag{3.1}$$

式中，y 表示劳动力市场结果，x_1 为社会资本变量，大写的 X 为另一个控制性向量，ε 则为误差变项。如果 ε 与 x_1 不相关，那么我们可以利用 OLS 对方程 3.1 进行无偏估计。然而，如果重要的遗漏变量 x_2 随 x_1 和 y 而变化，那么误差变项必然包含 x_2，而且与 x_1 相关。因此，对 β_1 的 OLS 估计是有偏的。

那么，这个偏误到底有多大？我们假设“真”模型应该为：

$$y=\beta_0+\beta_1 x_1+\beta_2 x_2+\beta X+\varepsilon \tag{3.2}$$

而且遗漏变量 x_2 与社会资本变量 x_1 的相互关系可表示为：

$$x_2=\delta x_1+v \tag{3.3}$$

假设 $\tilde{\beta}_1$ 来自模型 3.1，$\hat{\beta}_1$ 来自模型 3.2。我们就可以得出 $\hat{\beta}_1=\tilde{\beta}_1+\beta_2\delta$。这样，遗漏变量偏误在估计模型 3.1 中即为 $\beta_2\delta$。

在社会资本文献中，普遍存在遗漏变量偏误。假设我们要估计“找熟人”(using contacts）相对于“不找熟人”对于求职的因果影响，如果在模型中个体的“口才”被遗漏，那么我们估计出的使用社会关系对工资收入的影响可能是有偏的。其原因显而易见：口才不仅增加了找关系的成功概率，而且本身也影响工作类型和工资水平——因为较高的语言技能本身就代表了较强的能力。如果我们分析“使用了的社会资本”（used social capital）的效应，基于同样的道理，那些具有更好口才的求职者就可能找到拥有更高社会地位的帮助者，从而获得更好的工作。如果分析“可使用的社会资本”(accessed social capital）的个体效应，我们同样可以预期口才好的人可能会利用社会资源更丰富的朋友圈。那么，被估计的因果效应同样会存在偏误。

（二）自选择偏误

作为一种特殊的遗漏变量偏误，自选择偏误指的是主解释结果/因变量在某种程度上被个人选择所决定（Cameron & Trivedi，2005）。要进一步理解“选择”，我们可以把要分析的社会现象解析为两个过程。比如，一个过程是解释变量发挥作用的主体过程，而另外一个则是个人选择的过程。和一般性的遗漏变量偏误相比，自选择偏误的实质就是两个过程的非观测因素相互关联。

针对第一个过程，列出如下模型：

$$y=\beta_0+\beta_1 x_1+\beta X+\varepsilon \tag{3.4}$$

该模型与方程 3.1 完全相同。而对于选择模型，我们将个体进行选择的效用（U）定义为解释变量x_1、被观察的个体特征X'（与 X 以示区别）和个体本身所知而不为社会学家所证实的ε'的函数。因此我们可以得到如下方程：

$$U=F(x_1, X', \varepsilon')+\eta \tag{3.5}$$

假设同时影响这两个过程的因子x_2是未被社会学家所发现的非观测因素，因此在方程中被遗漏。换言之，x_2进入ε和ε'。既然方程 3.5 规定了ε'和x_1相关，那么x_2和x_1之间必然存在关联。因此，x_1和ε具有关联性。这样，从方程 3.4 估计的β_1是有偏的。大量研究已经证明，选择性行为是社会资本过程中非常重要的因素。以下我们用“找熟人”和“朋友们的平均地位”两种典型的社会资本变量来说明这个问题。

在社会资本领域，学者可能对“找熟人”相对于“不找熟人”的求职效应更加关注。但研究发现，拥有更高地位、更高教育程度和更丰富社会资本的个体可能会倾向于较少地使用社会关系（Marsden，2001；Bentolila et al.，2003；Lin & Ao，2008）。如果一个求职者因为自身的某个特点选择了“找熟人”这种求职方式，那么“找熟人”事件本身对他求职的影响，就很难说是因果性的。在这里，我们把决定是否“找熟人”（x_1为哑变量）的影响定义为求职者自己觉察到的效用函数。比如，假设“胆怯”是x_2，即一个同时影响找关系的决策（x_1）和工资水平（y）的遗漏变量，那么“胆怯”势必进入 ε 和 ε'。既然方程 3.5 设定“胆怯”与“找熟人”（x_1）相关，那么方程 3.4 里的偏误项 ε 就自然也与 x_1 相关了。因此，方程 3.4 产生了偏误估计。

类似地，根据社会趋同（social homophily）理论，社会网在种族、性别、社会阶层、宗教信仰、行为和价值观等方面具有更大的选择性，即“物以类聚，人以群分”（文献评述参见 McPherson et al.，2001）。[①] 如果是我们自己选择了具有某种特点的朋友，那么被观察到的朋友特征对于我们个体结果的影响，也未必是因果性的了。这是因为社会资本与个体结果之间的相关结果也许仅仅反映了组群内大家所共同具备的一些选择性因素（Mouw，2003，2006）。这种自选择在经济学的社会资本研究中又被称为“内生性组群构成”（endogenous group formation；Moffitt，2001）。

（三）样本选择偏误

当对因变量的观察仅仅局限于某个有限的非随机样本时，样本选择偏误就容易产生。这种对某些观察值的非随机性排斥（exclusion）不仅源自数据收集程序，而且也来自研究中社会现象本身所固有的特质。在经济学领域，赫克曼（Heckman，1976）仔细探讨了非随机样本造成的选择偏误问题。他事实上将其作为一种特殊的遗漏变量偏误来处理。伯克（Berk，1983）最先在社会学文献中介绍了样本选择偏误。本章简述如下。

假设社会学家想估计 x_1 对于 y 在总体上的影响。不过有时候 x_1 只有在 $S=1$ 的情况下才能被观察到（例如，x_1 表示帮助求职者的资源，而 x_1 只有在使用了社会关系的情况下才能被观察到）。我们往往会把方程写成：

$$y=\beta_0+\beta_1 x_1+\beta X+\varepsilon \tag{3.6}$$

但实际上对于总体样本我们估计的只是：

$$S_y=S_{\beta_0}+\beta_1 S_{x_1}+\beta S_X+S_\varepsilon \tag{3.7}$$

---

① 在社会学文献中，对自选择的关注由来已久（参见 Duncan et al.，1968；Blalock，1984；Kandel，1978）。

要从方程 3.7 获得β_1的无偏估计，就必须满足 S_ε 与 S_{x_1} 不相关。既然 S 是二分变量，事实上，这个条件就是 ε 必须与 S_{x_1} 不相关。

现在我们将选择因子 S 定义为：

$$S=F(X', \varepsilon')+\eta \tag{3.8}$$

式中，X'是可被观察到的控制变量，而ε'则是社会学家无法观察到的选择因素。F 是决定选择指数 S 等于 1 或 0 的函数。显然，X'和 X 有可能部分重叠，而且ε'和 ε 也一样。一旦有某个遗漏因子x_2同时进入ε'和 ε，对方程 3.6 的估计就一定是有偏的。方程 3.8 实际上与方程 3.5 很类似，这也正是样本选择偏误和自选择偏误都可以被叫作选择偏误（selection bias）的缘由。

一个典型的例子就是估计“使用了的社会资本”（used social capital）的因果效应。为了调查这类社会资本的效应，最直观的方法就是对那些在调查中表示自己的工作是“通过协助者找来的”被访者进行分析，观察他所“动员”或“使用”起来的资源量（如协助者的职业声望）是否对收入有显著影响。然而，某些未被观察的变量（比如自尊心）可能同时作用于个体工作结果和使用社会关系求职的选择性——自尊心强的人不愿意找人求职，而且自尊心可能带来工作努力和较高的收入。如果我们仅仅对那些报告了使用社会关系的局部样本进行简单的 OLS 估计，就等于是对一个自尊心不强、工作不努力的样本进行估计，社会资本的因果效应就可能会被高估。

（四）联立性偏误

联立性（simultaneity）偏误也是内生性问题的一个重要来源。其本质就是解释变量连带地由因变量决定，即存在双向因果关系。例如，在“可使用的社会资本”（accessed social capital）研究中，我们总是以个体当前职业声望得分为解释变量，以被调查者社会网络的平均职业声望为因变量进行回归分析。然而，由于社会网络声望均值显然同时受到被访者个体声望的影响，使用标准的均值线性模型就会产生很多问题。以下结合曼斯基（Manski，1993）和莫菲特（Moffitt，2001）的研究，对此做一个简要的阐释。

不失一般性，估计“可使用的社会资本”效应的均值线性（linear-in-means model）模型可以表示为：

$$y_{ig}=\beta_0+\beta_1\bar{y}_{-ig}+\beta_2\overline{X}_{-ig}+\beta_3X_{ig}+\varepsilon_{ig} \tag{3.9}$$

式中，i 代表个体，g 代表组群，x 代表个体特征（如性别、教育获得等）。需要注意的是，$\bar{y}$ 为组群结果的均值，下标 $-i$ 表示排除个体自身后计算所得的均值，$\bar{x}$ 为平均组群特征。其实，β_1 和 β_2 都可被视为社会资本效应（Durlauf，2002）。

为了简明表述，假设每个组群只有 2 个个体（$i=1$，2），那么方程 3.9 可以写为：

$$y_{1g}=\beta_0+\beta_1y_{2g}+\beta_2X_{2g}+\beta_3X_{1g}+\varepsilon_{1g} \tag{3.10}$$

$$y_{2g}=\beta_0+\beta_1y_{1g}+\beta_2X_{1g}+\beta_3X_{2g}+\varepsilon_{2g} \tag{3.11}$$

如果在方程 3.10 右边插入方程 3.11，我们可以得到以下简化形式：

$$y_{2g}=\frac{\beta_0}{1-\beta_1}+\left(\frac{\beta_1\beta_2+\beta_3}{1-\beta_1^2}\right)X_{2g}+\left(\frac{\beta_1\beta_3+\beta_2}{1-\beta_1^2}\right)X_{1g}+(\frac{\beta_1\varepsilon_{1g}+\varepsilon_{2g}}{1-\beta_1^2}) \tag{3.12}$$

然而，这也带来了一些问题。第一，y_{2g} 必然与 ε_{1g} 相关，因为 y_{2g} 与 y_{1g} 相关。结果，来自方程 3.12 的估计是有偏的。这就是联立性偏误。第二，即使 ε_{1g} 与 y_{2g} 不相关，也只有（$\beta_1\beta_2+\beta_3$）/（$1-\beta_1^2$）和（$\beta_1\beta_3+\beta_2$）/（$1-\beta_1^2$）可以被识别，而且无法将 β_1 和 β_2 分离。后者被曼斯基（Manski，1993）称为“映射问题”（reflection problem）。①

二、内生性问题解决方法举要

解决上述的内生性问题，从本质上讲需要额外的数据信息。从模型的角度，我们介绍如下几种经典的方法。

（一）固定效应模型

固定效应模型通常用来估计面板数据。所谓面板数据，即基于时间重

① 如此命名的原因主要是这两者就像人和镜子里映射的影像一样同时变化和出现，让外面的观察者无法分析谁是原因、谁是结果，谁是主因、谁是次因。

复收集样本信息而形成的多期截面数据的组合。固定效应模型假设那些可能遗漏的、社会学家无法观察的属性是不随时间变化的。而利用不随时间变化这一重要特征，我们可以设法消除遗漏项的影响。具体模型，可以写作如下（此处仅考虑有一个解释变量的模型，有多个解释变量时的逻辑与此一致）：

$$y_{it}=x_{it}\beta+z_i\delta+u_i+\varepsilon_{it}\,(i=1,\cdots,n;\ t=1,\cdots,T) \tag{3.13}$$

式中，z_i为不随时间变化的个体特征，而x_{it}为随个体和时间变化的特征。误差项由u_i和ε_{it}组成。其中u_i为不可观测的个体异质性，ε_{it}为随个体和时间变化的误差项。如果u_i与某个自变量相关，则可将其称为“固定效应”（fixed effects，FE）模型；如果u_i与所有自变量均不相关，则可将其称为“随机效应”（random effects，RE）模型。一般来说，随机效应模型比较少见，但仍然需要通过检验以决定采用何种模型。

固定效应模型通过估计时间对方程进行变换，取时间平均值，从而将不可观测效应u_i消去，同时不随时间变化的解释变量z_i也被消去。具体而言，对于固定效应模型，给定个体 i，对方程 3.13 两边取时间平均可得：

$$\bar{y}_i=\bar{x}_i\beta+z_i\delta+u_i+\bar{\varepsilon}_i \tag{3.14}$$

用方程 3.13 减去方程 3.14，可得方程 3.13 的离差形式：

$$y_{it}-\bar{y}_i=(x_{it}-\bar{x}_i)\beta+(\varepsilon_{it}-\bar{\varepsilon}_i) \tag{3.15}$$

令 $\tilde{y}_{it}=y_{it}-\bar{y}_i$，$\tilde{x}_{it}=x_{it}-\bar{x}_i$，$\tilde{\varepsilon}_{it}=e_{it}-\bar{\varepsilon}_i$，则可得：

$$\tilde{y}_{it}=\tilde{x}_{it}\beta+\tilde{\varepsilon}_{it} \tag{3.16}$$

方程 3.16 中，u_i被消去，若$\tilde{\varepsilon}_{it}$和$\tilde{x}_{it}$不相关，则可以对β进行 OLS 一致估计。这时β被称为“固定效应估计量”（fixed effects estimator），记为$\tilde{\beta}_{FE}$。$\tilde{\beta}_{FE}$使用每个个体的组内离差信息，所以也被称为“组内估计量”（within estimator）。在面板数据中，使用$\tilde{\beta}_{FE}$能很好地解决个体异质性u_i与自变量x_{it}相关的问题。由于$z_i\delta$也在上式中被消去，因此δ无法估计，这是 FE 模型估计的不足。

此外，为了保证$\tilde{\varepsilon}_{it}$和$\tilde{x}_{it}$不相关，即$x_{it}-\bar{x}_i$和$e_{it}-\bar{\varepsilon}_i$不相关，需要第 i 个观测值满足严格外生性，即 $E(\varepsilon_{it}\mid x_{i1},\cdots,x_{iT})=0$。因为$\bar{x}_i$中包含了所有

（x_{i1}，…，x_{iT}）的信息，误差项必须与各期的自变量均不相关。

除了上面离差变换外，通过构造 $n-1$ 个虚拟变量（若无截距项，则引入 n 个虚拟变量）来代表不同的个体，也能得到相同结果。因此 FE 模型也被称为“LSDV 模型”，即最小二乘虚拟变量模型（least square dummy variable model）。LSDV 的优势是能够获得个体异质性 u_i 的估计，缺点是需要引入很多虚拟变量。如果 n 很大的话，还会导致大量复杂计算。另外，如果我们进一步考虑时间的单独效应，则可以在上述模型中进一步控制时间虚拟变量。这样就成为“双向固定效应模型”。最后，如果面板数据只有两期，则可以直接让这两期的模型相减，其结果在数学上等价于求时间均值后再相减。这时习惯称之为“一阶差分模型”。

在分析面板数据时，我们需要选择是采用固定效应还是随机效应模型。其方法如下：

设定原假设 H_0：u_i 与 x_{it}、z_i 不相关（与解释变量均不相关）。无论原假设是否为真，固定效应估计（FE）都一致。若原假设为真，则随机效应（RE）比固定效应（FE）更有效；否则，随机效应（RE）估计不一致。当原假设为真时，FE 与 RE 估计量都将共同收敛于真实的参数值，即 $(\beta_{FE}-\beta_{RE})\xrightarrow{p}0$。反之，如果二者的差距过大，则倾向于拒绝原假设。在此可进行豪斯曼检验：

$$(\beta_{FE}-\beta_{RE})'[\mathrm{Var}(\hat{\beta}_{FE})-\mathrm{Var}(\hat{\beta}_{RE})]^{-1}(\beta_{FE}-\beta_{RE})\xrightarrow{d}\chi^2(K) \tag{3.17}$$

式中，K 为 β_{FE} 的维度，即 x_{it} 中所包含的随时间变化的解释变量个数（β_{FE} 无法反映不随时间变化的解释变量系数）。如果该统计量大于临界值，则拒绝 H_0。

豪斯曼检验存在如下缺点：它假设在 H_0 成立时，β_{RE} 是最有效率的；然而若误差项存在异方差，则 β_{RE} 并非最有效率的估计量。此时可用两种方法进一步检验。第一种是自助法（bootstrap），即用计算机模拟再抽样（resampling）的方法来计算 Var（$\beta_{FE}-\beta_{RE}$）。第二种方法是伍德里奇（Wooldridge，2010）提出的辅助回归方法：

$$y_{it}-\theta\bar{y}_i=(x_{it}-\theta\bar{x}_i)'\beta+(1-\theta)z_i'\delta+(x_{it}-\bar{x}_i)'\gamma$$
$$+[(1-\theta)u_i+(\varepsilon_{it}-\theta\bar{\varepsilon}_i)] \quad (3.18)$$

然后用聚类稳健标准误来检验原假设$H_0:\gamma=0$，该检验方法在异方差情况下也适用。若随机效应模型成立，则 OLS 估计是一致的，即 $p\lim\limits_{n\to\infty}\hat{y}=\gamma=0$。若固定效应模型成立，误差项$(1-\theta)u_i+$（$\varepsilon_{it}-\theta\bar{\varepsilon}_i$）与$x_{it}-\bar{x}_i$相关，则 OLS 估计不一致，即 $p\lim\limits_{n\to\infty}\hat{y}=y^*\neq\gamma=0$，因此拒绝$H_0$，拒绝随机效应，接受固定效应。

（二）赫克曼方法

被广泛用来解决样本选择问题的方法是的赫克曼（Heckman，1976）的二阶段法。前文我们提到的样本选择的基本图景是：社会学家想估计x_1对y在总体样本上的影响，不过有时候x_1只有在$S=1$的情况下才能被观察到（例如，x_1表示帮助求职者的资源，而x_1只有在使用了社会关系的情况下才能被观察到）。赫克曼进一步用一个函数来代表选择过程并提出解决方案：

$$S=1(\gamma_0+\gamma_1x_1'+\gamma_2x_2'+\cdots+\gamma_mx_m'+\varepsilon'>0) \quad (3.19)$$

第一步，利用总体样本里所有的观察值，以S为被解释变量、X'为解释变量估计一个 probit 模型。该选择模型的解释变量，应既包含所有实质方程中的全部控制变量，也最好能包括一个与Y没有直接关联但是可以影响S的排除限定因素。基于此模型，我们可以获得一系列的参数估计值（$\hat{\gamma}_0$，$\hat{\gamma}_1$，$\hat{\gamma}_2$，…，$\hat{\gamma}_m$）。对每一个观察值i计算反向 Mills 比率（或风险比率）$\hat{\lambda}_i$。伯克（Berk，1983）指出，线性概率模型的风险比率等于$S=0$时的估计概率减去 1.0，而来自 logit 模型的风险比率就是$S=0$时的估计概率。

第二步，利用选择样本（$S=1$）进行回归，此时的自变量应该包括（x_1，x_2，…x_k，$\hat{\lambda}$），即把代表样本选择的风险比率纳入方程。这样我们就可以获得一致估计量。赫克曼的二阶段方法在社会科学界得到广泛应用，主要是因为它的简明性以及 OLS 回归技术在研究中的普遍运用（Hughes，1997）。当然，该方法也有若干不足。施托尔岑贝格和雷利斯（Stolzenberg & Relles，1997）提出了判定赫克曼二阶段估计究竟是增加还是降低了回归系数估计准确性的方法。布沙威等（Bushway et al.，2007）强调了赫克曼方法应用的四种常见问题，包括二分因变量的误用①、计算反向 Mills 比率的难度、错估标准误差，以及真实模型的修正项与其他回归量之间的共线性。

（三）工具变量方法

在 OLS 中，若自变量与误差项不相关，则可以得到一致的估计量，否则估计就是有偏的。工具变量是解决该问题的一种主要方法，其原理可从简单的 OLS 回归来看：

$$y=\beta_0+\beta_1 x_1+\beta X+\varepsilon \tag{3.20}$$

式中，y 为因变量，x_1为自变量。X 为外生控制性向量（即一组假定为外生的其他控制变量），ε 为误差项。如果 ε 与x_1不相关，那么可以用 OLS 对方程进行无偏估计。如果一个重要变量x_2被上述模型遗漏了，且x_1与x_2也相关，那么对β_1的估计则是有偏的。此时，x_1被称为“内生”解释变量，表示上述模型存在内生性问题。

要解决内生性问题，我们需要引入更多信息进行无偏估计。工具变量方法是引入一个外生变量 z，且 z 必须满足以下条件：与 ε 不相关，但与x_1相关，即 z 仅能通过x_1来影响 y。因此根据上述条件，我们可得到：

$$\mathrm{Cov}(z, x_1)\neq 0;\ \mathrm{Cov}(z, \varepsilon)=0 \tag{3.21}$$

根据方程 3.20，我们可得到：

$$\mathrm{Cov}(z, y)=\beta_1\mathrm{Cov}(z, x_1)+\beta\mathrm{Cov}(z, X)+\mathrm{Cov}(z, \varepsilon) \tag{3.22}$$

再根据方程 3.21 以及 X 是外生向量的假设，我们可得到：

$$\mathrm{Cov}(z, y)=\beta_1\mathrm{Cov}(z, x_1) \tag{3.23}$$

即：

$$\beta_1=\frac{\mathrm{Cov}(z, y)}{\mathrm{Cov}(z, x_1)} \tag{3.24}$$

因此我们可对β_1进行无偏估计：

① 例如，如果我们想要检验使用社会关系是否对工作满意度或者其他形式的离散变量产生影响，那么采用赫克曼的二阶段估计法来减少选择偏误的做法是有问题的。

$$\hat{\beta}_1 = \frac{\sum_{i=1}^{n}(z_i - \bar{z})(y_i - \bar{y})}{\sum_{i=1}^{n}(z_i - \bar{z})(x_{1i} - x_1)} \tag{3.25}$$

式中，$\hat{\beta}_1$就是工具变量估计量。

传统的工具变量法一般通过“二阶段最小二乘法”（2SLS）回归来实现，第一阶段用内生解释变量x_1来对工具变量 z 进行回归，第二阶段是用因变量 y 对第一阶段的预测值进行回归。

在使用工具变量时，必须对工具变量的有效性进行检验。如果工具变量无效，则可能导致估计不一致或估计量的方差过大。其中，最关键的两个检验是弱工具变量检验和豪斯曼内生性检验。

若工具变量 z 与内生变量x_1完全不相关，则$[E(z_ix_i')]^{-1}$不存在，无法用工具变量法进行估计。若 z 与内生变量x_1仅微弱相关，则$[E(z_ix_i')]^{-1}$很大，导致工具变量估计量的渐近方差 $\text{Avar}(\hat{\beta}_{IV})=[E(z_ix_i')]^{-1}S[E(z_ix_i')]^{-1}$很大。直观上来看，若 z 中所含x_1的信息很少，就无法用 z 进行准确估计，即使样本很大也很难收敛于真实的参数值，此时 z 就被称为“弱工具变量”（weak instruments）。弱工具变量不仅使 $\hat{\beta}_{IV}$的小样本性质变差，其大样本分布也可能与正态分布相差很大，从而导致基于大样本理论的统计推断失效。

在第一阶段回归中，对工具变量 z 的系数进行是否为 0 的检验，若 F 统计量的值大于 10，则可认为不存在“弱工具变量”问题。当有多个内生变量时，就会有多个工具变量，也就会有多个 F 统计量，此时可用“最小特征值统计量”（minimum eigenvalue statistic）进行检验（该统计量来自 Stock & Yogo，2005）。如果误差项满足 iid 假设，则可用“Cragg-Donald Wald F”统计量进行检验（临界值来自 Stock & Yogo，2005）。如果误差项不满足 iid 假设，则可使用“Kleibergen-Paaprk F”统计量（临界值也来自 Stock & Yogo，2005）。

工具变量法使用的条件是模型中存在内生解释变量，但该假设也需要进行检验。为此，可采用豪斯曼检验（Hausman specification test），其原假设 H_0是：所有解释变量均为外生变量。若原假设成立，则工具变量估计与 OLS 估计结果一致，均收敛于真实的参数值；若原假设不成立，则工具变量估计与 OLS 估计结果不一致。但上述检验方法不适用于异方差情况，对此通常有两种解决方法：一是通过“自助法”，即计算机模拟“再抽样”（resampling）方法来估计；二是使用“杜宾-吴-豪斯曼检验”（Durbin-Wu-Hausman test，DWH）。

（四）断点回归方法

断点回归往往适用于处理效应（treatment effects）分析，即解释变量/处理变量 D 是二分变量，但这一变量由连续变量以“分水岭”的模式来划分（如高考录取，取决于一个分数线）。具体术语表达为：当处理变量D_i满足依可测变量选择时，如果D_i取值仅由某连续变量x_i是否超过某断点 c（cutoff point）来决定，如：

$$D_i=\begin{cases}1, & x_i\geqslant c\\0, & x_i<c\end{cases} \tag{3.26}$$

式中，D_i为x_i的函数，x_i为“分组变量”。在给定x_i时，D_i为常数，与任何变量都无关，D_i独立于（y_{0i}，y_{1i}），满足可忽略性假定。因为D_i为x_i的函数，且在$x_i=c$ 处存在一个断点（discontinuity），这为估计D_i的因果效应提供了可能。

对于断点 c 两边的个体，可认为不存在系统差异（比如高考录取一本线是 550 分，那么 551 分的考生和 549 分的考生在实际能力上并无系统性的差异），其出现不同处理结果D_i是随机分组的结果，因此将这样一个过程称为准实验（quasi experiment）。对$x_i=c$ 附近的局部平均处理效应（local average treatment effect，LATE）能够进行如下一致估计：

$$\begin{aligned}\text{LATE}&=E(y_{1i}-y_{0i}\mid x=c)=E(y_{1i}\mid x=c)-E(y_{0i}\mid x=c)\\&=\lim_{x\downarrow c}E(y_{1i}\mid x)-\lim_{x\uparrow c}E(y_{0i}\mid x)\end{aligned} \tag{3.27}$$

式中，$\lim\limits_{x\downarrow c}$和 $\lim\limits_{x\uparrow c}$分别表示从 c 的右侧和左侧取极限。假设条件期望函数 E（$y_{1i}\mid x$）和 E（$y_{0i}\mid x$）为连续函数，则函数的极限值等于函数取值。假设进行处理之前（实验之前），因变量y_i与x_i之间存在如下函数关系：

$$y_i=\alpha+\beta x_i+\varepsilon_i \tag{3.28}$$

假设$D_i=1$（$x_i \geqslant c$），该处理效应为正，则y_i与x_i之间的线性关系在$x=c$处存在一个向上的跳跃断点。由于个体在该断点处不存在系统差异，而造成条件期望函数E（$y_i \mid x$）在此跳跃的唯一原因只能是D_i的处理效应，我们把该跳跃看作在$x=c$处，D_i对于y_i的因果效应。

为估计该跳跃，可将上式改写为：

$$y_i=\alpha+\beta(x_i-c)+\delta D_i+\gamma(x_i-c)D_i+\varepsilon_i \tag{3.29}$$

式中，x_i-c为x_i的标准化形式，因此x_i-c的断点为0。引入交互项$\gamma(x_i-c)D_i$是为了允许断点两侧回归线斜率不同。对上述方程进行OLS估计，所得$\hat{\delta}$就是$x=c$处局部平均处理效应（LATE）估计量。因为该类回归存在一个断点，所以被称为“断点回归”（regression discontinuity，RD）。

断点回归有两种具体类型。第一种是精确断点回归（sharp regression discontinuity，SRD），即已经讨论过的，在断点$x=c$处，个体受到处理的概率从0跳跃到1。第二种是模糊断点回归（fuzzy regression discontinuity，FRD），即在断点$x=c$处，个体受到处理的概率从a跳跃到b，其中$0<a<b<1$。这表明，即使$x>c$，个体也不一定能受到处理，只是受到处理的概率在$x=c$处发生了一次跳跃。因此这里的“模糊”是指个体受到处理的概率不确定，而断点$x=c$则是明确的。精确断点回归可视为模糊断点回归的特例。在进行断点回归时，需要注意分组变量可能不具备局部随机性，例如年龄或地理区域变量所带来的分组。

（五）随机实验方法

实验方法是研究因果关系的重要工具。根据不同研究取向，实验方法主要有四种类型：物理学中使用的控制实验（controlled experiment）、医学等领域进行的随机控制实验（randomized controlled experiment）、自然实验或准实验（natural experiment or quasi experiment）、思想实验（thought experiment）。

在理想的随机实验中，个体被随机分成实验组和控制组，个体进入实验组或接受“处理水平”（treatment level）时完全是随机的，与个体特征或其他因素不相关。这保证了“处理水平”与被遗漏的误差项不相关，因此可以一致估计处理效应。假设如下方程：

$$y_i=\alpha+\beta x_i+\varepsilon_i \tag{3.30}$$

式中，x_i完全随机，x_i与ε_i相互独立，因此OLS估计一致。因x_i与ε_i相互独立，$E(\varepsilon_i \mid x_1, \cdots, x_n)=0$，满足小样本中严格外生性假定，OLS估计也是无偏的。

随机实验中，X对y的因果效应为条件期望之差：$E(y \mid X=x)-E(y \mid X=0)$，即处理效应。假设虚拟变量$x_i=\{0, 1\}$，则方程3.30的OLS估计量为：

$$\hat{\beta}_{OLS}=\bar{y}_{treat}-\bar{y}_{control} \tag{3.31}$$

式中，$\bar{y}_{treat}$为实验组样本均值，$\bar{y}_{control}$为控制组样本均值，$\hat{\beta}_{OLS}$等于这两者之差，可称为"差分估计量"（differences estimator）。

当$\{y_i\}$对常数项进行回归时，系数估计值为$\bar{y}$。因此$\hat{a}_{OLS}=\bar{y}_{control}$，$\hat{a}_{OLS}+\hat{\beta}_{OLS}=\bar{y}_{treat}$。

尽管理想的随机实验所得到的OLS估计量一致且无偏，但可能因遗漏较多变量而导致ε_i的方差较大，使估计效率降低。为解决上述问题，同时也为了检验x_i是否完全随机，可引入其他解释变量，记为$\{z_{i1}, \cdots, z_{ik}\}$：

$$y_i=\alpha+\beta x_i+\delta_1 z_{i1}+\cdots+\delta_k z_{ik}+\varepsilon_i \tag{3.32}$$

如果x_i完全随机，则$\{z_{i1}, \ldots, z_{ik}\}$与$x_i$不相关。因此，我们可以通过$x_i$对$\{z_{i1}, \ldots, z_{ik}\}$的回归来检验上述假定是否成立。如果方程显著，则可认为x_i不完全随机。

利用随机实验方法时，可能会因不完全是理想随机实验而产生内部有效性和外部有效性两类问题。内部有效性问题具体包括个体并不是完全随机分组、个体未能完全遵从实验设计、个体中途退出实验、存在实验效应或霍桑效应、样本量过小等。外部有效性问题主要包括样本代表性不足、小型实验条件与大规模推广时的条件不一致、存在一般均衡效应、存在个体自我选择效应。

与随机实验类似的一种实验方法是自然实验，当随机实验成本较高而难以实施时可考虑进行自然实验，例如估计某项政策或大自然变化对实验对象的影响等。

自然实验分为两类：第一类是个体的分组或处理水平完全由实验所决定，这时可用 OLS 估计处理效应；第二类是个体的分组或处理水平不完全由实验所决定，这时可将自然实验带来的随机变动作为工具变量进行估计。

（六）双重差分法

在进行随机实验或自然实验时，实验效果需要经过一定时间才能产生，而我们关注的是结果变量在实验前后的变化。假设有以下两期面板数据：

$$y_{it}=\alpha+\gamma D_t+\beta x_{it}+u_i+\varepsilon_{it}\,(i=1,\dots,n;\ t=1,\ 2) \tag{3.33}$$

式中，D_t为实验期虚拟变量，若 $t=1$，则$D_t=0$，表示实验前；若 $t=2$，则$D_t=1$，表示实验后。u_i为不可观测的个体特征。x_{it}为政策虚拟变量，若个体 i 为实验组，且 $t=2$，则$x_{it}=1$，表示受到处理；其他情况则$x_{it}=0$，表示没有受到处理。

当 $t=1$ 时，实验组和控制组的x_{it}都为 0；当 $t=2$ 时，实验组$x_{it}=1$，而控制组$x_{it}=0$。如果x_{it}与遗漏变量u_i相关，则无法进行 OLS 一致估计。这时可对上述面板数据进行一阶差分（第二期减去第一期），以消掉u_i：

$$\Delta y_i=\gamma+\beta x_{i2}+\Delta\varepsilon_i \tag{3.34}$$

对上式进行 OLS 估计，则可以得到一致估计量：

$$\hat{\beta}_{\text{OLS}}=\Delta\bar{y}_{\text{treat}}-\Delta\bar{y}_{\text{control}}=(\bar{y}_{\text{treat},2}-\bar{y}_{\text{treat},1})-(\bar{y}_{\text{control},2}-\bar{y}_{\text{control},1}) \tag{3.35}$$

上述估计得到的是实验组的平均变化与控制组平均变化之差，因此被称为双重差分估计量（difference-in-differences estimator，DD），记为 $\hat{\beta}_{\text{DD}}$。双重差分估计量消除了实验组和控制组在实验前差异的影响。

在双重差分估计中，也可引入更多解释变量，但以 Δy_i为被解释变量的双重差分法不适用于两期以上的面板数据。对此，须重新以y_{it}为结果变量来进行估计。假设有以下两期面板数据：

$$y_{it}=\beta_0+\beta_1 G_i\cdot D_t+\beta_2 G_i+\gamma D_t+\varepsilon_{it}\,(i=1,\cdots,n;\ t=1,\ 2) \tag{3.36}$$

式中，G_i为实验组虚拟变量，如果个体 i 属于实验组，则$G_i=1$；如果个体 i 属于控制组，则$G_i=0$。D_t为实验期虚拟变量，如果 $t=1$，则$D_t=0$，表示实验前；如果 $t=2$，则$D_t=1$，表示实验后。交互项$G_i \cdot D_t=x_{it}$，如果个体 i 属于实验组，且 $t=2$，则$x_{it}=1$；其他情况则$x_{it}=0$。该交互项用于度量实验的处理效应。如果有其他解释变量，则可以直接加入上式中。

当 $t=1$ 时，方程 3.36 可写为：

$$y_{i1}=\beta_0+\beta_2 G_i+\varepsilon_{i1} \tag{3.37}$$

当 $t=2$ 时，方程 3.36 可写为：

$$y_{i2}=\beta_0+\beta_1 G_i \cdot D_2+\beta_2 G_i+\gamma+\varepsilon_{i2} \tag{3.38}$$

用方程 3.38 减去方程 3.37 可得到：

$$\Delta y_i=\gamma+\beta_1 G_i \cdot D_2+(\varepsilon_{i2}-\varepsilon_{i1})=\gamma+\beta_1 x_{i2}+\Delta \varepsilon_i \tag{3.39}$$

方程 3.39 与方程 3.34 相同，因此对方程 3.36 进行 OLS 估计所得的 $\hat{\beta}_1$ 估计量就是交互项$G_i \cdot D_t$的双重差分估计量。

三、模型识别的策略选择：以社会互动为例

内生性问题和模型识别（model identification）紧密相连。在微观计量经济学的术语中，模型就是对一系列观察值概率分布的设置（specification），而结构（structure）则是对该分布参数的设置。假如两个及以上模型指向相同的联合概率分布，那么这两个结构是相同的，也就是无法识别的。当模型估计的目的是评估解释变量的因果系数时，得出无偏估计的重要前提条件是同构的替代模型已被剔除（Cameron & Trivedi，2005）。一般而言，我们可以把识别某个模型理解为排除竞争性解释存在的可能，即控制那些无法观测或者被遗漏且和解释变量相关的因子。因此，解决内生性问题的术语就是模型识别。

本部分将以社会互动等研究为例讨论解决内生性问题的方法。文中的社会互动（social interaction）是一个非常宽泛的概念，指人们以相互的或交换的方式对别人采取行动，或对别人的行动做出反应，它是人类存在的重要形式（波普诺，1999）。曼斯基（Manski，1993）、杜尔拉夫（Durlauf，2002）和莫维（Mouw，2006）都指出，社会资本（social capital）、社会资源（social resources）、社会网效应（network effects）、社会规范（social norm）、同群效应（peer effects）、邻里效应（neighbourhood effects）、社会模仿（imitation）、社会濡染（social contagion）等等领域的研究实质上都可以归到社会互动旗下。尽管社会学家更早认识到社会关系、社会网络、集体行为和特征对个体水平上的结果有重要影响，但经济学家对社会互动领域研究的内生性问题更为重视，在实证研究中大量应用不同的统计模型、精妙的研究设计和丰富的数据以帮助模型识别，从而解决内生性问题。[①] 对社会互动文献中解决内生性问题的方法进行梳理，可以为社会学定量分析提供极富价值的参考。

（一）解决遗漏变量偏误

在现有的实证研究中，主要有四种方法可用于消解遗漏变量偏误问题。

第一是利用非传统数据作为遗漏变量的替代（proxy）以控制潜在的遗漏变量。例如，在邻里研究中，詹克斯和迈尔（Jencks & Mayer，1990）证实，当纳入更多对父母特征的控制变量时，生长在贫困社区这一因素对个体的影响趋于下降。类似地，邓肯、布鲁克斯-冈恩和克列巴诺夫（Duncan，Brooks-Gunn & Klebanov，1994）在模型中纳入了对家庭温暖和家庭学习氛围的控制变量。在学校效应研究中，克拉克和诺埃亚克（Clark & Lohéac，2007）控制了父母是否选择社区。然而，我们永远不知道是否所有未被观察的因子都被控制。既然建立起“穷举式”（exhaustive method）的模型在理论上是不可能的，一个替代性方案则是利用滞后因变量（lagged dependent variable）作为未被观察的个体异质性和历史因子的代表。例如，伍德里奇（Wooldrige，2006）指出，这种方法对横截面研究（cross-sectional study）的数据条件提出了更高的要求，而且也提供了“一种处理导致因变量现有差异的历史因子而且又迥异于其他处理方式的简单方法”。

第二种方法依赖于变量在时间维度上的差异，运用固定效应模型去控制时间固定的（time-invariant）的非观测因素。其在社会学中的应用可参见哈拉比（Halaby，2004）的综述。在学校的同群效应研究中，哈努谢克等（Hanushek et al.，2003）利用面板数据控制了固定的个体、学校年级以及学

---

① 相关理论文章多由经济学家完成（参见 Manski，1993，2000；Moffitt，2001；Durlauf，2002；Durlauf & Fafchamps，2004；Bramoullé，Djebbari & Fortin，2009）。

校效应，由此发现学校年级同群（school by grade）的平均成绩对个人成绩的增长有正向作用。在社会濡染研究中，伊基诺和马吉（Ichino & Maggi，2000）控制了个体和银行分支机构的固定效应，以此来研究银行分支机构雇员的罢工行为是如何被分支机构的平均罢工行为所决定的。不过正如阿伦森（Aaronson，1998）所指出的，利用固定效应方法往往会得到较大的标准误差。更重要的是，它无法控制随时间、家庭、学校变化的非观测因素。

在实证研究中，“真”面板数据往往难以收集。不过，在特定假设下，组织的管理记录可以用来追踪一段时间内的变量差异，当然也就可以进行固定效应分析（fixed effects analysis）。例如，利用微观数据样本，霍克比（Hoxby，2000）用校内班级年度变化（within-school year-to-year class variation，即学校内同一班级的跨同期群或跨年度的比较）来估计班级成员的构成对学生考试成绩的影响。因为校内班级的年度变化可以被假设为随机的，所以估计参数可以被视为无偏的。类似地，古尔德等（Gould et al.，2009）利用同一年级里移民数量的跨年度变化来估计以色列学校中移民比例对学生高中考试成绩的影响。拉维等（Lavy et al.，2012）运用留级生-跳级生-正常生（repeaters-skippers-regulars）在班级中比例的随机变化来估计班级结构对学生学业成绩的影响。

第三种应对遗漏变量偏误的方法，是利用组内策略（with-group strategy），即用非时间性（non-time）的组内差异去估计固定效应模型。这尤其适用于处理遗漏变量存在于组别水平的情况（group-level heterogeneity）。例如，在许多研究中，组别水平的异质性是主要的内生性来源。因为父母可能会择校，某些无法观察的学校特征会成为影响班级效应（classroom effects）估计的干扰项。然而，如果同一学校的班级可以被假定是随机分配的，那么通过比较校内各班级的差异就可以把学校效应从模型中排除。阿莫米勒和皮施克（Ammermueller & Pischke，2009）利用校内差异估计了欧盟国家六个小学的班级对于学生个体考试成绩的同群效应。麦克伊万（McEwan，2003）用同样的方法分析了智利中学的年级效应。而阿西迪亚科诺和尼科尔松（Arcidiacono & Nicholson，2005）则阐释了医学院中的班级平均能力和班级专业选择是否影响学生的个体学业成绩以及专业选择的机会。

除了学校效应、班级效应的研究，这种组内策略同样被运用到邻里效应研究和社会网络效益研究中，以解决潜在的遗漏家庭特征变量问题。该方法的根本逻辑是：我们可以通过比较不同社区或朋友圈的同胞兄弟姐妹来消除家庭固定效应，从而准确地评估邻里或者朋友圈的同群效应。因此它也被称为“家庭固定效应”（family fixed effects）或者“同胞固定效应”（sibling fixed effects）方法。利用这种方法，阿伦森（1998）发现邻里教育获得与个体完成高中学业的倾向之间存有显著的正向关系。帕洛尼（Palloni et al.，2001）证明社会资本影响墨西哥人的移民决策。其他采取类似方法的社会互动研究则见于青少年社会网、风险行为等等领域（参见 Soetevent & Kooreman，2005；Clark & Lohéac，2007）。

第四种处理遗漏变量偏误的方法是使用工具变量——假如我们能发现并使读者相信某个外生因素与误差项无关但又和解释变量高度相关，那么，它可能就是一个好的工具变量。如前所述，家庭特征在识别邻里、班级或学校同群效应时往往是遗漏变量。为了解决该问题，社会学家常常把州、县或大都会地区层面的汇总数据作为解释变量的工具变量（文献回顾可参见 Card & Krueger，1996）。例如，埃文斯、奥茨和施瓦布（Evans，Oates & Schwab，1992）运用大都会地区的失业率、家庭收入中位数和贫困率作为学校中贫困学生比例的工具变量。他们发现，学校中的贫困生比例对于学生怀孕或辍学行为并没有显著的同群效应。卡尔特和格莱泽（Culter & Glaeser，1997）则把地方政府辖区分隔以及贯穿大都市的河流数量作为邻里区隔（segregation）的工具变量。他们发现生活在高度集中的黑人区的黑人比住在其他地方的黑人具有更为劣势的社会经济结果。西波隆和罗索利亚（Cipollone & Rosolia，2007）使用因地震而出台的男性免于征兵的政策作为高中班级性别构成的工具变量，以分析意大利学生中班级性别构成对女生的影响。其他利用工具变量方法来估计同群效应的研究可以参见邓肯、康奈尔和克列巴诺夫（Duncan，Connell & Klebanov，1997）及居里和叶洛维茨（Currie & Yelowitz，2000）等人的研究。

在劳动力市场研究方面，本托利拉、米凯拉奇和苏亚雷斯（Bentolila，Michelacci & Suarez，2004）使用两个工具变量——年长的兄姊数目和联邦就业率去解决“使用社会关系”进行求职的内生性问题。研究发现由于工人职业和能力的不匹配，使用社会关系反而导致低工资。孔特雷拉斯等（Contreras et al.，2007）借鉴了巴耶尔和罗斯（Bayer & Ross，2006）的方法，用房价来控制未被观察的邻里因素，用和被访者具有同样可观察特征者的平均邻里特征来作为邻里特征的工具变量。研究发现邻里的非农就业对玻利维亚妇女获得非农工作具有正面影响。莫林和莫西恩（Maurin & Moschion，2009）则考察了法国邻里的劳动力市场参与如何影响母亲入职的决定。为了消解内生性问题，他们运用邻里平均的儿童性别混合度（sex mix）来作为邻里劳动力市场参与的工具变量，结果证明邻里就业和母亲个体就业息息相关。然而，如哈丁（Harding，2003）评述的那样，工具变量评估往往导致更大的标准差。更为重要的是，工具变量是否与误差项无关并不可验（untestable)。特别是，汇总数据作为工具变量反而往往会增加遗漏偏误（参见 Grogger，1996；Hanushek，Rivkin & Taylor，1996；Moffitt，1996；Rivkin，2001)。最后，断点回归和双重差分方法出现更晚，在社会互动领域的实证研究不多。社会学实证研究的使用案例多见于教育社会学（如 Dicks & Lancee，2018；Bernardi，2014)。

（二）解决自选择偏误

在实证研究中解决自选择偏误，最直观的方法就是设法使得选择行为不存在。因此，随机分配（random assigning to treatment）是解决该问题的最佳途径。这是因为，随机分配可以确保主解释变量和未观察因子之间没有任何关联性。既然实验可以确保随机分配，那么它显然是理想的方法。

在干预效应（treatment effects）的研究中，迪弗洛和赛斯（Duflo & Saez，2003）运用实验来探究群体的信息传播对个人退休计划决定的影响。雅各布（Jacob，2004）分析了芝加哥地区公共住房拆迁对拆迁户学生标准化考试成绩的影响。霍克比和魏因加特（Hoxby & Weingarth，2005）用威克（Wake）县学区的再分配政策作为自然实验变量。基于对面板数据的分析，他们认为威克县的学区再分配计划确实影响了学生的成绩。最著名的社会互动实验研究是基于美国“联邦流动机会”（MTO）计划的一系列文献。通过这个随机实验，邓肯等（Duncan et al.，2004）发现迁入富裕社区对于成人的邻里安全感和精神健康具有相当大的改善作用。桑布曼特苏（Sanbonmatsu et al.，2006）发现，MTO 计划对迁入新社区的孩子的阅读水平和数学考试成绩倒没有显著性影响。卢德维格、邓肯和平克斯通（Ludwig，Duncan & Pinkston，2005）指出，仅仅给家庭提供居住迁移机会对家庭的社会经济结果影响微乎其微。克林格、卢德维格和卡茨（Kling，Ludwig & Katz，2005）发现，迁入贫困社区反而减少了女青年的暴力行为和财产犯罪。除了这种“田野”实验，还有一些社会互动和社会资本研究运用了“室内实验”，具体可参见阿明和菲斯巴赫尔（Armin & Fischbacher，2000）及卡森和缪（Cason & Mui，1998）的研究。

除了干预效应研究，实验法也同样适用于研究群体对个体的影响。例如，萨塞尔多特（Sacerdote，2001）利用达特茅斯学院大一新生宿舍随机分配制度发现了作用于学业成就、GPA 等方面的同群效应。齐默尔曼（Zimmerman，2003）利用威廉姆斯学院的一年级宿舍随机分配制度，分析了室友原先 SAT 成绩对个体成绩的影响。另外，在社会互动研究中，外生性干扰（如自然实验、政策介入或自然发生事件）可以用来建构排除限定（即工具变量）以帮助识别模型。例如，利布曼、卡茨和克林格（Liebman，Katz & Kling，2004）考察了人口普查中个人结果（如风险行为、精神健康、基于社会性别的生理健康）的邻里效应。程诚（2017）分析了学校内的同伴社会资本对青少年学业成就的影响。为解决内生性问题，他利用中国高校的宿舍随机分配制度来帮助识别同群效应，发现同伴的学业能力显著影响高校学生的人力资本积累。不过，实验法也有缺点：它们往往费钱费时。另外一个值得提及的是，诸如基于 MTO 的社会实验，很可能本身就包含样本选择偏误。例如，MTO 项目只针对那些处于一定贫困线以下的人，结果绝大部分参与者是黑人和拉丁裔（Sampson，2008；Clampet-Lundquist & Massey，2008）。

第二种校正自选择偏误的方法是匹配（matching）。这种方法被广泛应用于干预效应研究。不过，这一方法的前提假设是，自选择完全是观察到的变量所致（本质上不是解决内生性问题）。罗森鲍姆和鲁宾（Rosenbaum & Rubin，1983）是该方法的首创者，他们将其命名为倾向评分匹配（PSM）方法[①]。

---

① 倾向评分是指基于个体的可观察特征而进行某种选择的条件概率。运用 PSM 的主要步骤有：(1) 用 logit 和 probit 方程对选择建模，并且把估计出的概率作为个人倾向得分；(2) 为每个选择了的被访者匹配一个非常接近的不选择或不参与的人，接近标准就是倾向得分；(3) 比较匹配对子的结果变量。

其直观的理念是，用尽量相似的控制组或对照组成员来进行比较，以减少偏误。例如，摩根（Morgan，2001）研究了选择天主教学校对于学习成绩的干预效应，他运用PSM去弥补回归模型所得到的估计。为了探究邻里选择对于高中辍学和未成年怀孕的效应，哈丁（Harding，2003）引进PSM去比较处于青春期的具有相同观察因素和不同邻里的两组儿童。他发现那些高贫困型社区的个体比低贫困型社区的更有可能发生高中辍学和未成年怀孕。然而，PSM非常依赖于大样本和对照组或控制组的匹配（Morgan & Harding，2006）。而且，它对未被观察的干扰项无能为力。[①] 不过，PSM可以和工具变量等方法结合起来使用，以便进行相互比对。[②]

第三种方法是建立选择过程的模型。建立基于选择模型和实质模型的联立方程组是一种校正自选择偏误的简明方法。例如，安格里斯特和拉维（Angrist & Lavy，1999）运用回归间断设计（regression discontinuity design）建立在实验中由班级规模引起的班级拆分可能性模型。而后，他们检定了班级规模和学生考试成绩之间可能的因果关系。还有研究运用离散选择模型和其他计量经济学方法去分析邻里选择、教育消费和决策（如Conley & Udry，2010；Van der Klaauw & Van Ours，2003）。赫克曼（Heckman）选择估计方法也是一种通过对参与决策过程进行建模来处理自选择偏误的方法。例如德拉特和萨巴蒂耶（Delattre & Sabatie，2007）就曾比较了三种模型［OLS、赫克曼二阶段（two-stage）法，以及内生性切换回归（endogenous switching regression）］的结果，以探究"使用社会关系"对于工资的直接作用。不过，赫克曼方法主要适用于解决下文即将提到的"样本选择偏误"。赫克曼方法在解决自选择偏误中运用有限，这主要是由于可供选择的其他方法很多，诸如实验、工具变量估计和面板模型等等（Bushway et al.，2007）。

最后，由于自选择偏误可以被看作一种遗漏变量偏误的特殊类型，我们也可以通过纳入更多的控制变量、代理变量和固定效应模型等传统方法来处理这个问题。哈特曼和伊尔迪茨（Hartmann & Yildiz，2006）把众多体现个体异质性的变量纳入模型，以此解决内生性组群构成问题。克劳特

---

① 哈丁（2003）在进行敏感性分析（sensitivity analysis）之后对PSM进行了辩护，认为"无法观察的因子对社区邻里和结果之间的关联性难有较大贡献"。

② 有兴趣的读者可参见DiPrete & Gangl，2004。

(Krauth，2005) 用个体对观察到的变量的选择程度作为未被观察变量的自选择的替代变量，以此研究加拿大青年在吸烟行为上的同群效应。为了识别班级同群对学生成绩的效应，卡曼和张磊 (Carman & Zhang，2012) 指出，在中国，班级和教师在中学入学时就确定，而且此后几乎不变。因此，他们将固定效应模型应用到面板数据中，将选择行为作为时间固定的遗漏变量加以排除。

(三) 解决样本选择偏误

在社会资本的劳动力市场研究中，马斯登和赫尔伯特 (Marsden & Hurlbert，1988) 最早使用赫克曼二阶段法来解决样本选择问题。他根据伯克 (Berk，1983) 及伯克和雷 (Berk & Ray，1982) 的方法，运用 logit 模型去预测个体使用社会关系的可能性，而后将使用社会关系可能性的预测值作为一个控制项纳入主体工作模型。在他之后，魏格纳 (Wegener，1991) 也使用了同样的方法。较近的如林南 (Lin，2004) 也运用 probit 和 logit 模型去预测使用社会关系的倾向 (propensity)，而后控制其预测值以消解样本选择偏误。不过，正如伍德里奇 (Wooldridge，2006) 所强调的，要真正解决样本选择问题，主体模型中的解释因子群应该是选择模型的解释因子群的完全子集。就是说，出现于主体模型中的全部自变量应该都被纳入选择方程。更重要的是，在选择模型中至少应有一个特殊的解释变量，而它不能出现在主体模型之中。对于社会资本研究而言，也就是要有一个变量只影响个人使用社会关系的倾向，而不影响工作结果。没有这个特殊变量，赫克曼方法就很难解决样本选择问题。遗憾的是，在林南的研究 (2004) 中，出现在选择模型而非工作结果模型中的变量是与教育相关联的工作经验和父亲工作单位的级别。在马斯登和赫尔伯特的研究 (1988) 中，这个特殊变量则是工作经验。然而，人们有充分的理由去怀疑，这些变量 (如工作经验) 应该同样也出现在主体模型之中[①]。也即，排除限定并非完美，因此在这些应用中还存在估计偏误。

由于样本选择偏误可以被视为遗漏变量偏误的一种特殊类型，工具变量

---

① 例如，劳动经济学中著名的 Mincer 工资方程就把经验作为预测工资的主要解释变量之一。

方法实际上也可以对它加以处理。例如，克林格等（Kling et al.，2005，2007）考察了 MTO 项目对于迁移人员的干预效应，即被干预样本中的干预（TOT）效应（如犯罪率、成人经济上的自我满足和身体健康）。在这里，样本选择显然是个问题。这是因为，尽管提供迁移凭证是随机的，但是那些获得了迁移许可的人中总有一部分并没有迁移。因此，调查样本一定是那些有资格迁移者的一部分。如果迁移决策是内生的，那么估计 TOT 必然有偏。所以，他们利用是否获得 MTO 迁移许可作为最终迁移决定（即主解释变量为是否使用了迁移许可）的工具变量。这个工具变量之所以有效，是因为人们是否能得到 MTO 凭证是随机分配的，它与影响个体结果的未被观察的个体因子无关，而显然与是否使用凭证的决策正向相关。

（四）解决联立性偏误和映射问题

我们首先关注解决映射问题的方法，然后转入解决联立性偏误的策略。曼斯基（Manski，1993）在一篇经典论文中指出，有两种不同类型的社会互动效应：（1）内生互动效应（endogenous effects，方程 3.9 中的β_1），即组群结果（$\bar{y}$）影响个体结果 y；（2）外生互动或情境效应（exogenous or contextual effects，方程 3.9 中的β_2），即组群特征（$\bar{x}$）影响个体结果 y。以劳动力市场为例，假若求职者具有一个社会网络，在其他条件不变的情况下，当他的收入受到朋友平均收入的影响时，我们称之为内生互动效应；当他的收入受到朋友平均教育程度的影响时，就是外生效应。恰如前文所述，由于映射问题的存在，我们常常难以区分外生性效应和内生性效应。

如果映射问题对于研究目的无关紧要，那么大可置之不理（参见 Araujo et al.，2004；Hanushek et al.，2003；Arcidiacono & Nicholson，2005）。例如，阿莫米勒和皮施克（Ammermueller & Pischke，2009）在分析班级对于学生个体的同群效应时，就明确说明没有区分这两种效应，而是报告了一个“复合”估计量。如果研究目的是区分内生和外生社会互动，映射问题则可用一些简单的方法加以规避。例如，曼斯基（Manski，2000）认为运用中位数而非平均数作为组群解释变量可以解决这个问题。另一种方法则是曼斯基（2000）所说的利用主观数据（subjective data）。例如，运用 1997 年关于青年的国家纵贯调查数据，川口大字（Kawaguchi，2004）把青少年对同群行为的主观认知作为解释美国青年吸毒的解释变量。此外，把非线性引入模型，也将有助于识别（Manski，2000）。布罗克和杜尔拉夫（Brock & Durlauf，2001）已经证明映射问题可以在非线性模型中加以避免。这说明，在那些有关作用于诸如劳动力市场参与及工作满意度等非连续因变量的社会资本效应研究中，因为我们使用 logit 或者 probit 模型，映射问题就可以自然避免。近来，布拉穆莱等（Bramoullé et al.，2009）证实，如果个体的组群规模不同（比如，每个人朋友数量不同），那么哪怕是线性均值模型，内生和外生互动效应大体上也可以被识别。

接下去我们讨论联立性偏误的纠正方法。首先检视一个特殊情况，即人们可以假定由相互因果关系引致的联立性是可以不予考虑的。例如，奈尔（Nair et al.，2006）假定内科医生受到他们心目中的意见领袖（有较高威望的内科医生）影响，但意见领袖却不受一般的内科医生行动的影响。同样，索伦森（Sorensen，2006）研究了在普通雇员健康计划选择上的社会互动。他假设新雇员受到老雇员的影响，但反之并不亦然。在卡茨等（Katz et al.，2001）的研究中，他们假定社区里的老住户不受新迁入家庭的影响。其原因是，迁入家庭数量和原有家庭数量之间的比率很小，也就是说，社会互动的因果效应被假设为单向度的（unidirectional）。既然是单向因果，就无须考虑联立性偏误。

另外，人们还可以强加一个时间序列去打破自变量与因变量之间的联立性。曼斯基（1993）实际上把它定义为“利用方程的递归结构（recursive structure）。”也就是说，人们可以假定个体在 $t+1$ 时点的行为实际仅仅受到 t 时点组群行为的影响。在实验室的实验中，它比较容易实现。然而，在基于观察数据的实证研究中（如 Betts & Zau，2004；Hanushek et al.，2003；Vigdor & Nechyba，2004），情况要更为复杂。比如，哈特曼等（Hartmann et al.，2008）和苏特温特（Soetevent，2006）告诫道，使用该方法必须假设未被观察的变量不随时间变化，而且行动者（agents）必须不具前瞻性。哈努谢克等（Hanushek et al.，2003）用滞后同群变量作为解释变量现值的一个代替（proxy）。但是他们也不得不承认，如果误差项连续相关，估计量就会下偏。该方法的另一问题是：根据曼斯基（1993）的观点，我们必须假设社会互动效应的实现遵循了某个假定的时间序列模式，但是几乎没有任何实证研究说明这个时间有多长。[①]

总的来说，联立性偏误实际也可以看成是一种特殊的遗漏变量偏误，只不过是双向因果所致。因此，工具变量方法必然是适用的。也就是说，我们至少要找到一个外生变量，它不出现在社会学家进行回归的互动效应方程中，但出现在代表反向因果的模型中。近来的研究常常采用外生性政策的干预或者对部分样本的外生干扰来充当工具变量。这种方法，在本质上与苏特温特（2006）所称的“偏总体试验”（partial-population experiments）或莫菲特（Moffitt，2001）所提出的“偏好选择干预”（preference changing intervention）是一回事。例如，布泽和卡乔拉（Boozer & Cacciola，2001）把班级中先前曾经参与过“小班实验”的同学比例作为班级平均成绩的工具变量，以分析班级平均成绩对于个体学业成绩的同群效应。这个工具变量之所以很理想，就是因为它源自随机设计实验：以前学校从各个班级随机抽人去组成小班，而小班教学提高了这部分学生的成绩。因此，这个数量比与学生个体或家庭的异质性没有关系，却影响班级平均成绩。类似方法还可参见波波尼斯和菲南（Bobonis & Finan，2009）对墨西哥教育选择的研究。他们把参与Progresa项目（国家给生活困难的母亲以补助）的比例作为村庄儿童平均入学率的工具变量，以此来分析村庄中同龄人的入学率是否影响个体的入学决定。一些研究甚至利用环境污染等自然灾害作为外生的随机干扰来构成工具变量。阿萨杜拉和乔杜里（Asadullah & Chaudhury，2008）利用村庄中家庭水井里测出砷污染的比例作为工具变量，分析了孟加拉国农村八年级学生班级数学考试对于个体数学成绩的内生社会互动效应。其理由是，砷污染会影响儿童智力发育，从而外生地影响那些被污染水井家庭的孩子的学习成绩。

更新的文献提出一种所谓“条件方差限定”（conditional variance restrictions）的模型识别策略。该方法由格莱泽等（Glaeser et al.，1996）开创，但由格拉汉姆（Graham，2008）将其正式模型化。其基本思想如下：对一个既定的社会互动现象，个人结果的跨组别方差由三个因素所致：组群异质性的方差、个体异质性的方差以及组群解释变量的方差。如果每个组群由大小

---

① 更确切地说，我们没有关于社会资本效应将持续多久的先验知识。虽然理论上可以对两个时间序列进行格兰杰（Granger）因果检验以发现相关变量的后滞期（lag length），但在社会网络研究中，收集这些数据是非常难的。

不同的次级组群随机组成，那么显然对于这些次级组群而言，上级组群和个体异质性的方差是一样的，但它们各自的解释变量方差却不一样。那么，通过比较不同次级组群的解释变量方差，就可以识别解释变量的因果效应。例如，为了检验幼儿园学业成绩的学校同群效应，格拉汉姆（2008）利用小班实验（STAR项目），将老师和学生随机分配到两种类型的教室：小班和大班。由于每个小班平均成绩的方差要大于大班，所有由小班组成的次组群的平均成绩方差就要大于由大班组成的次组群。这样，班级大小就提供了识别外生性变化的资源。本质上，条件方差限定方法相当于寻找只通过组内方差来影响跨组群方差的工具变量（Galibiati & Zanella，2008）。杜尔拉夫和塔纳卡（Durlauf & Tanaka，2008）称之为对偏误的协方差限定（covariance restrictions on errors），以和一般回归分析中用排除约束加以区别。

四、结语

总体上，探求因果机制是包括社会学在内的社会科学所共同担负的学术责任。社会实验由于成本、研究伦理的限制，在短期内似乎较难成为社会科学研究的主导方式。因此，基于调查数据的定量分析，将长期是社会学家解释社会现象的重要工具之一。但所有从事定量分析的社会学家都应该认识到，在进行统计回归时我们所必须接受的假设，以及这些假设对于因果判断特别是内生性问题的意义。所有的基于非实验数据的定量分析研究，都应该清楚地向读者说明，研究结论究竟是一般性的统计相关描述，还是在某个假设满足条件下的因果关系。而这些假设以及数据、模型识别策略对这些假设的满足程度，也都应该得到清晰的描述，以便读者有明确的判断，而不是含糊其词。从社会互动研究乃至整个社会科学领域的研究脉络来看，尽管社会学家早于经济学家发现和提出了很多极富启发性和重要的社会现象和理论概念（例如格兰诺维特的嵌入性资源、林南的社会资源理论等等），但在解决模型内生性问题并获得相对精准的因果判断方面，却似乎没有经济学家们走得那么远。以运用工具变量著称的经济学家安格里斯特和克鲁格（Angrist & Krueger，1999）就认为，劳动经济学已经走在社会科学领域模型识别和内生性问题的前沿。

所幸的是，近年来社会学家对系统解决内生性问题逐渐开始重视，越来越多的社会学家在重新检视定量分析的应用和限度（Morgan & Winship，2007；Mouw，2006；谢宇，2006；谢宇，姜洋，2008）。一旦社会学家能够把提出概念、解析现象、构建理论的灵感与提高数据质量、完善模型设置和考察因果机制有机结合起来，那么社会学对于整个社会科学领域的贡献必将获得新的突破。

第四章　社会资本的效应识别：四十年文献回顾与反思

导读：内生性问题是社会科学定量分析面临的重要挑战之一。如何通过不同的模型识别策略来消减内生性问题，判定因果关系，成为近年来社会资本研究领域的前沿议题。本章围绕社会资本的劳动力市场效应，从“使用社会关系”“使用了的社会资本”和“可使用的社会资本”这三条主线，重点回溯相关研究中的内生性问题和模型识别策略。最后，本章提出今后社会资本实证研究中模型设置、数据搜集纵向跨度、数据搜集横向跨度、外生变量挖掘、研究假定说明和复制性研究等六大努力方向。

社会资本是个多向度的概念。根据对社会资本不同的理论旨趣和操作性定义，四十年来的文献大致可以分为三种类型（Lin，1999a；Mouw，2003）：

（1）“使用社会关系”（using contacts），此类研究主要涉及运用社会关系或社会网络对于个体劳动力市场结果的直接干预效应（treatment effects）。“使用社会关系”类的研究所关注的是“是否动用关系”，而不关注关系的结构特征。换句话说，这类研究，关注的是“找关系”相对于“不找关系”，究竟有没有用。

（2）“使用了的社会资本”（used social capital），它指的是来自某个帮助者或某些帮助者的被明确动员了、使用了的社会资本，典型的研究就是探究某个帮助者的资源（如职业声望或收入）是否与被帮助者的求职结果相关联。这类研究，关注的是“关系人”即帮助者的资源高低，对被帮助者究竟有没有作用。

（3）“可使用的社会资本”（accessed social capital）或“网络社会资本”

(network social capital)，即被访者“可摄取”的社会资源，或者潜在的、可用的资源。正如沃克尔和弗莱普（Völker & Flap，1999）所强调的那样，“可摄取”的资源并非意味着这些社会关系就一定会被使用。另外，可使用的社会资本能够从两个维度加以度量：一是直接的资源“池子”的大小测量（如朋友的平均职业声望），二是这个池子的一些结构性测量（如池子的规模、达高即最高的资源以及网络密度等）。总体上，这类研究，关注的是人们“可用”的社会资源，究竟有没有作用。

社会资本理论最关注的是劳动力市场。相关理论的主要论点就是：嵌入性资源（embedded resources），即社会网所联通的由他人提供的市场信息和声望权力等等资源，能够显著地影响个体劳动力市场结果（如就业、职业流动、工资、职业声望、工作满意度和岗位晋升等等）。尽管在研究旨趣、分析传统和方法论上存在差异，但社会学家和经济学家们长期以来一直关注着社会资本在劳动力市场的作用。在过去几十年中，东西方学界积累了大量有关社会资本和劳动力市场结果的经验文献。[①] 当然，这些研究基本都是基于调查数据而非实验数据，因此，它们都必须面对上一章提及的内生性问题，即回归模型中的遗漏变量与解释变量相关，导致参数估计值的偏误，影响因果推断。

长期以来，社会学经验研究对内生性问题关注较少。不过，最早提出内生性相关质疑的，却是在社会资本研究领域，即上一章提及的“莫林之争”。莫维（Mouw，2003）批判性地对以往有关社会资本劳动力市场效应的社会学研究做了梳理。他认为友谊形成过程中的“自选择”（self-selection）至少可以部分地取代社会资本的理论解释。尽管他主要关注的仅仅是众多内生性偏误来源之一的“自选择”问题，但他的研究启发了社会学家进一步关注类似的内生性问题。

对于社会学分析而言，内生性问题仅仅是一个微不足道的议题还是非常重要的问题？是一种普遍存在的现象还是现有研究的某个细枝末节？我们认为，正如莫维所言，如果社会资本对劳动力市场结果的影响甚微，那么“或

---

① 社会学回顾性文献参见 Granovetter，1974；Lin，1999a；Mouw，2003。经济学回顾性文献参见 Angrist & Krueger，1999；Ioannides & Loury，2004。关于社会资本理论模型的文献参见 Montgomery，1991；Topa，2001；Calvó-Armengol & Zenou，2005。

许劳动力市场经济模型可以放心地忽略嵌入性（embeddedness）了，因为它对模型的解释力毫无影响”（Mouw，2003）。这里最核心的问题在于，倘若没有解释力，社会资本的概念和视角将“仅仅是模棱两可辞藻的教训”（Manski，2000）。如果社会学的研究兴趣在于确定某种机制或因果关系，而非局限于描述自变量与因变量之间的统计相关，那么这些内生性偏误的来源应该在社会学分析中被正式提出并加以解决。正是因为大量经验研究对社会资本的内生性问题重视不足，社会资本究竟有无因果作用的问题依然悬而未决。也就是说，社会资本如果被证明对于个人的经济社会结果有所帮助，那么这个概念的“资本”“资源”意义，就失去了立足的根本。

一、“使用社会关系”的效应

以往的文献很少专门研究“使用社会关系”本身对劳动力市场结果的影响，但该问题在涉及社会关系的文献中或多或少都会被提及（文献回顾可参见 Granovetter，1974；Lin，1999a；Marsden & Gorman，2001；Mouw，2003）。从现有的研究结果看，“使用社会关系”究竟有无作用并无定论。表 4-1 为此类研究的总体概括。

从表 4-1 可见，尽管有一小部分文献支持“使用社会关系”与工作结果之间存在正向关联，但更多的研究却发现没有显著效应，甚至有负向效应。尤为重要的是，那些发现正向显著性关联的研究，除了巴耶尔等（Bayer et al.，2008），其他的不是基于小样本，就是基于单个公司研究抑或某类特定的帮助者，而且估计出的参数值也都不大（Mouw，2003）。同时，表 4-1 也显示，相关的研究从 20 世纪 80 年代早期起步，经过不断深入，数据的丰富性和估计模型的合理性在进一步提高。值得注意的是，在对内生性问题的重视和模型识别策略的应用上可谓泾渭分明。因为 2003 年前的绝大多数研究把“使用社会关系”视为外生性的，基本以 OLS 模型和截面数据[①]为主。因此，从因果分析的角度看，2003 年后的研究发现更具说服力和可

① 虽然沃克尔和弗莱普（Völker & Flap，1999）收集了两期面板数据，但他们只是对这两期数据分别采用 OLS 模型进行估计。

靠性。

在2003年后的文献中，有两项研究采用了固定效应模型，借此排除在时间维度上恒定不变的干扰因子，以解决内生性问题。例如，莫维（Mouw，2003）对20世纪90年代末搜集的美国纵贯数据（NLSY 1994—1998）进行了固定效应分析。他发现，“使用社会关系”和工资（对数）之间并没有显著相关。而库格勒等（Kugler，2003）对基于另一时期（1981—1982）的NLSY数据进行了一阶差分分析（first difference analysis），结果表明，一旦工作部门被控制，无论是OLS还是差分模型，经过员工推荐获得工作与工资都不再有显著关系。不过，此类方法也有一个问题，即未被观察因子可能是随时间变化的。倘若事实确实如此，固定效应方程的估计值就仍然会有偏误。尤其是，如果求职者对他原先通过社会关系获得的工作不满，那么他将有可能转向其他的求职办法，也即个人异质性、个人求职偏好等等就会发生变化。

表4-1 “使用社会关系”的干预效应研究回顾

（是否“使用社会关系”哑变量作为 X）

研究	因变量 Y	数据与模型	研究发现
林南、沃恩和恩塞尔（Lin, Vaughn & Ensel，1981）（美）	初始/现在工作地位	两个截面数据 OLS模型	不显著
坎贝尔和罗森菲尔德（Campbell & Rosenfeld，1985）（美）	现在工资	截面数据 OLS模型	正向显著
布里奇斯和维尔梅兹（Bridges & Villemez，1986）（美）	现在工资	截面数据 OLS模型	不显著
维尔戈斯和卡本特（Wielgosz & Carpenter，1987）（美）	工作满意度	截面数据 OLS模型	不显著
德格拉夫和弗莱普（De Graaf & Flap，1988）（德、荷、美）	现在工作工资/地位 初始工作地位	两个截面数据 OLS模型	不显著 负向显著
马斯登和赫尔伯特（Marsden & Hurlbert，1988）（美）	现在工资	截面数据 OLS模型	不显著
西蒙和沃纳（Simon & Warner，1992）（美）	初始工资	截面数据 OLS模型	负向显著
维奇奥（Vecchio，1995）（美）	工作不满度	截面数据 多层线性回归模型	不显著
科尔曼和特纳（Korenman & Turner，1996）（美）	现在工资	截面数据 OLS模型	不确定

续表

研究	因变量 Y	数据与模型	研究发现
边燕杰和宋安（Bian & Ang，1997）（中、新加坡）	现在工作地位	两个截面数据 OLS 模型	中：正向显著 新加坡：不显著
沃克尔和弗莱普（Völker & Flap，1999）（民主德国）	1989 年工资/地位、初始工作地位	两个截面数据 OLS 模型	不显著
埃利奥特（Elliott，1999）（美）	现在工资	截面数据 OLS 模型	不显著
史密斯（Smith，2000）（美）	现在工资	截面数据 OLS 模型	负向显著
彼得森等（Petersen et al.，2000）（美）	初始和现在工资	截面数据 OLS 模型	正向显著
莫维（Mouw，2003）（美）	工资/满意度/持续雇用	截面/纵贯数据 OLS/固定效应模型	不显著
本托利阿等（Bentolila et al.，2004）（欧美）	现在工资	截面数据 工具变量模型	负向显著
库格勒等（Kugler，2003）（美）	现在工资	纵贯数据 OLS/一阶差分模型	不显著
巴耶尔等（Bayer et al.，2008）（美）	工资/收入/持续雇用	截面数据 固定效应和工具变量模型	正向显著
德拉特和萨巴蒂耶（Delattre & Sabatie，2007）（法）	现在工资	纵贯数据 OLS/工具变量/切换回归模型	负向显著
梁玉成，2010（中）	初职收入	截面数据 倾向评分匹配和内生转换模型	正向显著
奥布霍瓦和兰（Obukhova & Lan，2013）（美）	大学生初职获取中进入下一轮机会	固定效应模型	正向显著
费尔南德斯和加尔佩林（Fernandez & Galperin，2014）（美）	银行应聘者获得面试以及录取的机会	固定效应模型	正向显著
麦克唐纳（McDonald，2015）（美）	工资	纵贯数据 固定效应模型	正向显著
辛诺叶瓦和鲍戈思（Zinovyeva & Bagues，2015）（西）	高校职务晋升	随机实验	正向显著

续表

研究	因变量Y	数据与模型	研究发现
陈云松，沃克尔，弗莱普，2013（中、民主德国）	工资	截面数据 一阶差分和内生转换模型	不显著
戈德肖特（Godechot，2016）（法）	研究所求职	随机实验	正向显著
沈娟和边燕杰（Shen & Bian，2018）（中）	工资	截面数据 内生转换模型	正向显著
克鲁格和福克斯（Krug & Fuchs，2019）（美）	工资	纵贯数据 差分匹配模型	不显著
维勒和欣茨（Weiler & Hinz，2018）（德）	求职 收入	随机实验	不显著 正向显著

工具变量方法则可以解决这一问题。本托利拉等（2004）使用两个工具变量去解决“使用社会关系”进行求职的内生性问题：年长的兄姊数目和联邦就业率。其理由是：一个人的兄姊越多越年长，他得到的社会关系网络存量和使用关系的可能性就越高。与此同时，兄姊数目被认为是外生性的，而且在员工生产率上没有直接作用。至于就业率，根据托帕（Topa，2001）的研究，大部分有价值的工作关系仅仅来自那些有工作的人。所以，“有用的”关系应该与地方就业率有正向相关，而且也与使用社会关系呈正相关。然而，联邦就业率并不直接作用于个体工作结果（当国家的相关属性被控制时）。运用这两个工具变量，他们发现，由于工人职业和能力不匹配，使用社会关系反而导致低工资。当然，工具变量的外生性是无法验证的。而类似家庭成员数目和联邦就业率等等因素，都很难说是“完全”外生的因素。

为了解决可能存在的自选择偏误问题，德拉特和萨巴蒂耶（2007）比较了三种模型（OLS、赫克曼二阶段法，以及内生转换回归）的结果，以探究“使用社会关系”对于工资的直接作用。他们发现，内生转换模型较为合适。这是因为它不仅可以检定社会关系的选择内生性，而且还可以根据使用关系与否对工资的其他解释因子进行取舍。例如，他们发现那些利用网络关系求职的人，只有公司或工作特性（如合同期限、工作技能水平、公司规模，所有的这些因素都对工资有正向效应）能解释小时工资，而性别和个体属性

(如年龄、种族) 都对此没有任何影响。他们校正选择偏误后发现，使用社会网络对工资的效应是负向的。对此的解释是，遗漏变量本身可能与工资呈负相关，或者，尽管使用关系在信息传播上是高效的，但对工资的影响则微乎其微。

在近期西方学者的研究中，“使用社会关系”的正向效应仅仅被巴耶尔等(2005) 的波士顿研究间接证明。这项研究运用固定效应模型和匹配方法 (matched pairs method)，发现两个住在同一个人口普查区的人要比两个住在同一个地区 (block group) 但不在同一人口普查区的人在同一地区工作要多三分之一的可能性。而且，前者比后者具有更高的工资、收入和更长的雇用期限。如果我们相信使用社会关系在前一情形 (居住更为靠近) 中可能性更大，那么这个研究可以间接地证明“使用社会关系”是劳动力市场结果的重要决定因素。

梁玉成 (2010) 的实证分析是国内社会资本研究的一篇重要文献，也是第一篇运用恰当的模型识别策略系统处理自选择偏误的实证研究。基于“2009 年中国大城市社会网与求职调查”(JSNET 2009) 数据，他首先使用倾向评分匹配的方法，发现尽管和 OLS 估计量相比，使用社会资本的收入效应略有减少，但仍然统计显著。据此他指出网络资源的“质量”可能是一个容易被遗漏的可观测变量。接下来，他针对倾向评分匹配方法的强假设，用内生转换模型方法来进一步纠正基于非观测因素的自选择所导致的估计偏误。研究结果表明，总体上自选择可能没有带来大的偏误，使用社会资本仍然具有正向干预效应。但是，如果以 1995 年为界划分样本，则 1995 年前后两个子样本的分析结果都证明了自选择的存在。有意思的是，在 1995 年之前，个人能力与使用社会关系呈正相关，而 1995 年之后则呈负相关。作者给出的解释是：1995 年之后由于“杀熟”现象，社会关系的真正使用价值大减。这样，有能力的人在 1995 年之后会倾向于不使用社会关系。梁玉成 (2010) 的理论贡献在于明确指出了自选择本身是一个复杂的过程，社会关系的使用“不仅与行动者所拥有的社会关系的质量和数量有关，还会受到与关系运作有关的宏观社会环境的影响”。从进一步厘清自选择这个“黑箱过程”而言，这是一个重要的出发点。

奥布霍瓦和兰（2013）强调，固定效应模型虽然可以解决部分内生性问题，但是假设个人属性多年不变，实际是不太可能的。为解决这一不足，他们对大学毕业生初职寻找过程进行细化分析。在这个过程中，因为时间跨度小，可以大致认为个人属性不变。因此，他们以麻省理工学院、马萨诸塞大学安姆斯特分校、富兰克林欧林工程学院和史密斯学院四所学校 2003 年 291 名毕业生为样本，进行固定效应分析。他们区分了熟人关系和学校关系、实习以及正式求职等非关系渠道的求职方式，分别对收到面试、收到 offer 和接受 offer 三个不同的求职结果进行分析。研究发现，朋友数量多少和是否使用关系没有统计显著的关联，但是使用非正式关系，无论是对于进入下一轮面试还是对于获得工作 offer，都会有比较大的帮助。

与这种方法类似，费尔南德斯和加尔佩林（2014）对美国西部一家大型零售银行近 3 万人的应聘资料进行了研究。由于三分之二以上的应聘者在观察时段内（27 个月，1993 年 1 月到 1995 年 3 月）多次递交简历应聘，所以形成了基于应聘者个体的面板数据。通过银行人力资源部门、雇用决策部门对同一个人在推荐应聘和无推荐应聘条件下是否给予面试机会、是否最终录取等结果的差异，就可以获得使用关系是否影响求职结果的因果推断。他们发现，有推荐人确实能够显著提高人力资源经理、雇用部门经理给予的面试机会，也能提高最终获得工作 offer 的机会。

麦克唐纳（2015）对莫维（2003）基于 NYSL 纵贯数据的模板分析进行了拓展复制。他增加了一期 NYSL 面板数据，改写了莫维（2003）的代码错误，并考虑了个人兼职。通过固定效应模型，他发现使用关系还是能够对收入带来统计显著的结果。陈云松等（2013）则对沃克尔和弗莱普（1999）的经典研究进行了复制，并分析了中国的相应数据。他们采用一阶差分模型和内生转换模型发现，无论是在民主德国还是在中国，找关系本身并不带来工资收入方面的优势。类似地，克鲁格和福克斯（2019）进一步发现，用固定效应模型来分析找关系的作用，实际上势必存在一种样本选择，即那些找工作的方法没有换过的人，会被排除在外。因此他们采取了差分匹配方法（difference-in-difference matching）进行复制性研究。结果发现又回到了莫维（2003）的结论：找关系在美国并没有作用。实际上，一阶差分和固定效应一样，也存在样本选择问题。这也恰恰体现了陈云松等（2013）在研究设计中纳入内生转换方法（即内生干预效应模型）的价值。基于不同的模型进行稳健性分析，得出的结论才是可靠的。本书中的实证部分将收录陈云松等（2013）的研究并进行详细分析评论。

此外，沈娟和边燕杰（2018）提出除了要考虑能力等遗漏变量，还要考虑保留工资的内生性问题。他们使用内生转换方法发现使用关系对工资仍然有显著效果。不过，要真正使得内生干预效应模型的估算更为可靠，一般我们必须在模型中加入排除限定。也就是说，在选择方程中控制一些和求职者结果不直接相关的变量。边燕杰和沈娟的分析中，并没有进行相关的处理。而在陈云松等（2013）的研究中，选择方程里分别加入了兄弟姐妹的数量和子女数量等排除限定。这是因为，兄弟姐妹和子女的数量可被认为和个人职业没有直接关系，但可为求职者提供更多的社会关系，提高找关系的可能性。而自我评估的朋友数量越多，就越有可能去主动找关系。自我评估的朋友数量，和个人收入没有直接关系。

实验方法是新兴的也是最能彻底解决内生性问题的因果推断研究方法。近年来社会网络研究者特别是经济学家对此进行了不少探索。如辛诺叶瓦和鲍戈思（2015）以及戈德肖特（2016）利用自然实验的方法，分别对西班牙和法国的大学或研究所的求职、职务晋升进行分析。其中的解释变量为是否有熟人（导师、同事、合作者）在选聘委员会。结果表明，是否使用关系对大学求职和晋升确实存在积极的影响。例如，戈德肖特（2016）的研究发现，法国一家研究所在 1960 年和 2005 年，有关系人在委员会的，获得职位的概率是没有关系者的两倍甚至三倍。不过，维勒和欣茨（2018）利用德国的求职社会中介网站数据和随机实验方法（让部分人有特权去寻求网络关系），却发现主动去找关系、积累资源未必有助于求职。可见，使用关系的作用，在不同场域不同文化背景中也不尽相同。

二、“使用了的社会资本”的效应

这类研究的主线是林南的社会资源理论（Lin，1999a）。也就是说，使用的社会资源越多或者质量越高，被访者的劳动力市场结果就越好。目前有大量的经验研究支持这一观点（如 Lin，Vaughn & Ensel，1981；Lin，Ensel & Vaughn，1981；Marsden & Hurlbert，1988；De Graaf & Flap，1988；Wegener，1991；Bian & Ang，1997；Bian，1997；Völker & Flap，1999；Mouw，2003），具体参见表 4-2。从表中可见，此类研究对于社会资本的度量，主要就是帮助者的职业声望。至于工作结果，职业声望和工资使用得最多。马斯登和赫尔伯特（Marsden & Hurlbert，1988）对此做了一些扩展，使分析对象还具有了更多类型的工作结果。

如表 4-2 所示，绝大多数研究似乎证明"关系人"有用，即"使用了的社会资本"与个人的劳动力市场结果具有正向关系（尽管其中的一些在统计学上不显著）。这与林南的文献回顾（1999a）基本一致。然而，所有的研究都基于截面数据和 OLS 模型。因此，遗漏变量和选择性问题在这些研究中都未能得到解决。[①] 2003 年前的文献，也并非对可能存在的内生性问题毫无关注。但解决的方法仅仅是在模型中纳入更多的控制变量——诸如把被访者的早期劳动力市场结果（上一份工作，或者第一份工作）作为控制变量。[②] 林南等（Lin，Ensel & Vaughn，1981）也曾经考虑到社会关系的选择性。他们试图说明基于某些可观察变量的"人以群分"的选择现象在他们的数据中并不明显。尽管这看似有一定道理，但对于非观察因子所导致的自选择则于事无补。前文提及，2003 年，莫维把"社会同质性"（social homophily）作为与林南的社会资源理论分庭抗礼的替代性解释。为此，他重复了马斯登和赫尔伯特（1988）基于 1977 年底特律市民调查（DAS）的研究。在回归分析中，他建立了一个表示被访者和工作帮助者之间职业是否相同的哑变量。当仅仅对与帮助者职业不同的求职者进行回归时，原来在总样本中显著的社会资本效应消失了。据此，莫维总结道："有利于社会资源视角的证据在很大程度上是帮助者与求职者间的同职信息流的假象。"[③]

---

① 因为大部分相关的调查问卷明确地要求被访者提供具体工作协助者的信息，如"帮助你获得当前工作的人的职业是什么?"，该时间序列是明晰的，因此不存在互为因果关系的问题。换言之，联立性（simultaneity）问题不会存在。

② 如前所述，该方法虽合理但远非完美。这是因为利用早先时期（之前的工作或第一份工作）工作结果去替代（proxy）未被观察的个体因子，会导致模型中引入大量额外的未被观察的因子。

③ 事实上，从莫维（Mouw，2003）在其个人主页公开的 STATA 执行文件来看，其对"同职"的操作化是错误的。不过，莫维对自选择的关注相当富有洞见。

除了一般性遗漏变量和自选择问题，样本选择也是研究中必须面对的一个重大问题。例如，马斯登（Marsden，2001）发现较高社会地位的个体较少利用社会关系。那么，如果我们把工作结果作为因变量，把“使用了的社会资本”作为自变量并进行回归分析，就会使用一个“被删节样本”（truncated sample），其中多为社会地位较低的人，从而可能引发偏误估计。正如马斯登和赫尔伯特（1988）所强调的，在估计社会资本对于劳动力市场结果的因果效应时，我们总有充分的理由怀疑，导致人们偏向于使用社会关系的某种未被测量的因子很可能与回归方程中的误差项相关。于是，他们运用赫克曼二阶段法，用 logit 模型去预测个体使用社会关系的可能性，而后将使用社会关系可能性的预测值作为一个控制项纳入主体模型。韦格纳和林南也运用了类似的方法以消解样本选择偏误（Wegener，1991；Lin，2004）。

不过，正如伍德里奇（Wooldridge，2006）所说，要真正解决样本选择问题，主体模型中的解释因子群应该是选择模型的解释因子群的完全子集。也就是说，出现于主体模型中的全部自变量应该都被纳入选择方程。更为重要的是，我们也应该在选择模型中至少设置一个特殊的解释变量，而它不能出现在主体模型之中。对于社会资本研究而言，也就是要有一个变量只影响个人对社会关系的使用倾向，而不影响工作结果。如果没有这个特殊变量，赫克曼方法其实很难解决样本选择问题（理论上依靠 probit 模型的非线性也可以进行模型识别）。遗憾的是，在林南 2004 年的研究中，出现在选择模型而非工作结果模型中的变量是与教育相关联的工作经验和父亲工作的单位级别。在马斯登和赫尔伯特 1988 年的研究中这个特殊变量则是工作经验。然而，人们有充分的理由去怀疑，这些变量（如工作经验）应该同样也出现在实质（substantive）模型中①。也即，排除限定并非完美，因此在这些应用中还可能存在估计偏误。

表 4-2　“使用了的社会资本”的干预效应研究回顾

（关系人的声望作为自变量）

研究	因变量	数据与模型	研究发现
林南、沃恩和恩塞尔（Lin, Vaughn & Ensel, 1981）（美）	初始/现在职业地位	两个截面数据 OLS 模型	正向显著

① 例如，劳动经济学中著名的 Mincer 工资方程就把经验作为预测工资的主要解释变量之一。

续表

研究	因变量	数据与模型	研究发现
林南、恩塞尔和沃恩（Lin, Ensel & Vaughn, 1981）（美）	初始/现在职业地位 与收入	两个截面数据 OLS 模型	正向显著
马斯登和赫尔伯特（Marsden & Hurlbert, 1988）（美）	现在职业地位 现在工资	截面数据 OLS 模型 （赫克曼法）	正向显著 不显著
德格拉夫和弗莱普（De Graaf & Flap, 1988）（德、荷、美）	初始/现在职业地位 初始/现在工资	两个截面数据 OLS 模型	正向显著 不显著
雷克纳（Requena, 1991）（西班牙）	现在收入/职业地位	截面数据 OLS 模型	不显著
魏格纳（Wegener, 1991）（联邦德国）	现在职业地位	截面数据 （赫克曼法）	正向显著
边燕杰和宋安（Bian & Ang, 1997）（中、新加坡）	现在职业地位	截面数据 OLS 模型	正向显著
边燕杰（Bian, 1997）（中）	现在职业地位	截面数据 OLS 模型	正向显著
沃克尔和弗莱普（Völker & Flap, 1999）（民主德国）	初始/1989 年职业地位 1989 年工资	截面数据 OLS 模型	正向显著 不显著
史密斯（Smith, 2000）（美）	现在工资	截面数据 OLS 模型	正向显著
莫维（Mouw, 2003）（美）	现在职业地位	截面数据 OLS 模型 （复制性研究）	不显著
林南（Lin, 2004）（中）	现在级别/地位/工资	截面数据 （赫克曼法）	正向显著
林南等（Lin, Lee & Ao, 2013）（美、中）	现在职业地位	截面数据 OLS 模型 （复制性研究）	正向显著
宋菁和林南（Son & Lin, 2012）（美）	现在职业地位	截面数据	对白人显著
陈云松和沃克尔（Chen & Völker, 2016）（中、德）	职业地位变化	两期面板数据	正向显著

针对莫维（2003）的质疑，林南及其弟子进行了诸多反馈和反驳。林南和敖丹（2008）提出，对于同职，应该拿帮助者的职业和求职者之前的工作进行对比。据此他们复制了莫维（2003）的 DAS 研究，发现利用新的编码

后，关系人地位的效应是显著的。就此，他们还对中国的相应数据进行了拓展。此外，宋菁和林南（2012）从网络资源的多样化入手，发现种族、性别多样性会导向更高社会地位的帮助者，而关系人资源，则对白人求职有明显的拉动作用。他们也采取了林南提出的“正确”编码同职关系的方法，认为莫维（2003）的编码错误导致了对社会资源理论的质疑。

陈云松和沃克尔（2016）对莫林之争进行了一次总结性回应，认为莫林之争的起源和最核心内容，就是“使用了的社会资本”的因果效应。第一，他们复制了莫维（2003）用来质疑社会资源理论的DAS研究，并说明了模型方法的错误。他们指出，莫维（2003）错误地排除了同职样本（求职者获得了和帮助人同类型的工作），没有在模型中纳入同职与社会资本变量的交互项。而正确的模型设置显示，考虑了同职信息流之后，关系人的作用仍然是显著的。第二，他们提出，内生性问题的解决不可能靠类似的穷举法，而是要利用高级计量模型加以分析。于是，他们利用沃克尔和弗莱普（1999）经典研究中的面板性质数据，进行了一阶差分与赫克曼选择相结合的模型回归，发现关系人的作用对于求职结果是显著的。第三，也是最为重要的，他们提出莫维（2003）关注的同职信息流，实际上提供了一个分析不同市场状态下社会资本效应的调节变量。其基本逻辑是，同职信息流，对于市场经济或转型期经济（如中国）中的求职，能够放大社会资本的影响力。而在计划经济的工作分配体系中，同职信息流则无法发挥作用。

三、“可使用的社会资本”的效应

在以往的研究中，“可使用的社会资本”有各种不同的指称。例如，杜尔拉夫和莫维直接称之为“社会资本”，莫维在2003年的研究中则用的是“网络社会资本”，国内学者赵延东称之为“所占有的社会资本”。一般而言，“可使用的社会资本”概念离范德加奇和施奈德（Van der Gagg & Snijders，2004）所给出的定义最接近——“对个体的个人化社会网络成员自身所有的资源的积聚，它由于这些关系历史的原因可能有益于个体”。虽然有不同的术语，并涉及信息、权力、行为、决策和网络结构等各种不同的测量指标，但这些概念都代表了嵌入在某一给定的自我中心（ego-centric）网络的潜在社会资源的总和。

杜尔拉夫（Durlauf，2002）检验了在两个不同的假设下如何去识别“可使用的社会资本”的因果效应：一是把“可使用的社会资本”预先定义为小组特征，二是定义为小组结果。个体行为/结果就是此类研究的因变量。正如他所指出的，基于第一个假设的社会资本模型就是曼斯基所谓的外生社会互动效应，而基于第二个假设的就是社会资本的内生社会互动效应。需要注意的是，这里的“外生效应”“内生效应”并非意味着社会资本变量被假定为外生或者内生，而是沿用了曼斯基关于社会互动的经典论文（Manski，1993）里的概念。[①] 我们可用一个例子来说明二者的区别：以劳动力市场为例，假若求职者的收入受到朋友平均收入的影响，我们称之为内生互动效应，即收入影响收入；当他的收入受到朋友平均教育程度的影响时，就是外生效应，即其他因素影响收入。根据曼斯基和杜尔拉夫的二分法，本章所回顾的研究也分成两个方面，分别见表 4-3 和表 4-4。

（一）“可使用的社会资本”的外生效应

这些文献中，社会资本的度量是小组的特征，而非小组的结果。另外，如表 4-3 所示，这些研究主要关心三类社会资本变量。第一类是对嵌入性资源的直接测量（板块 1）。这类“可使用的社会资本”常常被操作化为嵌入于整个社会网络的社会资源（如教育获得）的小组均值。第二类（板块 2）则是结构性度量，如就被访者社会网络而言的网络规模、网络多样性和网络跨度、达高性等等。第三类则是前两者的混合（板块 3）。

表 4-3 “可使用的社会资本”的外生效应研究回顾

研究	自变量	因变量	数据与模型	发现
X=直接资源测量				
林南和杜民（Lin & Dumin，1986）（美）	网络达高性/跨度	地位	截面数据 OLS 模型	正向显著
沃克尔和弗莱普（Völker & Flap，1999）（民主德国）	网络达高性	地位	截面数据 OLS 模型	正向显著

① 有时候这里的“外生效应”也被称为“情境效应”（contextual effects）。

续表

研究	自变量	因变量	数据与模型	发现
X＝直接资源测量				
弗莱普和沃克尔（Flap & Völker，2001）（荷）	与特定目标有关的社会资本	工作满意度	截面数据 OLS 模型	正向显著
索伦森（Sorensen，2006）（美）	经理队伍工作雇用期标准差的历年平均值	个人职业流动率（退出）	纵贯数据 逐段固定风险模型	正向显著
莫维（Mouw，2003）（美）	朋友的平均教育程度、具有稳定工作的比例	工资	截面数据 OLS 模型	正向显著
温伯格等（Weinberg et al.，2004）（美）	社区特征和到单位距离	每年工作时间	纵贯数据 固定效应模型	正向显著
巴耶尔和罗斯（Bayer & Ross，2006）（美）	居住地到单位距离、社区贫困率和教育程度	就业、工作周数及每周工作时间	截面数据 OLS 和工具变量模型	正向显著
杜雅尔丁和戈菲特-纳戈特（Dujardin & Goffette-Nagot，2005）（法）	居住在贫困社区	失业率	截面数据 工具变量且建立自选择模型	正向显著
韦尔海格等（Verhaeghe et al.，2015）（比）	社会资源（定位法）	入职 职业地位	截面数据 多层模型	负向显著 不显著
哈尔斯登等（Hallsten et al.，2017）（瑞典）	朋友圈失业率（定名法）、职业社会资本（定位法）	就业	截面数据	正向显著（不同种族）
劳斯（Roth，2018）（德）	父母的社会资源（定名法）	进入公司学徒	学校 固定效应模型	各自显著
X＝网络结构测量				
博特（Burt，1992）（美）	结构洞	晋升比率	截面数据 OLS 模型	正向显著
梅弗尔森（Meverson，1994）（瑞典）	外在关系数 结构洞	收入	截面数据 OLS 模型	正向显著 不显著
波多尔尼和巴隆（Podolny & Baron，1997）（美）	网络规模	晋升	截面数据 OLS 模型	正向显著
埃里克森（Erickson，1996）（加）	关系资源的多样化程度	工作自主权	截面数据 OLS 模型	正向显著
金（Kim，2001）（美）	网络约束（密度） 网络桥（多样化） 高教育程度者的数量 名人的数量	年收入	截面数据 OLS 模型	不显著 不显著 正向显著 正向显著

续表

研究	自变量	因变量	数据与模型	发现
X=网络结构测量				
科皮（Korpi，2001）（瑞典）	失业者的社会网规模	就业机会	截面数据 Cox 模型 （赫克曼法）	正向显著
孟希（Munshi，2003）（墨西哥）	移民网络大小	就业机会和工资	纵贯数据 固定效应和工具变量模型	正向显著
雅库伯维奇（Yakubovich，2005）（俄）	关系强度	就业机会	截面数据 固定效应模型 （受试者内设计）	正向显著
比曼（Beaman，2012）（美）	网络规模 有长期工作的熟人数量	就业机会和工资	纵贯数据 固定效应模型	负向显著 正向显著
赫勒斯坦等（Hellerstein et al.，2008）（美）	网络联通	在同一企业工作	截面数据 （配对方法）	正向显著
宋菁和林南（Son & Lin，2011）（美）	跨种族关系使用 跨性别关系使用	职业地位	截面数据 OLS 模型	白人：正向显著 男性：正向显著
阿拉尔和范阿尔斯蒂恩（Aral & Van Alstyne，2011）（美）	电邮网络结构多样性和电邮网络渠道带宽 中介为信息多样性	公司业绩	固定效应模型	正向显著 正向显著
吉等（Gee et al.，2017）（55 国）	Facebook 网络强度	找到工作	固定效应法 虚拟遗漏变量法	正向显著
X=资源+网络				
坎贝尔等（Campbell et al.，1986）（美）	网络多样化、规模和密度因子 教育和声望的均值和最大值	工作地位和收入	截面数据 OLS 模型	正向显著
赖蕴宽等（Lai et al.，1998）（美）	帮助者地位、网络达高性、网络跨度、网络规模	工作地位	截面数据 结构方程模型	正向显著
弗莱普和博克曼（Flap & Boxman，2001）（荷）	以关系强度为权重的资源总和、网络结构特征	收入	截面数据 OLS 模型	正向显著

续表

研究	自变量	因变量	数据与模型	发现
X=资源+网络				
奥伦普洛斯（Oreopoulos，2002）（加）	社区规模、结构类型、社区贫困率	教育获得	自然实验	不显著
西伯特等（Seibert et al.，2001）（美）	弱关系、结构洞、信息量、资源量	收入和职业成就	结构方程模型	正向显著
王卫东，2006（中）	社会资本总量（含直接资源和网络结构因子）	个人资本（财富权力声望）	结构方程模型	正向显著
边燕杰等（Bian，Huang & Zhang，2015）（中）	关系强度、岗位信息、岗位帮忙	收入	截面数据 中介分析模型	正向显著
奥布霍瓦和张（Obukhova & Zhang，2017）（中）	关系强度、强关系数量	收入	固定效应模型	负向显著

如板块 1 所示，林南和沃克尔等用资源的达高性（在社会网络中关系的最高职业声望得分）作为“可使用的社会资本”的一种度量，并证明了它对个体职业声望的正向作用。弗莱普和沃克尔（2001）考察了与特定目标（goal-specific）有关的社会资本如何影响工作满意度。他们发现，“可使用的社会资本”有各自使用的情境。索伦森（2006）利用 1953—1988 年 24 个广告市场中电视台的数据，证明了经理队伍中的差异性的历史影响经理人个体的职业流动率。类似的发现在比利时研究、瑞典青年研究中都有显著的结果（Verhaeghe et al.，2015；Hallsten et al.，2017）。基于两个不同的截面数据，莫维（2003）也发现了教育程度、拥有稳定工作的朋友比例对被访者的工资有正向效应。然而，由于可能存在自选择偏误和遗漏变量偏误，我们无法断言研究反映的是“可使用的社会资本”的因果效应，还是相似的个体倾向于彼此联合的社会同质性，甚至相反的因果关系（Flap & Völker，2001；Mouw，2003）。

为了解决这些内生性问题，固定效应模型、对选择过程建模和工具变量等方法在经济学相关文献中得到了不少应用。譬如，温伯格等（2004）探究了一系列社区特征以及社区到工作单位的距离对于年度工时的作用。他们利用 1979 年全国青年纵向调查（NLSY）中被访者每年一次记录的街道地址去匹配来自 1990 年人口普查中相关被访者的社区特征。在这个独特的纵贯数据基础上，他们利用固定效应模型进行回归。研究结果发现，和相应的 OLS 估计相比，固定效应模型对于社区就业率和个体就业的相关度的估计量减少了 2/3。基于 1999 年法国人口普查数据，杜雅尔丁和戈菲特-纳戈特（2005）考察了个体失业是如何被生活于贫困社区的因素所影响的。为了避开困扰因果推断的内生性组群的形成问题，他们同时评估了一个失业率的 probit 模型和另一社区选择（贫困或非贫困）的 probit 模型。结果显示，联立 probit 模型的社会资本效应估计量比单纯的 probit 估计量要小，不过仍然是显著的。

劳斯（2018）则把目光投向父母的社会资本，分析德国初中毕业生进入职业培训的机会是否能获益于父母的社会资源。他基于德国教育面板调查（NEPS）的四期学生截面数据（近 5 000 样本），充分控制了包括学生考试成绩在内的一大批变量以及学校固定效应，发现父母认识较多的职业地位不高的人，有利于子女获得低端劳动力市场的职业培训的机会。而父母认识较多高职业地位的人，则有助于子女进入学校职业训练项目。在讨论时，他强调，与陈云松和沃克尔（2016）的发现一样，劳动力市场的分割，是研究社会资本效果时必须考虑的重要因素。

在该类研究中，对内生性问题处理最为全面的可能是巴耶尔和罗斯（2006）对作用于就业和就业时间的外生性社区效应的研究。首先，他们基于社区住房价格与社区特性间的单调（monotonic）关系，将某一特定的社区住房价格当作对社区未被观察值的代理变量。其次，为控制个体层面的未被观察因子或自选择因素，他们用与被访者具有相同个人特征的其他被访者的平均社区特征来作为被访者社区特征的工具变量。其理由是，既然相似个体选择相似的社区，那么基于类似的人的平均社区特征（即这个工具变量）应该与被访者的社区特征相关。而同时他们假设个体的可观测特征与未被观察因子无关，这样这个工具变量也就必然与个人异质性无关。运用来自 1990 年波士顿（每十年一次）人口普查的准确微观数据，他们发现社区贫困率和社区平均教育程度的直接效应的工具变量估计值要比运用 OLS 所得到的估计值大。其原因可能是自身能力或者就业前景较差的人，会主动选择比较“好”的社区来弥补自身的不足。

接下去我们来看板块2。这里的文献主要把“可使用的社会资本”定义为社会网络结构。早期的研究关注网络规模、多样化和许多其他反映网络所能摄取的信息与影响力等各种社会资本度量（Meverson，1994；Erickson，1996；Son & Lin，2011）。大部分研究结果表明“可使用的社会资本”和各种工作结果之间存在正相关。在克服内生性问题的估计策略方面，2000年以来的一些文献值得我们关注。例如，波多尔尼和巴隆（1997）基于某一高科技工程与制造公司的数据，说明了拥有一个大而分散的信息关系网络能够有效促进组织内部的晋升。考虑到参与调查本身就是选择性的，他们应用了赫克曼样本选择模型（Meverson，1994；Erickson，1996）。类似地，科皮（2001）在考察瑞典失业者的网络规模对求职的影响时，也利用赫克曼方法解决了可能的自我选择问题及样本选择问题。他分析提出，之所以要用选择模型，是因为失业者会考虑到与某些特定类型的朋友讨论工作问题，这样就具有自选择特征。同时，研究中使用的样本都具有从失业到就业的历史，而这个样本本身可能导致样本选择问题。固定效应模型和配对方法也曾被用来估计“可使用的社会资本”的效应。例如，雅库伯维奇（2005）采用对每个被访者做多次观察的受试者内（within-subject）方法，证实了关系强度对俄罗斯工人就业的正向效应。

不少研究将多个方法综合在一起去处理内生性问题。孟希（2003）分析了墨西哥移民网络大小对于在美国劳动力市场上工资获得的影响。他利用纵贯数据排除了不随时间变化的个体未被观察因素，同时使用移民墨西哥老家社区的降雨量作为移民网络规模的工具变量。墨西哥社区的降雨量显然和美国劳动力市场无关，但却与本社区移民到美国的数量有关。他发现，工具变量估计量要比OLS估计量大。其解释是：因为存在不少已经获得相当财富而返回墨西哥的“回流移民”（return migrants），测量到的移民网络规模大于实际有效的网络规模。比曼（2012）研究了难民网络大小如何影响他们在美国劳动力市场的结果。为了避免难民选择居住城市这一内生性问题，他巧妙地利用了难民由安置机构以随机的方式在各城市间加以分派这个自然实验。另外，他运用纵贯数据解决了跨城市和个体固定效应问题。结合这两种策略，他发现在同年（或早一年）安置的难民网络规模与他们的就业和小时工资有负面相关。但是，更早的难民网络中具有长期稳定工作的人越多，则新难民的有关劳动力市场结果越好。

阿拉尔和范阿尔斯蒂恩（2011）则反思了弱关系理论，提出弱关系带来的网络结构多样性（network diversity），和强关系带来的信息流动效率即网络带宽（network bandwidth），都会提高信息多样性和非冗余程度，从而帮助求职者或公司提高绩效。但两者不可兼得，形成了一种“trade-off”。他们使用美国一家具有 14 个分支的猎头大公司 2000—2005 年的 12 500 封职工邮件信息形成的网络，利用网络分析和文本分析方法，对各类网络指标与公司业绩进行了详细分析。固定效应模型强有力地支持了他们提出的假说。他们进一步提出，当信息较为复杂或快速变化时，行动者需要牺牲网络多样性以获取网络带宽，这样才能获得最大收益，而以往研究过多强调弱关系即网络结构多样性的作用。沿着这一思路，五年后，布鲁格曼（Bruggeman，2016）进一步对前人研究加以整合，对阿拉尔和范阿尔斯蒂恩（2011）的研究进行了评论性探索分析。他提出：当信息较为复杂或快速变化时，能够根据资源的不同质量而对网络带宽即关系强度进行调整的人，才会通过平衡网络多样性和网络带宽获得最大收益。阿拉尔（Aral，2016）回应称布鲁格曼（2016）进一步拓展了他的发现，认为弱关系研究已由传统调查数据向互联网大数据、手机大数据等演化。就此他进一步对弱关系理论的发展进行回顾并提出了三点前瞻：因果推断、具体的测量维度和微观机制。布拉斯切斯和金塔内（Brashears & Quintane，2018）则对阿拉尔和范阿尔斯蒂恩（2011）的研究进一步加以细化，针对“带宽”提出了信息传播能力、频率和冗余度三个维度的度量。

吉等（2017）提出，弱关系理论虽然具有启发性，但是弱关系起作用的原因也许在于对一个人来说弱关系数量总比强关系多，而一个单独的强关系，比一个单独的弱关系，应该更重要。据此，他们用 Facebook 对 55 个国家约 33 万个用户的近 1 700 万个关系对进行分析（筛选后确保至少有一个单位同事和本人是 Facebook 好友）。在采用固定效应模型之后，为进一步解决其他的遗漏变量问题，他们设计了一种精巧的虚拟遗漏变量效应方法。其思路是：B 和 A 是同事，B 进入单位更早。在 A 进入单位后，为 A 写出其朋友圈平均关系强度和获得工作与否的线性模型，同时为 B 写一个虚拟的此时“进入”单位的类似模型（实际上 B 早在多年前已经进入该单位）。这样，前一个模型的关系强度系数，代表了真实的因果效应与可能的伪相关效应；而后一个模型的关系强度系数，必然代表了伪相关效应。这样，两个模型的系数之差，就可以看作关系强度的真实效应的下限（lower bound）。

板块3中的研究主要是对资源度量和结构度量的效应同时进行估计（Campbell et al.，1986；Lai et al.，1998；Flap & Boxman，2001）。在早期的研究中，对内生性问题的关注有限。这些研究主要运用结构方程模型（SEM）来分析众多社会资本变量之间的相互关系。例如，在赖蕴宽等（1998）对纽约大都会地区就业男性的研究中，其模型中既包括“使用了的社会资本”，也包括“可使用的社会资本”。使用几乎相同的方法，西伯特等（2001）聚焦于“可使用的社会资本”，将社会资本概念化为网络结构（如网络规模、弱连带的结构洞）和可使用的信息、可使用的资源等等多元度量。结构方程模型的结果显示，社会资本对晋升、工资和职业满意度具有正向效应。王卫东（2006）利用结构方程模型对2003年中国城市综合调查数据进行分析，发现中国城市居民的社会网络资本对网络主体的个人资本有着明显的正向影响。该文是国内第一篇对社会资本进行正式量化的重要文献。不过，尽管结构方程模型能够解决一些测量误差和潜变量问题，但是它的本质是证实性研究（confirmatory modeling）而非解释性建模（exploratory modeling）。这样，它往往“对潜在的因果结构做出无法检验和依赖于反复推测的假定”（Mouw，2006），对内生性问题的解决无能为力。

边燕杰等（2015）采用中介分析的方法，试图进一步厘清关系强度、工作岗位信息、岗位帮忙和工资收入之间的关系。他们利用1999年五城市调查数据，发现59%的雇员通过关系找到工作，而弱关系比强关系更有利于获得岗位信息，强关系则更有利于获得直接的岗位帮忙。岗位信息和帮忙都能提升收入，但岗位帮忙更有助于获得高收入工作。他们强调关系强度同时带来岗位信息和实际性的关系帮忙，强调后续研究应该分开进行。

奥布霍瓦和张（2017）则强调，对关系强度和工资收入关系的研究，实际上容易高估关系强度的作用。这是因为，这些分析忽略了那些使用了关系但没有找到工作的人（Montgomery，1992）。例如，假设两个人，A既有强关系人，也有弱关系人，而B仅有弱关系人。可以预见，A资源更为丰富，就有更多机会，获得更好收入。但问题在于，A既可能用强关系也可能用弱关系，而B仅能用弱关系。在这种情况下，如果不考虑求职者的总关系人数量，我们就很可能会得出强关系导致高收入的结论，而忽视了前者从一开始就有更多机会的情况。基于2013年对中国东南部四所大学的172名毕业生的求职历程的问卷调查，他们证明了在中国情境下，用直接关系强度来分析社会资本，容易高估社会网络的效应。而社会资源方法，比如以关系人数量为自变量，则要更为稳健。由于学生往往反复多次求职，利用该数据他们得以拟合固定效应模型，排除那些不随时间变化的个人异质性。研究发现非常有趣：数据支持了弱关系理论，而强关系人的数量则与工资负向相关。这一方面凸显了以往关系强度研究的不足，另外一个方面也暗示了中国的市场转型进程。

值得一提的是最新的这类研究开始借助于自然实验的方法。在加拿大多伦多，出生于1963—1970年的人，在儿童时代曾被政府的“住房建造计划”随机分配居住在多伦多大都会地区内的各个社区。奥伦普洛斯（2002）利用这个自然实验来解决社区选择问题。他分析了当时社区的不同规模、结构类型（高楼住宅和平房的差异）和贫困率对这些人成年后社会经济地位指标（如劳动收入、失业可能性和福利分享）的影响。不过，他发现并没有显著性差异。这可能意味着，如果人们不选择社区或居住地，社会学家原本期望的社区社会资源和网络结构对人的工作影响很小。

（二）“可使用的社会资本”的内生效应

如表4-4所示，我们把内生社会互动效应研究分为非线性模型（板块1）和线性均值模型（板块2）。这其中的区别在于：板块1中的因变量不是连续变量而是反映个体工作选择的哑变量，而板块2恰恰相反。这是因为，logit或probit模型的非线性可以回避线性均值模型所导致的“映射问题”（指线性均值模型的估计量无法区别外生和内生效应，详见Manski，1993）。因此，板块1中研究的估计偏误主要是常规性的遗漏变量偏误和自选择偏误，而板块2中的研究还同时受到“映射问题”的困扰。

表 4-4　“可使用的社会资本”的内生效应研究回顾

研究	自变量	因变量	数据与模型	发现
非线性模型				
斯普雷格斯等（Sprengers et al.，1988）（荷）	地位的加权和（关系强度作为权数）	地位	四期纵贯数据 OLS 模型	正向显著
凯斯和卡茨（Case & Katz，1991）（美）	社区空闲（idle）率（不就业）	个人空闲（idle）	截面数据 OLS 模型	正向显著
埃布尔等（Abell et al.，1995）（英）	地区失业率	个人就业	混合截面数据 logit 模型	负向显著
赫德斯特罗姆等（Hedström et al.，2003）（瑞典）	社区平均就业率	个人就业	纵贯数据 固定效应模型	正向显著
孔特雷拉斯等（Contreras et al.，2007）（玻利维亚）	社区平均就业率、社区平均非农工作率	个人就业、妇女非农就业	截面数据 工具变量和 proxy 模型	正向显著
莫林和莫西恩（Maurin & Moschion，2009）（法）	社区其他母亲就业	被访母亲就业	截面数据 工具变量模型	正向显著
线性均值模型				
马尔毛罗希和萨瑟多特（Marmaros & Sacerdote，2002）（美）	室友平均工资	个人工资	截面数据 自然实验	正向显著
拉榭佛（Laschever，2005）（美）	战友平均工资、战友平均失业率	个人工资、个人失业	截面数据 多重参照法	正向显著
什维德科（Shvydko，2007）（美）	公司同事平均收入	个人收入	纵贯数据 固定效应模型	正向显著
格罗德内和克奈斯纳（Grodner & Kniesner，2008）（美）	平均组群工作时间	工作小时数	截面数据 工具变量模型	正向显著
程诚，2017（中）	室友平均成绩	个人成绩	截面数据 自然实验	正向显著

在板块 1 中，早期的研究对可能的遗漏变量偏误和自选择偏误并没有太多留意。例如，埃布尔等（1995）考察了英国工人失业是如何受地区失业率影响的。他们直接对混合截面数据进行 logit 回归，并发现了显著相关。凯斯和卡茨（1991）可能是最早在同群效应研究中系统考虑潜在估计偏误的学者。

他们指出，当社区同群（neighborhood peers）作为主解释变量时，社区的平均家庭背景应该被纳入模型中去作为控制变量。尽管如此，这些早期的研究还是无法解决未被观察的社区层次、家户层次和个体层次的遗漏因子。在这些研究的基础上，更多的复杂方法在近来的研究中被采用。

赫德斯特罗姆等（2003）基于瑞典的纵贯数据，用Cox比例风险模型来研究社区失业水平如何影响个体就业。为了控制社区的不随时间变化的干扰因子和居民对居住地的选择，他们的模型包括大量观察因子和接近700个哑变量——考虑了每一个社区的固定效应。虽然这种直接控制社区固定效应的方法可能使得估计值下偏，但他们发现即使是用了这个“过度控制”的方法，社区对个人就业的影响仍然是显著的。除了固定效应方法，工具变量方法也被这类研究用来解决内生性问题。孔特雷拉斯等（2007）借鉴了巴耶尔的方法，用房价来控制社区未被观察因素，用和被访者具有同样个人可观察特征者的平均社区特征来作为社区特征的工具变量。研究结果表明，社区的非农就业对玻利维亚妇女获得非农工作具有正面影响。莫林和莫西恩（2009）则考察了法国社区的劳动力市场参与如何影响母亲进入职场的决定。为了消解内生性问题，他们运用社区平均的儿童性别混合度（sex mix）作为社区劳动力市场参与的工具变量。这个工具变量成立的理由是：法国家庭的儿童性别混合度影响母亲是否工作，但和家庭择邻无关。研究结果证明，社区就业和母亲个体就业息息相关。

在板块2中，联立性问题和映射问题往往同时存在。不少研究只解决了联立性问题，而对映射问题无能为力。比如，马尔毛罗希和萨瑟多特（2002）利用达特茅斯学院的宿舍随机分配制度，发现室友的平均工资和个人工资之间存在很大的正相关。然而，他们承认由于“映射问题”，他们无法将估计系数直接解释为内生性同群效应的实际大小。同样，为了估计公司同事平均收入对个体收入的影响，什维德科（2007）对纵贯数据进行固定效应分析以消解遗漏变量偏误和自选择问题。然而，他同样无法把内生性效应和外生性效应相分离，因为“映射问题”并未被解决。

然而，一些研究通过创新，成功地从外生性效应中区分出内生性效应。例如，拉榭佛（2005）通过多重组群［或多重参照小组（MRG）］的模型识别方法，分析了二战老兵战友社会网络对于个体就业的效应。假定子总体

AB属于A和B两个组群（如AB是A和B的重叠部分），在A和B中其余的人分别称为RA和RB。在RA中的个体虽不认识RB中的任何一人，但RA和RB共有一个交往的中间群——AB（见图4-1）。因此，RA的结果仅仅会间接影响RB的结果。由此可见，一旦我们能确认RA对RB存在影响，那这个影响必然是通过中间群AB所传播出去的RA对于AB的内生效应。在他们所使用的二战老兵样本中，既有一个二战期间服役的军事单位网络，又有一个1930年人口普查的社区网络。因此，通过分析彼此不认识的战友和邻居之间就业变量的关联，就可以确认老兵社会网络对于个体就业的内生效应。借助类似的策略，格罗德内和克奈斯纳（2008）分析了工人个体劳动时间和组群平均工作时间之间的关系。由于研究中的“组群”是通过因子分析所测得的表示“社会经济距离”非常接近的个体，这就意味着每位被访者都有一个不同的组群。和拉榭佛的研究一样，他们也发现了基于工作时间的内生效应。

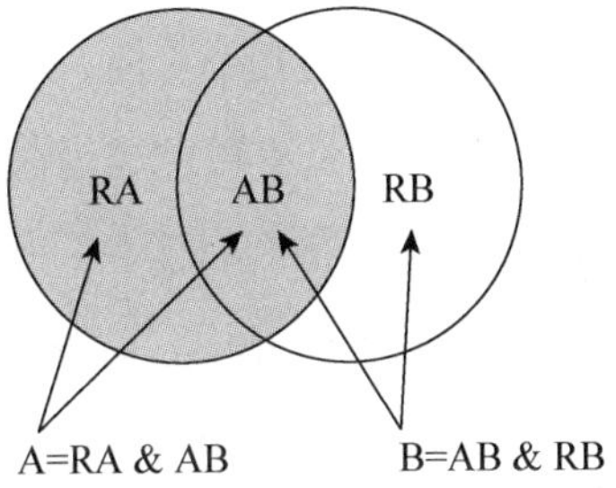

图4-1　组群细分

程诚（2017）的随机实验研究是我国学者在社会资本领域利用宿舍随机分配制度的首次尝试。他分析了中国西部某著名高校内的同宿舍社会资本对青少年学业成绩的影响。为解决内生性问题，他利用中国高校的宿舍随机分配来帮助识别同群效应，发现同伴的学业能力显著影响高校学生的人力资本积累。第一，同伴社会资本的影响机制是间接的，通过影响个体的价值观和行为来影响最终学业产出。第二，随着时间的推移，同伴社会资本的影响有增强的趋势。影响变强来源于同自身阶层背景相似的同伴，而背景相异的同伴的影响则维持稳定。另外，对于不同阶层背景的学生而言，同伴社会资本的影响并无显著差异。

四、解决内生性问题的研究策略

要获得偏误更小的估计量，必须把新的信息引入社会资本模型分析之中。因此我们应该注意到，高质量的数据和精巧的研究设计，是未来社会资本实证研究值得注意的努力方向。因为如果我们仅仅掌握了相对复杂的模型和识别策略，而没有好的数据和研究设计，就会巧妇难为无米之炊。因此，能够带来和使用更大信息的数据和研究设计才是解决社会资本分析中内生性问题的根本前提。①

总体来看，能够部分解决内生性问题的方法主要是固定效应方程，而理论上可以完全解决内生性问题的方法则包括工具变量、自然实验和倍差法、断点回归等等。当然，综合几种方法，在消减内生性问题方面自然就有更多的优势。针对这些具体的模型识别策略，我们从数据搜集、研究设计等角度提出今后社会资本实证分析中应努力的几个方向。

其一，在模型设置中，应尽可能将有可能成为遗漏变量的因子纳入模型。正如前文所述，内生性偏误的本质就是和自变量、因变量都有关的变量被从模型中遗漏。我们认为，在社会资本研究中，容易被遗漏的常见变量包括两个大类。第一类我们称为“应免型”遗漏变量。比如，在以工资收入等为因变量的分析中，城市、行业类型、工作经验等等变量，往往既与工资有关，也与被访者使用社会资本或个人关系网络的特征息息相关，如果不加控制，必然成为遗漏变量。由于这类变量容易收集，常规问卷中也往往都有测量，故我们称之为“应免型”遗漏变量。第二类我们称为“难免型”遗漏变量。比如，个体能力（口才、社会交际等）、性格、劳动力市场质量等等。要获得对这些因素的精确测量，不是在调查问卷中加一个问题就能做到的。很多因素我们基本没有好的测量基准和指标。像个人能力这样的因素，在教育回报研究中就是一个难以控制的内生性来源——无论是教育程度还是 IQ 指数，

① 本章主要立足于模型识别提出相应的研究策略。事实上，内生性还有一个重要来源，即测量误差，它会导致估计量偏低。除了传统的工具变量等方法，改进变量测量方法也是克服测量误差引发的内生性问题的应有之义。当然，这不在本章讨论范围之内。

都无法替代。对于这类“难免”被遗漏的因子，我们应该设法通过采取高级的模型识别方法来控制。

其二，加强社会网络数据搜集的纵向跨度，以获得纵贯数据，进行固定效应模型分析。过去我们的社会资本研究主要依赖社会网络的截面数据，往往以年为时间单位。譬如，CGSS仅仅提供年度被访者的社会网络。而我们应该认识到，个人的社会网络在时间跨度上往往是有变化的。一个简单的理由就是，人的交往对象和交往层面不会一成不变。因此，对被访者进行更长时间跨度上的跟踪研究，将使得今后的社会资本实证分析中可以应用纵贯数据，估算固定效应模型。当然，这可能对数据搜集提出了过高的要求。一个麻烦的问题在于，不少被访者的社会关系网络可能是相当稳定的。这实际上就使得纵贯数据在社会资本研究中的用武之地有了很大的限制。尽管如此，我们仍然可以尝试在3～5年的跨度上对同一被访者进行跟踪。在没有获得纵贯数据之前，我们无法明确获知人们的社会网络究竟随着时间发生了多大程度的变化。

其三，扩展社会网络数据横向跨度，以获得工具变量。过去我们的社会网络数据，其横向涉及的关系层级基本是两级。以CGSS 2003的“社会交往”题器为例，数据收集仅仅局限于两层数据——被访者和被访者的朋友（该题器运用提名法要求被访者提供不超过5个朋友或熟人的工作、教育、职业等信息）。而在今后的设计中，我们可以对“朋友”的配偶、父母和朋友的朋友进行数据收集。这样就构成一个三层数据体系，即被访者（第一层）—被访者的朋友（第二层）—被访者的朋友的其他社会关系（第三层）。在具体问题设置中，注意加上“您是否与朋友的配偶、父母或朋友熟识”这个问题。对于不熟识第三层社会关系的被访者来说，第三层社会关系所附带的社会资源本质上可为第二层社会关系（即“朋友”）提供一个工具变量。也即，第三层可作为第二层的工具变量。该策略的提出理由是：第三层变量显然和第二层有关，但如果我们能确保第三层的朋友的社会关系和被访者不直接相识（譬如，被访者仅听说过自己的朋友的某些社会关系人的信息），那么第三层变量就仅仅是通过影响第二层变量来影响第一层变量。

其四，加强外生性数据的收集和挖掘，以获得工具变量。我们把实证研究中可能具有价值的工具变量分为两个大类。第一类是绝对外生变量。例如，孟希（Mushi，2003）、陈云松（Chen，2012）在研究中使用了降雨量、自然灾害等绝对外生数据。所谓绝对外生，就是说通过控制一些基本的变量，可以确保这些变量对于模型的外生性。在过去的问卷调查中，设计者有意无意地会提供一个值得挖掘的外生数据。例如 CGSS 2003 中的问卷就涉及兄弟姐妹的数量、子女的性别等等。第二类是群体层面外生变量。一些在省或州、国家等群体层面的变量，往往通过影响自变量来影响因变量。这些可能的工具变量虽然在外生性程度上较弱，但在实证分析中仍不失为对标准 OLS 方法的补充。对于社会资本和社会网络分析而言，自然实验的方法相对困难。但国家、政府层面的外生政策干预，则可能带来自然实验，因此可以用工具变量模型进行分析。实际上，工具变量分析本身往往需要“灵感式”的逻辑推导，一些看似和研究无关的变量，反而有可能成为解决内生性问题的奇兵。

其五，向读者认真说明模型所需要的假设。严格意义上说这不是一种解决内生性问题的策略，而是一种“补救措施”。不管是简单的 OLS 模型还是更复杂的固定效应模型、倾向评分匹配或者工具变量方法，都需要一定的假设作为前提。即便我们拥有包含更多信息量的数据，使用了更复杂的识别策略和模型，我们也一定要清醒地认识到，内生性将是社会学家永远的达摩克利斯之剑。这是因为，模型识别策略只能在一定的假设下才能保证估计量是无偏的。比如，在固定效应模型的使用中，我们必须假设干扰因子在时间跨度上不变。但是，人的性格、能力等观测不到的因子，往往是会发生变化的。又如，倾向评分匹配方法可以解决自选择问题，但它依赖于大样本，而且假设内生性的来源是数据中提供的可观测变量。再如，工具变量方法看似完美，但工具变量本身的外生性是无法验证的，而且还有弱工具变量、局部样本效应等等诸多问题，需要在分析中做详细说明。归根结底，对于内生性问题不存在一个一劳永逸的方法。任何针对内生性问题进行的模型识别，都应该向读者清清楚楚地说明这个方法所需要的假设，让读者知道，只有在这些假设成立的情况下，估计量才是无偏的。至于读者是否接受这些假设，我们无法确认。因此，在实证研究中，对自己的分析结果保持高度的警觉和谦虚，是非常必要的。梁玉成（2010）在使用倾向评分匹配方法时，就非常清楚地指出了该方法的局限性。

其六，倡导复制性研究。复制性研究（replication）是社会科学取得不断进步的重要方法。也即，我们应该尽可能对前人的同样数据，用不同的模型进行复制性研究。这本质上是一个对过去的数据进行挖掘的过程。例如在 20 世纪 80 年代的研究中，固定效应模型和工具变量方法还未被社会学家认识，因此可能存在很好的数据，但只是用 OLS 这样的简单回归进行了分析。如果能针对这样的数据进行二次分析并进行对比，我们就能从内生性的角度验证以往研究成果的可信度。

实证篇

第五章　社会资本的处理效应：找关系有用吗?

导读：在以往的研究中，对“找关系”本身是否有利于求职的分析往往因忽视内生性问题而不具备因果推断力，且关注的多为欧美自由市场经济。本章聚焦计划经济和转型期经济，对1988年民主德国工人职业声望调查数据（简称民主德国数据）和2002年中国城镇居民工资调查数据（简称中国数据）进行分析。为解决社会资本处理效应估算中的内生性问题，本章分别运用了“一阶差分”和“内生干预效应”模型。研究发现，在代表计划经济和转型期经济的民主德国与当代中国，“找关系”本身与求职结果之间没有因果关系。在民主德国工人职业声望研究（简称民主德国研究）中，求职方式中的自选择导致估计量上偏，而中国城镇居民工资研究（简称中国研究）中自选择问题导致估计量下偏。针对这一差异，本章给出了“正向选择”和“逆向选择”的诠释：民主德国工人中能力强者倾向于使用社会关系；而在转型期的中国城镇，能力弱者倾向于“找关系”以弥补自身劣势。

一、导言：旧瓶新酒

无论是市场经济还是计划经济、是西方还是东方，找工作总是一个八仙过海、各显神通的过程。作为一种社会现象，人们对“找关系”司空见惯；作为一种理论假设，“找关系”有利于求职符合理论直觉。特别是，格兰诺维特（Granovetter，1973，1974）早在20世纪70年代就指出弱连带的价值，林南（Lin，1999a）在20世纪80年代就提出嵌入性资源的求职功能，边燕杰（Bian，1997）在20世纪90年代就强调了强连带的意义。阿拉尔和范阿尔斯蒂恩（Aral & Van Alstyne，2011）提出网络关系强弱暗含了网络结构多样性与网络带宽之间的矛盾，重新强调了强关系的重要价值。相关理论所激发的实证研究近四十年来大量积累。乍看起来，这一话题本身了无新意。

但是，作为当代社会学者，我们必须对因果效应刨根问底："找关系"本身和求职结果之间，是否存在直接的因果关系？在以往聚焦"找关系"直接效应的有限研究之中，非但结论不一而足，更面临内生性偏误的挑战（Mouw，2003）。[①] 特别是，人们在求职过程中"找关系"还是"不找关系"的决策并不是偶发的。一旦这个"自选择偏误"（self-selection bias）在定量分析中得不到克服，我们就无从证实"找关系"本身是否重要。此外，迄今为止的研究多局限于欧美自由市场经济。尽管这一脉研究已经持续近四十年，但我们对非自由市场经济下"找关系"的直接效应其实所知不多，遑论因果推断。

本章将首先对沃克尔和弗莱普（Völker & Flap，1999）的民主德国工人职业声望研究进行复制和拓展[②]，运用一阶差分模型（first difference model）和内生干预效应模型（endogenous treatment effects model）来识别计划经济条件下"找关系"的直接效应。然后我们将运用同样的一系列模型，对2002年中国城镇居民工资调查数据进行分析。我们的拓展研究由于同时采用了多个具有不同假设的高级计量模型，结论也就比采用单一模型的传统研究更可靠。实际上，本章是一篇"旧瓶新酒"的研究：用多个新模型分析多个数据，以证实或证伪经典的假说。

根据我们的梳理（见第四章），从20世纪80年代初到2010年间的24篇文献中，仅有2篇涉及非自由市场经济国家（Bian & Ang，1997；Völker & Flap，1999），其他均关注的是自由市场经济国家。2010年之后的6篇文献中，则有3篇涉及转型期社会的社会学定量分析：一为格贝尔和马约洛瓦（Gerber & Mayorova，2010）的俄罗斯工资研究，一为梁玉成（2010）的中国工资研究，一为沈娟和边燕杰（2018）的中国工资研究。而就在这有限的5篇文献中，前3篇均未处理内生性问题，以致格贝尔和马约洛瓦（2010）不得不承认：他们对于使用网络与工作好坏之间关系的发现，仅仅是描述性

---

① 以往研究多集中检视社会资本动员量、持有量与求职结果之间的关联，前者即"使用了的社会资本"（used/moblized social capital），后者即"可使用的社会资本"（accessed social capital）。

② 所谓复制就是利用以往研究的数据和模型，对研究的全过程进行再现；拓展，则是基于相同数据使用更合理的模型，或使用同样的模型对不同数据进行分析（陈云松，吴晓刚，2012）。

而非因果性的。

为何我们强调应该关注非自由市场经济下的求职行为？第一，自由市场经济下的网络资源往往是商业关系或信息的载体，而非自由市场经济下的网络资源可带来权力的影响（Guthrie，1998）。嵌入性资源的性质不同，可能导致不同的因果效应。如不进行跨体制研究，我们就不能确定社会网的力量是否仅是体制所致。第二，非自由市场经济下的求职过程，由于受制于欠发达的劳动力市场，可能更倚重社会关系。因此，如果我们证明了非自由市场经济下“找关系”本身不重要，我们就可能得到证伪经典命题的有力证据。

二、模型设置：“一阶差分”和“内生干预效应”

以下对本章使用的两个不同的高级计量模型进行设置和说明。

（一）一阶差分模型（FD 模型）

不失一般性，我们可以写出如下方程：

$$Y_i = \beta_0 + \beta_1 C_i + \beta_2 X_i + \alpha_i + \varepsilon_i \tag{5.1}$$

式中，Y_i表示第 i 个被访者的职业地位或者工资收入等个人劳动力市场结果。C_i表示是否找了关系（其值取 0 或 1），X_i则代表一组外生控制变量的向量，α_i表示被访者的异质性，ε_i是误差项。前文多次提及，直接使用 OLS 方法进行回归，就等于想当然地预设“找关系”是随机行为，从而导致估算的内生性偏误。

我们分别为 t 和 $t-1$ 两个时点各写出如下方程：

$$Y_{it} = \beta_{0t} + \beta_1 C_{it} + \beta_2 X_{it} + \alpha_{it} + \varepsilon_{it} \tag{5.2}$$

$$Y_{i(t-1)} = \beta_{0(t-1)} + \beta_1 C_{i(t-1)} + \beta_2 X_{i(t-1)} + \alpha_{i(t-1)} + \varepsilon_{i(t-1)} \tag{5.3}$$

现在假设$\alpha_{it} = \alpha_{i(t-1)}$，然后将上述两个方程相减，就会得到：

$$\Delta Y_i = \beta_0 + \beta_1 \Delta C_i + \beta_2 \Delta X_i + \Delta \varepsilon_{it} \tag{5.4}$$

式中，Δ 表示是从时点 t 到 $t-1$ 的差异。此时，导致选择性偏误的α_i从方程中被差分掉了。在ε_{it}和 $\varepsilon_{i(t-1)}$不相关的情况下，方程 5.4 可以用 OLS 方法进行无偏估计。当然，FD 分析的对象必须是换过不同职业的被访者。

（二）内生干预效应模型（ETE 模型）

我们用一个二分变量C_i来表示被访者是否找了关系。$C_i=1$ 表示他是关系使用者，$C_i=0$ 则相反。这样，ETE 模型可以用以下两个方程来表示：

$$Y_i=\beta_0+\beta_1 C_i+\beta_2 X_i+\alpha_i+\varepsilon_i \tag{5.5}$$

$$C_i^*=\gamma_0+\gamma_1 Z_i+\mu_i \tag{5.6}$$

式中，如果C_i^* 大于 0，则$C_i=1$；如果C_i^* 小于 0，则$C_i=0$。将方程 5.6 代入方程 5.5 后，可得到：

$$Y_i=\beta_1(\gamma_0+\gamma_1 Z_i+\mu_i)+\beta_2 X_i+\varepsilon_i(C^*>0，C_i=1) \tag{5.7}$$

$$Y_i=\beta_2 X_2+\varepsilon_i(C^*\leqslant 0，C_i=0) \tag{5.8}$$

也就是说，方程 5.7 和方程 5.8 分别代表干预组和控制组。而实际估算过程可以更直观地写为如下联立方程组：

$$Y_i=\beta_0+\beta_1 X_i+\beta_2\hat{\lambda}_i+\varepsilon_i(\text{主回归方程})$$

$$C_i=\gamma_0+\gamma_1 Z_i+\gamma_2 X_i+\mu_i(\text{选择方程})$$

$$\hat{\lambda}_i=M(\hat{C}_i)(M\text{ 为计算反向 Mills 比率的函数})$$

为使得内生干预效应模型的估算更为可靠，我们还需要在模型中加入排除限定。也就是说，在选择方程中控制一些不和求职者结果直接相关的变量。在民主德国研究中，我们在选择方程里加入了兄弟姐妹的数量和子女数量。在中国研究中，我们在选择方程里控制的是被访者自我评估的有助于自身找工作的朋友数量。①

三、计划经济体制下的“找关系”：民主德国工人职业声望研究

20 世纪 90 年代，沃克尔和弗莱普在对德累斯顿和莱比锡的德国工人进

---

① 兄弟姐妹和子女的数量可被认为和个人职业没有直接关系，但可为求职者提供更多的社会关系，提高找关系的可能性。而自我评估的朋友数量越多，就越有可能去主动找关系。自我评估的朋友数量，和个人收入没有直接关系。

行访谈时，分别调查了其初职和1989年的工作详情（数据调查详述参见Völker & Flap，1995）。在当年发表论文之际，社会学界对内生性问题普遍缺乏认知，因此原文中仅对初职和1989年的职业声望获得分别做了OLS回归，研究结论自然不具因果推断力。表5-1为这项研究的基本数据描述。考虑到FD模型里应控制工作经验，一阶差分样本数（483）比1999年论文中的样本数（488）少了5人。此外，要使用FD模型，我们就只能分析那些起码换过一次工作的人。进行FD和EFE模型分析的最终工作样本数为432。

表5-1　民主德国数据基本描述

	全部（N=483）		工作变化者（N=432）	
个体属性	均值	标准差	均值	标准差
年龄	41.38	8.02	41.38	8.01
初职职业声望（SEI）	47.28	12.63	47.18	12.42
1989年职业声望（SEI）	47.82	13.21	47.80	13.07
教育程度	4.02	1.56	4.01	1.56
父亲职业声望（SEI）	44.91	12.24	44.75	12.16
父亲教育程度	3.24	1.47	3.23	1.47
	人数	百分比	人数	百分比
找关系获得初职	116	24.02	101	23.38
找关系获得1989年工作	195	37.04	176	40.74
女性	268	55.49	239	55.32

注：SEI为以唐启明（Treiman）职业声望量表为基础的德国改进版社会经济指数。

表5-2中列出了基于民主德国数据的OLS、FD和ETE三个模型的分析结果。模型1是沃克尔和弗莱普（Völker & Flap，1999）对民主德国工人1989年职业声望获得的OLS回归复制，其主要估计量和当年论文中的几乎毫无二致。考虑到FD分析的样本是432个工作变化者，我们在模型2中对这432人也进行一次OLS回归分析，以便和FD模型进行比对。从模型2的结果可见，在“工作变化者”中，“找关系”对1989年职业声望在0.05水平上仍没有显著影响，其主解释变量和控制变量的偏系数基本和模型1相差无几。

表 5-2 民主德国工人职业声望获得模型

	OLS		FD	ETE
	模型 1	模型 2	模型 3	模型 4
解释变量	全体样本 1989 年职业声望	工作变化者 1989 年职业声望	工作变化者 职业声望差	工作变化者 1989 年职业声望
找关系	1.75* (0.991)	1.88* (1.073)	0.41 (1.053)	0.58 (1.182)
女性	−0.16 (0.98)	−0.13 (0.903)	—	−0.48 (1.12)
教育程度	2.31*** (0.411)	2.55*** (0.427)	—	2.64*** (0.486)
父亲教育程度	−0.038 (0.396)	−0.051 (0.422)	—	0.17 (0.453)
父亲职业声望	0.050 (0.047)	0.091* (0.051)	—	0.03 (0.063)
初职职业声望	0.44*** (0.056)	0.34*** (0.060)	—	0.34*** (0.063)
年龄	—	−0.431*** (0.811)	−0.519 (0.971)	−0.473 (0.901)
年龄平方		0.006 9 (0.009)	0.007 4 (0.012)	0.007 6 (0.009)
截距	15.33*** (2.515)	22.24 (16.79)	1.29 (5.09)	22.92 (17.09)
R^2	0.39	0.35	0.007	
Wald 检验				p=0.034
观测值数	483	432	864	432
样本数	483	432	432	432

注：(1) 标准误为异方差稳健性估计值。(2) * $p<0.1$，** $p<0.05$，*** $p<0.01$。

对比模型 2 和模型 3，我们发现在使用了 FD 模型之后，“找关系”的偏系数从 1.88 下降为 0.41，且不再统计显著。而 FD 分析结果的标准误，和 OLS 的标准误相差无几。因为 FD 模型可以消除一切不随时间变化的个人异质性所可能导致的内生性偏误，如果我们相信影响民主德国工人求职方式的非观测因素是稳定的，我们就可以得出结论：“找关系”对于职业声望的获得没有因果影响力。①

模型 4 则给出了 ETE 模型的最大或然估计量。Wald 检验的 p 值小于 0.05，表明和 OLS 模型相比，我们更应该接受 ETE 模型的结论。从表 5-2 中我们不难发现，无论是偏系数还是标准误，ETE 模型和 FD 模型所得出的

① 从被访者初职到 1989 年之间的时间跨度可能很长，因此个人异质性不随时间变化的假设可能被质疑。为此我们尝试对 35 岁以下的被访者和 30 岁以下的被访者分别进行了同样的 FD 分析，发现其结果和文章中的一致。限于篇幅，不在表格中展示。

结论都非常接近：一旦对自选择偏误进行了处理，“找关系”和职业声望之间的关联就变小了，变得更不显著了。

四、转型期市场中的“找关系”：中国城镇居民工资研究

理论上，要进行跨国比对，最好能关注同一种因变量。但中国研究部分我们关注的是工资而非职业声望。原因有二：（1）民主德国数据中关于初职的收入没有统计；（2）中国家庭收入调查（CHIPS 2002）未问及居民的具体职业。不过，虽然职业声望和工资具有不同的决定因素，但在“找关系”上二者发挥作用的机理是大致类似的。因此，两国的研究数据仍然具有一定的可比性。

CHIPS 2002 由国家统计局和中国社科院经济学研究所合作进行，其中城镇户籍样本来自 22 个省份，共 20 632 人。选择 2002 年而非更新近的数据，是因为 2002 年的中国经济的转型更为明显。在问卷中，被访者被问及：“您在最近 3 年中是否换过工作单位？”如果换过，就对前职的获得方式、收入等等进行提问。这就为我们提供了一个难得的两期面板数据。剔除相关的缺失数据后，最后分析的样本量为 9 328 人。其中，750 人是 2000—2002 年这三年内的“工作变化者”。这项研究的基本数据描述见表 5 - 3。

表 5 - 3　中国数据基本描述（N=9 328）

	全部（N=9 328）		工作变化者（N=750）	
变量	均值	标准差	均值	标准差
年龄	41.34	8.27	38.6	8.15
教育程度	11.39	2.99	11.1	2.94
前职年工资	—	—	7 506	6 062
现职年工资	12 493	8 971	10 271	11 292
获前职前的经验	—	—	21.23	9.53
获现职前的经验	23.95	9.38	21.52	9.42
	人数	百分比	人数	百分比
女性	4 060	43.52	364	48.53
找关系获得前职	—	—	121	16.13
找关系获得现职	754	8.08	202	26.93
现职单位性质				
机关事业单位	2 945	31.57	159	21.20

续表

变量	全部（N=9 328）		工作变化者（N=750）	
	均值	标准差	均值	标准差
现职单位性质				
国有企业	3 210	34.41	107	14.27
集体企业	602	6.45	34	4.53
合资/外资企业	173	1.85	17	2.27
私营或自雇	2 398	25.71	433	57.73
前职单位性质				
机关事业单位	—	—	96	12.80
国有企业	—	—	217	42.27
集体企业	—	—	98	13.07
合资/外资企业	—	—	12	1.60
私营或自雇	—	—	227	30.27

对 CHIPS 2002 数据的分析结果参见表 5－4。考虑到工资收入的偏度，我们使用工资对数作为因变量。模型 1 用 OLS 方法估算全体样本中“找关系”对现职工资的影响。“找关系”的偏系数为－0.141，在 0.01 的统计水平上显著。模型 2 对 750 名工作变化者进行 OLS 回归，并控制了前职的工资。此时“找关系”的偏系数变为－0.136，但仍在 0.01 的统计水平上显著。显然，基于工作变化者的模型 2 和基于全体样本的模型 1 所获得的结果高度一致，即“找关系”和工资呈负相关。

模型 3 对 750 名工作变化者进行 FD 分析。当不随时间变化的个人异质性从模型中被差分掉之后，我们发现，“找关系”的偏系数上升为－0.080，但不再在 0.05 的统计水平上显著，而其标准误和 OLS 分析的标准误非常接近。如果我们相信三年内中国城镇居民的个人异质性是稳定的，我们就可以认为，“找关系”对于中国城镇居民的工资并没有直接影响力。模型 1 和模型 2 中那些统计显著的负向关系，反映的不过是个人选择方面的异质性。

模型 4 为 ETE 模型，采取最大或然法估算。和 OLS 模型相比，ETE 模型中“找关系”的作用上升到 0.17，仍然不显著。而且，Wald 检验足以在 0.05 水平上拒绝零假设。也就是说，ETE 分析结果要比 OLS 分析结果可靠。这样，基于 ETE 模型我们也可以得出一个结论：在纠正了自选择偏误之后，OLS 回归中报告的“找关系”与收入之间的显著负相关消失了。这个结论，和基于 FD 分析的结论基本一致。

表 5-4　中国城镇居民工资获得模型

	OLS		FD	ETE
	模型 1	模型 2	模型 3	模型 4
解释变量	全体样本 现职工资	工作变化者 现职工资	工作变化者 工资差	工作变化者 现职工资
找关系	−0.141*** (0.023)	−0.136*** (0.051)	−0.080 (0.052)	0.17 (0.146)
女性	−0.181*** (0.011)	−0.057 (0.045)	—	−0.050 (0.046)
教育程度	0.064*** (0.002)	0.042*** (0.010)	—	0.046*** (0.010)
工作经验	0.026*** (0.003)	0.022 (0.010)	−0.028 (0.072)	0.024 (0.12)
工作经验平方	−0.000 3*** (0.000)	−0.000 04 (0.000 2)	0.000 2 (0.002)	−0.000 4 (0.000 3)
现职单位性质				
国有企业	−0.185*** (0.013)	−0.041 (0.021)	−0.060 (0.056)	−0.067 (0.081)
集体企业	−0.457*** (0.024)	−0.195** (0.092)	−0.195** (0.087)	−0.199** (0.095)
合资/外资企业	−0.029 (0.047)	−0.077 (0.27)	−0.006 (0.183)	−0.16 (0.23)
私营或自雇	−0.321*** (0.024)	−0.105* (0.056)	−0.185** (0.002)	−0.123** (0.062)
前职工资（3 年内）	—	0.48*** (0.045)	—	0.50*** (0.048)
省份虚拟变量	YES***	YES***	—	YES***
截距	8.954*** (0.056)	4.627*** (0.487)	0.255*** (0.028)	4.346*** (0.588)
R^2	0.32	0.38	0.03	
Wald 检验				p=0.039
观察值数	9 328	750	1 500	750
样本数	9 328	750	750	750

注：(1) 标准误为异方差稳健性估计值，同时也是稳健簇差异估计值。这是考虑到被访者“簇”于 74 个城市之内，可能相互不独立。(2) * $p<0.1$，** $p<0.05$，*** $p<0.01$。(3) 虚拟变量中，不找关系、机关事业单位、男性为参照群体。(4) YES*** 表示省份虚拟变量显著。

五、诠释和比较：正向选择和逆向选择

比较中国和民主德国研究结果可以发现，民主德国研究中的 OLS 模型高估了“找关系”的影响力，而中国研究中的 OLS 模型低估了“找关系”的影响力。我们就此提出两种不同的求职方式选择模式，以诠释以上的发现。

（一）正向选择

正向选择（positive selection）的特点是，“找关系”与求职结果以及遗漏变量存在相同方向的关联。正向选择有两个可能来源。第一种是，能力更强的人倾向于“找关系”，而能力本身必然和工作呈正相关。另一种是，好岗位要通过非正式渠道才能获得。我们接下来分别对二者进行排查，讨论其是否可解释民主德国数据。

（1）基于能力的正向选择。无论是制度环境还是数据解读，基于个人能力的正向选择都可为民主德国研究结果提供诠释。第一，在制度环境方面，1989 年统一前夕民主德国的近一千万名社会劳动者是处于计划经济的严格劳动力管制之下的（陈陵，1999）。也因此，民主德国并没有真正意义上的自由流动的劳动力市场。这样，能力强的求职者可能更愿求助通往权力的社会连带。第二，在数据解读方面，尽管个人能力本身无法观测，但我们可以间接检验那些代表能力的显性变量是否和“找关系”呈正相关。为此，我们在表 5－5 中展示了民主德国被访者中“找关系”和“不找关系”两个群体在能力显性变量方面的差异。不难发现，关系使用者的平均教育程度、平均年龄均更高。实际上，ETE 模型的第一阶段回归本身就是一个对使用关系与否的预测模型，可以为我们的判断提供一些依据。从回归结果看（篇幅有限，未列出），这些能力显性变量和“找关系”之间的关系都是正向的。

表 5－5　关系使用者和不使用者的显性能力差异（民主德国数据）

	关系使用者（$N=176$）		关系不使用者（$N=256$）	
	均值	标准差	均值	标准差
教育程度	4.08	1.60	3.96	1.54
年龄	41.65	8.08	41.18	7.96

（2）基于职业类型的正向选择。作为制度因素，民主德国的经济社会环

境同样也支持基于职业类型的正向选择。在民主德国，职业声望较高的工作基本都在党政机关和国企。而要进入这些机构，必须依赖分配渠道，通往权力资源的社会关系往往起到重要的作用。这样，“找关系”、岗位类型和职业声望之间可能就是一个两两正相关的格局。既然民主德国研究中没有控制职业类型，我们也就不能排除是职业类型导致了正向选择。

（二）逆向选择

逆向选择（negative selection）的特点是，“找关系”与求职结果以及遗漏变量存在反向关联。其主要来源，包括无法观测的能力、代表劳动力市场特征的就业机会，以及职业类型等等。比如，能力弱的人为弥补自身劣势，会更主动地“找关系”；或者，通过“找关系”获得的职位多集中在较差的行业。下面，我们主要排查前两个来源[①]，分别讨论它们是否可解释中国数据。

（1）基于能力的逆向选择。无论是制度环境还是进一步的数据解读，基于个人能力的逆向选择都可为中国研究提供好的诠释。第一，从制度因素上看，21 世纪初的中国，计划经济体制已转轨为市场经济体制，工作分配体制已经废止，新的劳动力市场和就业方式也已形成。能力强的人已不再需要像在计划经济时代时那过多依赖权力来争取好工作。[②] 第二，在数据解读方面，我们对“找关系”和代表能力的显性指标进行了关联分析。从表 5-6 中不难发现，关系使用者的平均教育程度要低于关系不使用者。和民主德国研究一样，我们也可以观察 ETE 模型第一阶段的回归结果。实际上，我们发现使用关系与否与教育程度之间呈显著负相关。

表 5-6　关系使用者和不使用者的显性能力差异（中国数据）

	关系使用者（N=202）		关系不使用者（N=548）	
	均值	标准差	均值	标准差
教育程度	10.52	2.56	11.31	3.05
年龄	38.90	8.43	38.50	8.05

① 因为模型中我们控制了职业类型，因此基于职业类型的逆向选择可以被忽略。

② 考虑到中国是一个人情回报社会，使用社会资源总和未来的道德经济义务紧密关联（Hwang，1987）。如能够通过市场和自己努力获得好工作，能力强的人自然会首先考虑不求助他人。关于转型期中国社会网的研究可参见 Bian & Logan，1996；边燕杰，张文宏，2001。

(2) 基于就业机会的逆向选择。基于就业机会的逆向选择也可以解释中国数据。劳动力市场上的就业机会导致求职方式差异的理论由蒙哥马利（Montgomery，1992）提出，其主要观点就是：只有当非正式渠道提供的就业机会好于正式渠道提供的就业机会时，人们才会去“找关系”。也因此，就业机会和工资呈正相关，但和“找关系”呈负相关。而一旦就业机会被从模型中遗漏，OLS 回归就会低估“找关系”对于工作的影响力。既然 CHIPS2002 数据中无法提供对劳动力市场就业机会的测度，作为遗漏变量的就业机会，就可能是导致逆向选择的主要因素之一。

六、结语

迄今为止，对“找关系”求职效应的研究，方法传统单一，结论众说纷纭，涉及的国别范围有限。本章的贡献在于：第一，使用复制和拓展研究的方法，用高级计量模型来排除自选择偏误，证实了“找关系”对于工作结果并无直接的因果作用；第二，使用民主德国和中国数据，对欧美等自由市场经济之外的求职行为进行了详细分析与诠释，填补了实证研究方面的空白；第三，对同一个数据同时采取不同的高级计量模型进行分析，其研究结果比单一模型的结果更加具有说服力。

在民主德国研究中，我们首先对沃克尔和弗莱普（Völker & Flap，1999）的职业声望模型进行了 OLS 回归复制，并利用 FD 和 ETE 模型进行拓展研究。其后，我们对中国的工资模型也分别进行了同样分析。两国研究均表明，“找关系”本身无法帮助求职者获得更好的工作。不过，民主德国研究表明，自选择导致 OLS 估计量上偏；中国研究表明，自选择导致 OLS 估计量下偏。本章给出的诠释就是：计划经济下的民主德国，由于工作分配体系的存在，个人求职方式选择是典型的正向选择，即能力强者倾向于使用社会关系，或好工作往往须通过“找关系”获得。而在转型期的中国，个人求职方式的选择多体现出逆向选择的特征，能力弱者倾向于“找关系”以弥补自身劣势，而能力强者只有在预期“找关系”获得的就业机会比“不找关系”要好的时候，才会去求助他人。

值得强调的是，尽管 FD 方法和 ETE 方法的同时运用，让我们对“找关系”无益的结论具有信心，但本章并不打算就此宣称这是此类研究的终结。我们认为，“关系”对个人劳动力市场结果的效应，会随帮助者本身、工作环境、制度因素等等变化而变化。而求职方式上的选择行为，也必然建立在不同能力、不同地位、不同职业取向的人群区隔之上。这意味着我们在今后的研究中，应该对分析对象进一步细化。细化人群或者制度的区隔，从计量角度看就是在控制模型中的遗漏变量。

第六章　社会资本的动员效应：关系人有用吗？

导读：林南的社会资源理论认为，“关系人”的地位有助于求职者找到好工作，但支持这一理论的实证分析受到莫维基于因果推断的质疑，一场“莫林之争”持续十年。本章首先对双方争论的局限性进行批判性的回顾，强调回应莫维质疑的有效方法不能囿于简单地控制某一个遗漏变量（如“同质性”），而应当运用高级计量模型来系统地解决内生性问题。在实证分析部分，本章将一阶差分方法与赫克曼方法相结合，估算了民主德国研究中的职业声望模型和中国研究中的工资获得模型。对两国数据的分析均表明，在纠正了样本选择和遗漏变量偏误之后，“关系人”地位对求职结果具有显著的正向效应。进一步的分析表明，这种求职效应没有因“同质性”被高估，仅是因“趋异性”被低估。本章的分析结果，既为林南的社会资源理论提供了重要的经验支持，又是对莫维观点的实践和证据的补充。

一、莫林之争：论战的回顾和反思

林南的社会资源理论的核心观点之一是：对求职者而言，嵌入性资源使用得越多，就会越有利于找到好工作。在这批汗牛充栋的实证分析研究中，社会资本使用量主要被操作化为关系人的职业声望，而求职结果则包括职业声望、工资收入等等（早期的经典实证分析如 Lin，Vaughn & Ensel，1981；Lin，Ensel & Vaughn，1981；Marsden & Hurlbert，1988；De Graaf & Flap，1988；Requena，1991；Wegener，1991；Bian & Ang，1997；Bian，1997；Völker & Flap，1999；Smith，2000；Lin，2003）。林南（Lin，2002，

2008）曾对这类文献做过简洁扼要的回溯，文中他甚至总结认为，关系人地位高有利于求职结果已经成为一个共识。

（一）“嵌入性”还是“同质性”：莫维的质疑

然而，从 2003 年起，这个“共识”正式开始出现裂痕。这一年，美国社会学家泰德·莫维在《美国社会学评论》（*ASR*）上发表了一篇重要文献（Mouw，2003），首先对社会资本的因果效力提出质疑，并认为“同质性”（homophily）理论有可能对社会资本理论形成挑战。① 原因不难理解：物以类聚、人以群分的“同质性”社会互动现象，很可能本身就足以解释那些社会资本变量和个人结果变量之间的关联。从内生性的角度而言，莫维实际上提出了社会资本研究中一个可能的遗漏变量。莫维（2003）对三种社会资本的操作化定义分别进行了讨论，其中涉及社会资本使用量即“关系人”地位的部分，尤其引人关注。

莫维（2003）对“关系人”地位的研究，也就是其文中所谓的“外生社会资本模型”的内容（882 页起）。在这一部分，他首先复制了马斯登和赫尔伯特的经典研究（Marsden & Hurlbert，1988）。该研究基于 1970 年的底特律地区调查数据（DAS），分析表明关系人的职业地位和求职者获得的职业地位呈正相关。莫维在对同样的数据进行复制再现之后，独出心裁地将全体样本中 65 个获得的职业与关系人职业相同的样本删除。他发现，一旦删除了这批样本，原来模型中“关系人”职业声望的显著效应就消失了。

显著效应消失无疑说明，马斯登和赫尔伯特（1988）的经典研究所发现的社会资本效应，很大程度上是因为有部分求职者所获得的工作和关系人百分百相同而已。换句话说，这一部分样本的因变量，因为“同职”而与解释变量完全相关，于是对全体样本的模型估算起到了类似“异常值”（outlier）的杠杆作用，使得关系人职业地位的作用被高估。用莫维（2003）的原话说就是：“支持社会资源理论的证据，很大程度上只反映了求职者和关系人之间的同职信息流的效应。”这一点，毫无疑问是对多年前林南提出的社会资源理

---

① 实际上莫维在 2002 年就已经对“找关系”本身的直接效应进行了质疑，只是尚未涉及对其他社会资本操作化概念的关注。

论的直接挑战：代表“嵌入性”的关系人地位，可能仅仅反映的是“同质性”或“趋同性”。

(二)“同职信息流”的操作化：林南的回应

林南针对莫维（2003）的质疑，进行了一系列的回应。莫维的论文（2003）发表后，他还在个人主页公开了DAS数据和STATA分析程序，因此非常便于后来者对该研究进行复制分析。林南和敖丹（Ao，2007；Lin & Ao，2008）进行复制研究后提出了主要的反驳观点：根据莫维的STATA程序，其所谓“同职信息流”的界定，比较的是关系人的职业和求职者的新职。但如果在求职过程中真正起作用的是“同质性”（即“同职信息流”），就应该是拿关系人的职业和求职者的“旧职”（即获得新工作之前的职业）来比较。据此，林南和敖丹把底特律样本中43个“旧职”和“关系人”职业一样的样本剔除。在删除这批样本后，“关系人”地位的偏系数仍然显著。他们进而用同样的模型对其他数据（SCUSA 2004）进行分析，也得出同样的结论。因此林南和敖丹强调，莫维（2003）的拓展研究中对“同职信息流”这一代表社会同质性的变量操作化不当，导致模型估算得出了错误的结论。此后，林南和他的同事继续采用这个方法，对更大规模的美国调查数据以及中国调查数据进行分析，并得出了同样的结论（参见林南，敖丹，2010；Lin，Lee & Ao，2013）。陈云松对社会资本相关文献的模型识别方法进行了全面的梳理（Chen，2012），仍然特别强调了莫维（2006）所提出的内生性问题将一直困扰社会资本研究。不过，林南仍然认为在有了更多数据的支持之后，他和莫维的争论胜负已定。①

(三)永恒的内生性挑战：重读莫林之争

如何看待莫林之争？这场争论是否以林南先生提供的最新实证研究结果而告终？笔者在给林南先生的回函中，曾提出如何对莫维（2003）的质疑进行更深入解读的问题。在本章中，我们做更为详细的阐述，以表明这场争论

---

① 林南给笔者和香港科技大学吴晓刚教授来函告知其对这段公案最新进展的看法。在电子邮件中，这位令人尊敬的前辈社会学家充满信心地指出，基于他们团队的进一步研究，关于“关系人”地位的研究争论，希望可以告一段落。

虽然重要而且旷日持久达十年，但双方均有概念上的粗疏和方法上未及要义之处。

第一，敖丹反驳的深度略显不足。敖丹是最早提出莫维的概念操作化问题的学者（Ao，2007）。从模型设置角度，敖丹质疑的逻辑非常直观：既然莫维提出类似“物以类聚，人以群分”的“同质性”可能是真正的“因”，那么要操作化这个“因”，我们就应该聚焦求助行动发生的那个时点，看看在这个时点上求职者与关系人是否有相似的个人属性。故此，敖丹强调应该用求职者的“旧职”而非“新职”来和关系人对比，以判断是否相似。但是，“新职”的特征实际上同样可以代表早前时点上的信息。比如，“新职”的行业类型，本身必然是关系人所提供的就业信息的行业类型。而就业信息的特征，理所当然生成在“新职”获得之前。因此，从因果逻辑的角度，莫维（2003）对“同职信息流”的操作化定义，时序上并没有可以挑剔的地方——这就好比我们在工资决定方程中，完全可以控制职业类型。①

敖丹反驳的深度之所以还不够，是因为其自始至终没有直接点破莫维举证失误的本质。关于莫维的失误，下文我们将着重分析。我们的主要观点是，莫维提出的“同职信息流”，实际根本不是一种“同质性”。就这一点而言，敖丹的反驳仅从技术性角度找对了方向，但没有一针见血地指出莫维的操作化定义和概念本身之间存在重大区别。而让敖丹的反驳更加显得无力的是，莫维提出的“同职信息流”，在职业地位获得模型中也确实有被控制的必要。但凡要证明关系人地位对求职者新职地位的拉动力，我们就必须认真考虑这类基于“新职”的“同职”样本对因果推断的干扰。因为在这个群体当中，其新职地位与关系人地位之间的紧密关联完全可能是就业信息渠道碎片化的后果，而非来自嵌入性资源的拉动。当然，真正好的做法，并不是剔除样本，而应该是在模型中控制一个二元虚拟变量，以区分“新职”与关系人职业是否相同。

第二，莫维的概念操作化暗藏失误。莫维（2003）对林南的社会资源理论的质疑，是通过举证的方法来进行的。也即，他以“同职信息流”来作为

① 张春泥和刘林平（2008）甚至专门分析了“使用内网络”和工资之间的关联。他们的主解释变量“使用内网络”，就是指关系人来自被访者新职的同一家企业，本质上就是莫维版的“同职信息流”。

“同质性”的一个例子，表明一旦考虑了“同质性”的作用，社会资本的力量就微不足道了。但是，莫维在此处存在一个不易察觉的失误：“同职信息流”本身并非意味着“人以类聚”，而仅仅是就业信息渠道碎片化的表征。从模型设置的角度来理解就是，莫维声称他在模型里控制了一种代表“同质性”的变量，但他实际控制的却只是一个代表劳动力市场特征的变量。控制这个变量本身没错，而且对于职业地位获得研究也很重要，但它的确不是“同质性”。

更准确地说，随着现代社会市场经济下的分工细化，人们对工作机会信息的掌握越来越碎片化，往往只能为他人提供自己所在或熟悉的行业内的就业信息。因此，莫维（2003）所谓的“同职信息流”的实质是劳动力市场中行业分割细化程度。这个分割细化程度，导致了关系人和求职者很有可能最终从事的是同一个职业。也即，作为遗漏变量的劳动力市场特征与解释变量和因变量同时相关。因此我们揣测，莫维也许只是因为“同职信息流”在字面上有“同”这个要素，才将其作为“同质性”的一个例子来加以举证。而这也恰恰是导致敖丹困惑的地方：莫维在模型里控制的“同质性”，并非他所声称或敖丹所设想的真正的“同质性”。

第三，林南和敖丹的模型设置存在局限。内生性问题的解决之道不在于能控制哪个我们想到的遗漏变量，而是要能控制想象不到的全体遗漏变量。实际上，“同质性”也可能只是内生性偏误来源的一种①，而就是“同质性”本身，也可能有各个维度的测量标准。比如，个人的性格、能力和爱好可能导致“趋同”，而劳动力市场特征很可能是另外的遗漏变量。从这个角度看，林南和敖丹等人采用控制基于旧职的“同职信息流”的方法，也远远不能解决内生性偏误的威胁。因此，林南在给笔者来函中对关系人地位研究的乐观主义情绪未免显得过早。但这一点，作为当初质疑者的莫维，反而表述得非常清楚，其2003年和2006年两篇研究的逻辑脉络也很能说明问题。在莫维（2006）的研究中，他比较系统地反思了内生性问题和主要解决方法。

不难发现，莫维（2003）对自己提出“同职信息流”这个概念本身并不特别兴奋，而只是将其作为可能代表“同质性”的一个指标而已。正如他在文中所强调的：“最后，要注意，即便模型3中出现了关系人地位的正向效

---

① 本章的实证部分，将会发现“趋异性”导致关系人地位对求职的作用被低估。

应，我们也要考虑这个效应是否代表因果，是不是选择效应。”（Mouw，2003）也就是说，莫维在总结陈词阶段就已经提出，除了“同职信息流”之外，还可能有各种各样的未知干扰项，比如我们在第三章里提及的“自选择”。因此，在后续的研究中，莫维（2006）综合性地回溯了经济学与社会学相关领域的类似研究，提出要解决社会资本模型估算偏误问题，必须依靠更丰富的数据和更适合的计量模型。可惜的是，林南、敖丹等社会资源理论阵营人士对“同职信息流”这个概念过于关注，更没有充分挖掘数据和利用高级计量模型来系统处理内生性问题。本章就是要用莫维（2006）倡导的方法，来检验林南当年的经典理论，回应莫维（2003）的质疑。

二、模型设置：一阶差分与赫克曼方法的组合

从第三章我们知道，内生性问题来源众多，而对“关系人”地位这类社会资本研究有威胁的，主要有两个方面：一是遗漏变量偏误（omitted variable bias），特别是自选择（self-selection）；二是样本选择偏误（sample selection bias）。

遗漏变量偏误我们并不陌生。前面提及的“同质性”和劳动力市场特征等等就是经典的例子。从文献来看，在此类研究中有两种非常重要的变量往往会被遗漏。第一种是个人层面的能力、性格等等。例如，能力强的人由于“趋同”会接触和使用到更多更好的社会资源，而能力本身又意味着就业优势。这样的话，我们就会高估嵌入性资源的求职效应（从这个角度，“同质性”问题也可看作一种自选择问题）。第二种是职业类型和劳动力市场的特征。这在前文回顾的学术争论中已经有所提及。职业类型、劳动力市场行业分割程度、就业机会的分布等等，都往往会与关系人和求职者的经济社会地位同时相关。如果说职业类型数据还可以调查收集的话，那么劳动力市场特征这类指标，往往是我们无法观测收集甚至想都想不到的。

样本选择偏误则是“关系人”地位研究中特殊的一类内生性问题。[①] 原因很简单，找了关系的求职者群体本身很可能是具有选择性的。也就是说，

① 从模型角度，样本选择偏误也可以看作一种特殊的遗漏变量偏误。

我们的分析对象本身不是一个具有代表性的群体。首先，我们知道，某些可被观测的因素会导致人们采取不同的求职方式。例如，有研究显示更高职业地位的人往往不愿意找关系求职（Marsden，2001），而人力资本越多的求职者，越愿意找关系求职（Bentolila et al.，2010；Lin & Ao，2008），反之亦然（张文宏，2006）。而更糟糕的是，求职方法的选择，往往还取决于一些我们无法直接观测也因此无法在模型中控制的因素。比如，在上一章，我们发现，在民主德国，个人能力（无法观测）更强的人倾向于找关系；而在中国城镇，则反之。因此，在社会资本劳动力市场效应的分析过程中，我们有充分的理由怀疑，某些导致人们去找关系的非观测因素和社会资本方程中的误差项相关。

实际上，前人的研究并非对这两个方面的内生性来源丝毫不加关注。但他们所采取的方法都受数据和模型选择的限制而存在较大不足。例如，对于遗漏变量，基本只能采用将时间滞后因变量纳入模型，即控制前一份工作的职业地位等方法。对于样本选择，虽然有三篇研究（Marsden & Hurlbert，1988；Wegener，1991；Lin，2003）使用了赫克曼方法。但是，他们在选择模型中普遍没有加入排除限定，即没有控制一个与求职方式有关但是与求职结果无关的外生变量。而缺乏排除限定，仅仅靠赫克曼模型自身的函数非线性来识别模型，是非常不可靠和缺乏说服力的（Verbeek，2012；Wooldridge，2010；Treiman，2009）。

为获得对模型的无偏估计，我们的策略是在允许非代表性样本的同时，对同一个人在个人就业历史上的两次求职行为和结果进行比对。如果我们相信那些遗漏变量对于个人而言是稳定或不随时间变化的，那么对同一个人的历史比对就足以从模型中消除掉个人异质性的干扰。不失一般性，我们先写出一个关于就业结果的基准线性模型。方程左侧为因变量，即就业的结果。

$$Y_i=\beta_0+\beta_1 S_i+\beta_2 X_i+\alpha_i+\varepsilon_i \tag{6.1}$$

式中，Y_i是个人 i 的就业结果，例如工资、职业声望等等。S_i表示社会资本使用量，X_i为个人 i 的一组特征的向量，α_i为个人非观测因素，即异质性，ε_i为误差项。在方程 6.1 中，显然β_1就是我们所关注的社会资本使用量的回归系数。不过，直接用 OLS 方法估计这样的方程会有很多问题。这是因为，要获得对β_1的无偏估计，我们就必须保证$[S_i \cdot \alpha_i]=0$。也就是说，社会资本的使用量必须和个人异质性无关。而由于社会同质性和样本选择性等等可能因素的存在，这个假设几乎是站不住脚的。因此，我们需要另外的方法来估计。

我们首先用赫克曼两阶段方法来解决样本选择问题。我们用方程 6.2 和方程 6.3 来表示赫克曼模型。方程 6.2 为选择方程，基于使用了和未使用关系的全部被访者，用 probit 模型预测是否使用关系。① 方程 6.3 为主回归方程，即社会资本方程，基于使用了关系的那些人，即$\lambda_i=1$的被访者。

$$\lambda_i=\gamma_0+\gamma_1 Z_i+\gamma_2 X_i+\mu_i \tag{6.2}$$

$$Y_i=\beta_0+\beta_1 S_i+\beta_2 X_i+\beta_3 \hat{\lambda}_i+(\alpha_i+\varepsilon_i) \tag{6.3}$$

方程 6.2 中，Z_i是一组决定个人是否使用社会关系但又不进入方程 6.3 的变量，即排除限定。如果没有Z_i，仅仅依靠方程 6.2 probit 回归的非线性设置不足以识别模型。而方程 6.3 较之方程 6.1 则增加了一个$\hat{\lambda}_i$的控制项。这个$\hat{\lambda}_i$就是所谓的反向 Mills 比率，它是方程 6.2 中预测到的“是否使用关系”λ_i的密度函数和累积分布函数之比，控制它本身可以被视为控制了导致样本选择的异质性。

在民主德国研究中，我们将兄弟姐妹的数量和子女数量作为排除限定。其理由是，兄弟姐妹的数量可以被认为和自身职业地位无关，但可为求职者提供更多的社会关系，扩大找关系的可能性。在中国研究中，我们在选择方程里控制的是被访者自我评估的可以帮忙找工作的朋友数量。② 显而易见，自我评估的朋友数量越多，就越有可能去主动找关系。在稳健性测试中，我们还尝试把婚姻状态作为排除限定。相比较而言，这比传统研究中使用经验等变量作为排除限定更为合理。

不过，赫克曼方法并不足以解决内生性问题。我们知道，要正确估计以上的方程，我们仍然必须假设 Cov $[S_i \cdot \alpha_i]=0$。不过，如果我们有两期以上

---

① Probit 模型假设误差项满足标准正态分布。

② CHIPS 2002 城镇居民问卷的第 148 题是：“如果您想调动工作，您估计有多少亲戚和朋友能够帮助您？”

的数据，就可以对两期的赫克曼纠正模型进行一阶差分，以消除那些不随时间变化的个人异质性。也就是说，在纠正样本选择的同时，我们还对每个观察者进行跟踪，比较其在两次求职行为（对应两个不同社会资本使用量）下的就业结果差异。下面我们继续用方程来说明。

首先，我们根据方程 6.2 和方程 6.3 的设置，分别写出时点 t 和时点 $t-1$的四个方程：

$$Y_{it}=\beta_{0t}+\beta_1 S_{it}+\beta_2 X_{it}+\beta_3 \hat{\lambda}_{it}+\alpha_{it}+\varepsilon_{it} \tag{6.4}$$

$$Y_{i(t-1)}=\beta_{0(t-1)}+\beta_1 S_{i(t-1)}+\beta_2 X_{i(t-1)}+\beta_3 \hat{\lambda}_{i(t-1)}+\alpha_{i(t-1)}+\varepsilon_{i(t-1)} \tag{6.5}$$

$$\lambda_{it}=\gamma_{0t}+\gamma_1 Z_{it}+\gamma_2 X_{it}+\mu_{it} \tag{6.6}$$

$$\lambda_{i(t-1)}=\gamma_{0(t-1)}+\gamma_1 Z_{i(t-1)}+\gamma_2 X_{i(t-1)}+\mu_{i(t-1)} \tag{6.7}$$

将方程 6.5 和方程 6.4 相减可得到如下方程：

$$\begin{aligned}Y_{it}-Y_{i(t-1)}=&[\beta_{0t}-\beta_{0(t-1)}]+\beta_1[S_{it}-S_{i(t-1)}]+\beta_2[X_{it}-X_{i(t-1)}]\\&+\beta_3[\hat{\lambda}_{it}-\hat{\lambda}_{i(t-1)}]+[\alpha_{it}-\alpha_{i(t-1)}]+[\varepsilon_{it}-\varepsilon_{i(t-1)}]\end{aligned} \tag{6.8}$$

现在，我们假设个人异质性不随时间变化，即$\alpha_{it}=\alpha_{i(t-1)}$。这样，方程 6.8 就变成：

$$\Delta Y_i=\beta_0+\beta_1\Delta S_i+\beta_2\Delta X_i+\beta_3\Delta \hat{\lambda}_i+\Delta \varepsilon_i \tag{6.9}$$

式中，Δ 表示的是从时点 t 到时点 $t-1$ 的变化值。方程 6.9，就是最终的 Heckit-FD 方程。这个方程的样本量要比非差分方程的要小，因为我们只分析那些在时点 t 到时点 $t-1$ 之间工作有变化、两次都找关系的人。

三、民主德国数据分析：职业声望的获得

在第三章，我们提到，在社会资本研究中面板数据非常罕见。但沃克尔和弗莱普（Völker & Flap，1999）所搜集使用的民主德国数据，恰恰就是这样罕见的典型。[①] 他们在调查中对德累斯顿和莱比锡两座城市的工人进行访

① 对该项研究的数据和调查本身的详细描述参见 Völker & Flap，1995。

谈，以分析计划经济条件下使用社会关系对求职的影响——在民主德国有接近 40%的人通过使用个人关系找到新职。出于丰富数据和历史比对的目的，他们分别询问了民主德国工人们的第一份工作和 1989 年的工作详情，包括职业和求职过程等等。也就是说，他们的调查本身提供了被访者的初职和 1989 年职业的两期数据。不过，在 1999 年发表论文之际，社会学界对定量分析中的内生性问题普遍缺乏认知，因此论文中仅仅分两次对初职和 1989 年职业分别做了 OLS 回归分析。

利用这个数据，对于使用了关系的人，沃克尔和弗莱普（1999）对被访者的职业声望、关系人的职业声望、父亲教育程度、父亲职业声望、被访者教育程度和性别等等自变量进行了标准多元回归。为再现当年的研究，本章用同样数据和同样的模型首先进行 OLS 回归分析。[①] 表 6-1 为这项民主德国研究的基本数据描述。注意，鉴于差分模型里年龄所代表的工作经验会影响求职，我们必须考虑被访者的年龄因素。此外，要使用差分模型，显然只能分析那些两次都找过关系的人。因此，只找过一次关系或者从不找关系的人被从样本剔除。从数据中我们知道，116 名工人通过找关系找到第一份工作，1989 年则有 194 人通过找关系找到工作。而两次都通过找关系找到工作的人有 66 名。换句话说，66 个人的 132 个观测值，就是我们进行一阶差分分析的工作样本。在稳健性测试中，考虑到这个样本比较小，对于只在 1989 年求职过程中使用关系的人，我们将其初职的社会资本使用量从“缺失值”设置为零，以获得更大的样本量（388）。

表 6-1　民主德国数据基本描述

	找关系获得 1989 年工作者（$N=194$）		找关系获得初职和 1989 年工作者（$N=132$）	
	均值	标准差	均值	标准差
年龄	38.49	8.02	37.70	8.40
初职关系人职业声望	—	—	50.13	13.39
1989 年工作关系人职业声望	54.02	14.54	54.94	14.37

① 教育程度在回归分析中是作为连续变量处理的，这是为了和沃克尔和弗莱普（1999）当年的模型设置保持一致。同时，沃克尔和弗莱普在原文注释 5 中也解释了为何未将个人政治面貌纳入模型。

续表

	找关系获得 1989 年工作者（N=194）		找关系获得初职和 1989 年工作者（N=132）	
	均值	标准差	均值	标准差
初职职业声望	48.05	13.03	48.98	13.27
1989 年职业声望	49.45	14.26	50.83	14.69
父亲职业声望	44.43	11.83	46.12	11.95
父亲教育程度	3.30	1.45	3.53	1.32
教育程度	4.11	1.60	4.29	1.56
	频数	百分比	频数	百分比
女性	107	55.15	41	62.12

注：(1) 职业声望测量使用的是以唐启明（Treiman）职业声望量表为基础的德国改进版社会经济指数。(2) 教育程度 1 表示 8 年级以下，2 表示 8 年级，3 表示 10 年级，4 表示高中毕业，5 表示技术学校毕业，6 表示大学毕业。

表 6-2 为民主德国数据回归的结果。前文提及，沃克尔和弗莱普（1999）收集的是面板数据，但在当年的分析中却只分别对各期数据进行了简单回归分析。为此，我们将首先对原研究进行复制再现，然后分别使用 Heckit 模型和 Heckit-FD 模型进行拓展分析。表 6-2 的第一列是对被访者 1989 年职业声望（新职）获得的 OLS 回归结果。在其他变量不变的情况下，关系人的职业声望每增加 1 个单位，求职者所获得的工作的职业声望就会增加 0.19 个单位。和当年沃克尔和弗莱普（1999）文中表 6 第二列的模型相比，尽管表 6-2 第一列的模型控制了年龄变量，但社会资本估计量仍非常接近。①

下面我们再看 Heckit 模型的回归结果。表 6-2 第二列中，社会资本使用量的系数变为 0.17，仍然在 0.05 统计水平上显著。注意，Heckit 模型估计量比 OLS 模型估计量略小 0.02。根据上一章基于同样数据的发现，民主德国工人中能力较强者倾向于使用社会关系。据此，我们可以认为，能力较强的工人从嵌入性资源中的获益比能力弱的人要更大——我们分析的样本集中于能力强的人，所以 OLS 模型会高估社会资本的效果。

鉴于 Heckit-FD 模型的工作样本是两次都找关系的人（66 人），在进行 Heckit-FD 模型回归之前，为方便比较，我们首先对同样的工作样本进行 OLS 和 Heckit 回归。结果参见表 6-2 的第三列和第四列。从第三列可见，

① 沃克尔和弗莱普（1999）所估算的关系人职业地位的偏系数为 0.17。

尽管 OLS 估计量较之第一列翻了一倍达到 0.33，但总体的系数模式比较稳定。为何 OLS 估计量会翻一倍？实际上，我们有足够的理由怀疑，两次都找关系找工作的人可能具有一些潜在的共性，导致整个 66 人的样本比 194 人的样本更加具有某种未知属性，从而增加样本选择偏误。如果是这样的话，基于 66 人的 Heckit 模型理应可以纠正过来。和我们的这个猜测完全一致，第四列中 Heckit 模型估计量又恢复到 0.17，而这个估计量，和第二列中基于 194 人的 Heckit 估计量近乎一致。这毫无疑问地表明，面对 66 人的小样本，赫克曼方法非常有效地纠正了样本选择偏误。

下面我们看表 6-2 的最后一列，即 Heckit-FD 模型的回归结果。从这一列可见，社会资本使用量的估计系数较之 Heckit 模型从 0.17 增加到 0.2，仍然在 0.05 统计水平上显著。这很可能是因为，被差分掉的不随时间变化的个人能力，和社会资本使用量负相关。也就是说，能力弱的求职者会采取一种补偿策略，求助于职业地位更高的关系人。这种现象，曾在陈云松（Chen，2012）关于社会网络的工具变量分析中发现过。

表 6-2　民主德国工人职业声望获得模型

自变量	OLS 找关系获新职	Heckit 找关系获新职	OLS 两职均找关系	Heckit 两职均找关系	Heckit-FD 两职均找关系
关系人职业声望	0.192*** (0.069)	0.174*** (0.063)	0.331** (0.154)	0.172** (0.075)	0.209** (0.089)
女性	0.87 (1.763)	1.30 (1.869)	0.10 (3.418)	0.66 (2.371)	—
教育程度	1.87*** (0.689)	1.94*** (0.792)	2.2** (0.101)	1.54** (0.772)	—
父亲教育程度	−0.58 (0.471)	−0.21 (0.677)	−1.18 (1.401)	0.55 (0.183)	—
父亲职业声望	0.057 (0.079)	0.003 (0.085)	0.052 (0.164)	0.075 (0.104)	—
初职职业声望	0.40*** (0.089)	0.44*** (0.094)	0.47*** (0.099)	0.53*** (0.110)	—
年龄	0.17 (1.199)	0.37 (1.286)	0.58 (1.999)	0.36 (1.287)	−1.92 (2.174)
年龄平方	−0.000 2 (0.015)	−0.002 7 (0.016)	−0.007 3 (0.024)	−0.003 7 (0.016)	0.024 (0.028)

续表

自变量	OLS 找关系获新职	Heckit 找关系获新职	OLS 两职均找关系	Heckit 两职均找关系	Heckit-FD 两职均找关系
反向 Mills 比率	—	0.85*** (0.084)	—	0.87*** (0.094)	−1.45 (1.310)
截距		−9.89 (24.89)	2.77 (3.651)	4.42 (27.89)	3.59 (11.809)
样本数	194	194/476	66	66/194	66
观察值数	194	194/476	66	66/194	132

注：(1) 标准误为异方差稳健性估计值。(2) * $p<0.1$，** $p<0.05$，*** $p<0.01$。(3) 新职即1989年工作。

前文的分析对象是初职和1989年工作均使用了关系的人群。也就是说，没有使用关系者的“社会资本使用量”是作为缺失值处理的。考虑到样本规模较小，我们把没有使用关系获得初职的关系人地位设置为零，以扩大样本进行稳健性测试。当样本观测值从132扩大到388后，回归结果与表6-2的第三列基本一致，其偏系数为0.19且在0.05统计水平上显著。

四、中国数据分析：关系人党员身份与工资获得

有大量研究关注中国人求职过程中对社会网络的使用（相关的文献可以参阅张文宏，2006，2011a，2011b；边燕杰，张文宏，2011）。经典的中国实证研究主要以边燕杰、林南等人为代表。例如，边燕杰和宋安（Bian & Ang，1997）发现关系人的职业声望和求职者新职的职业声望呈正相关。在稍近的研究中，林南（Lin，2003）使用赫克曼方法来纠正样本选择，发现关系人的单位级别和求职者新职的单位级别呈正相关。张春泥和刘林平（2008）发现，在内网络使用者中，获得企业负责人帮助的农民工更可能比获得工友或主管帮助的农民工拿到高工资。不过，内生性问题始终让这些研究的结果被质疑。

和第三章一样，本章的中国研究中因变量是工资，而代表社会资本的主解释变量是代表政治资源的关系人党员身份，而非民主德国研究中的关系人职业声望。原因主要是民主德国数据中关于初职的收入没有统计，而我们所采用的中国家庭收入调查（CHIPS 2002）未问及居民的具体职业。不过，虽然职业声望和工资具有不同的决定因素，关系人的党员身份与职业声望本身

也具有不同的资源价值，但同在非自由市场经济条件下，它们对求职结果发挥作用的机理是类似的。因此，两国分析仍然具有一定的比较参考价值。实际上，党员身份所代表的政治资源，是中国研究中一个被广泛关注和讨论的话题。在社会转型期，党员身份对个人发展和求职仍然有着重要的作用（Gerber，2000；Walder et al.，2000），并可以转化为新的社会经济资源（Rona-Tas，1994；Bian & Logan，1996；Shu & Bian，2003；Walder，2003）。从这个角度看，用党员身份来操作化社会资本是合理的。

CHIPS 2002 由国家统计局和中国社科院经济学研究所合作进行，其中城镇户籍样本来自 22 个省份，共 20 632 人。在问卷中，被访者被问及："您在最近 3 年中是否换过工作单位？"如果换过，就对旧职的获得方式、收入等等进行提问。因此，CHIPS 2002 为我们提供了一个难得的两期面板数据。当然，要使用一阶差分模型，我们就应该只对两次都找了关系来求职的人群进行分析。因此，在三年内没有换过工作的人被剔除在样本之外，从来没有使用过关系或者只使用过一次关系的求职者也被剔除在外。同时，我们把研究对象设定在 16 岁到 60 岁。在 CHIPS 2002 中，有 764 人通过找关系获得新职，有 130 人通过找关系获得旧职，两者的重叠部分，即三年内两次通过找关系求职的共 71 人，构成两期共 142 个观察值。考虑到样本规模不大，在稳健性测试中我们将纳入使用关系获得新职但没有使用关系获得旧职的被访者，并将其旧职获得过程中使用的社会资本量设置为 0，以获得更多的观测值。相关的数据描述参见表 6－3。此外，考虑到年工资变量的偏度，我们在回归分析中使用工资对数作为因变量。

表 6－3　中国数据基本描述

	两次求职均找关系者（N=142）		找关系获得新职者（N=764）	
	均值	标准差	均值	标准差
年龄	39.47	8.38	36.17	8.69
教育程度	10.33	2.81	10.66	2.62
旧职年工资（元）	—	—	8 420	8 939
新职年工资（元）	10 995	9 490	9 120	7 359
获旧职时的经验（工作年数）	—	—	18.86	9.64
获新职时的经验（工作年数）	23.15	9.37	19.50	9.82

	频数	百分比	频数	百分比
女性	402	52.62	36	50.70
旧职关系人为党员	—	—	19	26.76
新职关系人为党员	356	46.60	20	28.17
新职单位性质				
机关事业单位	146	19.11	8	11.27
国有企业	152	19.90	10	14.08
集体企业	61	7.98	3	4.23
合资/外资企业	28	3.66	4	5.63
私营或自雇	377	49.35	46	64.79
旧职单位性质				
机关事业单位	—	—	6	8.45
国有企业	—	—	11	15.49
集体企业	—	—	4	5.63
合资/外资企业	—	—	2	2.82
私营或自雇	—	—	48	67.61

表 6-4 为工资获得的 OLS 模型、Heckit 模型和 Heckit-FD 模型的估计量。模型第一列中展示的是对新职工资的 OLS 分析结果。不难看出，一名求职者在其他条件一致的情况下，如果关系人是党员，其工资要比通过非党员关系人求职的工资高 12%。在其他控制变量方面，性别、教育程度、工作单位性质以及所在省份等都解释了一定的工资水平差异。表 6-4 中的第二列展示的是 Heckit 模型的回归结果。在纠正了样本选择差异之后，关系人是党员对工资的偏系数从 0.12 增加到 0.13 且统计显著。根据陈云松等（2013）的研究，中国求职者在选取求职方式上是逆向选择，即能力弱的倾向于使用关系。那么，Heckit 模型估算出的偏系数大于 OLS 偏系数的原因，很可能是能力弱的人从嵌入性资源中受益较少。也就是说，样本选择导致 OLS 模型低估了真实的关系人身份对于工资的影响。这个发现，和前文的民主德国研究如出一辙。

表 6-4　中国城镇居民工资获得模型

	OLS	Heckit	OLS	Heckit	Heckit-FD
自变量	找关系获得新职	找关系获得新职	两职均找关系	两职均找关系	两职均找关系
党员关系人	0.123*** (0.046)	0.131*** (0.046)	0.162 (0.199)	0.117** (0.049)	0.181** (0.020)

续表

	OLS	Heckit	OLS	Heckit	Heckit-FD
自变量	找关系获得新职	找关系获得新职	两职均找关系	两职均找关系	两职均找关系
女性	−0.21*** (0.044)	−0.138*** (0.050)	−0.233 (0.169)	−0.200*** (0.047)	—
教育程度	0.067*** (0.009 3)	0.028** (0.012)	0.060** (0.025)	0.070*** (0.001)	—
工作经验	0.008 6 (0.009 4)	0.002 (0.001 1)	0.005 (0.032)	0.005 (0.011)	0.231* (0.127)
工作经验平方	−0.000 6 (0.000 5)	−0.000 02 (0.002)	−0.001 1 (0.007)	0.000 1 (0.000 2)	−0.005* (0.003)
反向 Mills 比率	—	0.76*** (0.043)	—	0.60** (0.020)	0.80 (0.65)
工作单位性质					
国有企业	−0.146** (0.068)	−0.193** (0.076)	−0.376 (0.364)	−0.122* (0.073)	−0.28 (0.308)
集体企业	−0.28** (0.094)	−0.16 (0.103)	0.135 (0.246)	−0.299** (0.095)	−0.86** (0.29)
合资/外资企业	0.069 (0.106)	0.39** (0.155)	−0.000 4 (0.33)	0.054 (0.139)	0.084 (0.382)
私营或自雇	−0.204*** (0.063)	−0.155** (0.07)	−0.326 (0.288)	−0.189*** (0.069)	−0.043 (0.325)
省份虚拟变量	YES***	YES***	YES***	YES***	—
截距	9.12*** (0.217)	8.41*** (0.266)	8.98*** (0.770)	9.11*** (0.241)	0.47* (0.238)
样本数	764	764/9 366	71	71/764	71
观察值数	764	764/9 366	71	71/764	142

注：(1) 标准误为异方差稳健性估计值，同时也是稳健簇差异估计值。这是考虑到被访者“簇”于若干个城市之内，可能相互不独立。(2) * $p<0.1$，** $p<0.05$，*** $p<0.01$。(3) 虚拟变量中，非党员关系人、机关事业单位、男性为参照群体。(4) YES*** 表示省份虚拟变量显著。

表 6－4 的第三列、第四列分别是采用 OLS 和 Heckit 模型对旧职新职均通过找关系获得的人群进行分析的结果。这个群体，也就是适用一阶差分的样本。显然，三年内两次求职都找了关系的人并不多，共 72 人 142 个观察值。从第三列可见，党员关系人对于工资的显著效应消失了。几乎可以断定，这是因为三年内连续找关系求职的这个小群体具有某种隐形的共性，从而导

致了 OLS 估算偏误。因此，第四列的 Heckit 模型更为可靠。对这 142 个观察值的赫克曼两阶段分析结果显示，当控制了反向 Mills 比率之后，党员关系人对工资的偏系数重新恢复到显著水平。第四列的分析结果和第二列的分析结果非常类似，这表明，即便样本一下子从近千人下降到不足百人，Heckit 模型也能有效地纠正样本偏误问题。

最后一列是 Heckit-FD 模型回归结果。不难发现，党员关系人对于工资的偏系数为 0.181，比单纯使用 Heckit 模型所获的估计量（0.117）要略大，且仍然在 0.05 统计水平上显著。这个发现具有双重含义：第一，基于 CHIPS 2002 数据，在充分考虑样本选择和遗漏变量之后，可以证实在转型期的中国，关系人是不是党员对工资获得具有显著影响。当然，这个结论建立在三年内个人的非观测特征不随时间变化的基础之上。第二，和民主德国研究中的一样，Heckit-FD 模型估计量略大于 Heckit 估计量，这同样可能是因为，不随时间变化的个人能力异质性，和关系人党员身份呈负相关。也即，能力弱的求职者会采取补偿策略，更倾向于求助党员关系人。

考虑到样本规模不大，为进一步检验分析的可靠性，我们把未使用关系获得旧职者的关系人身份设为 0，也就相当于找非党员关系人。这样，观察值数从 142 增加到 424。在稳健性测试中，在大样本上得出的结论仍然和上述表格一致：党员关系人对工资的偏系数为 0.151 且统计显著。此外，我们还对工资的前 1%和后 1%的可能异常值进行了删除测试，结果没有大的变化。考虑到关系人和求职者之间的关系强度可能也会影响到社会资本的效力，我们在稳健性测试中还控制了关系人党员身份和连带强度的交互项，结果均和表 6-4 中的结果非常接近。限于篇幅，这里不再展示。

五、诠释："趋异"而非"趋同"

为何在民主德国和中国研究中，Hekcit-FD 估计量均高于 Heckit 估计量？我们的解释是，"趋异性选择"（heterophilous selection）而并非"趋同性选择"（homophilous selection）是本研究中的内生性偏误来源。也即，能力弱者更倾向于寻找拥有更多社会资源者的帮助，而能力被从模型中遗漏，导致社会资本的真实力量被低估。实际上，"趋异性选择"是林南（Lin,

2002）提出的“异质性互动”中的一种。[①] 林南认为，“同质性互动”通常能满足人们的表达性需要，而异质性互动通常能满足人们的工具性需要。吴愈晓（2011）也发现，在社会关系的使用方面，同质性现象和异质性现象在中国城市地区是共存的。

作为一种诠释，“趋异性选择”虽然可以解惑，但为何存在这种社会现象还需要我们进一步厘清。实际上，尽管“同质性”是我们众所周知的现象，但在实际的社会网络形成和使用的过程中，其程度和范围都未必有我们想象得那么深广。麦克弗森等（McPherson et al.，2006）的经典研究就承认，尽管在种族、性别、宗教、年龄方面“同质性交友”很明显，但在教育程度、职业、社会地位等方面则未必如此。特别是对于密友关系，教育程度的相似性实际上并不重要（Louch，2000）。从理论角度，我们就“趋异性选择”的社会结构前提、个体心理条件和人群目标三个方面进行分析诠释。

（1）“趋异性选择”的社会结构前提。由于社会资源具有不平等性，在情感表达等社会关系中，“趋同性”比较普遍；但在寻求社会资源的工具性行动中，“趋异性”是可能的选择之一，能部分改善社会资源分布不均的情况（Lin，2002，2008；De Souza Briggs，1998，2002；Wellman & Gulia，1999；Dominguez & Watkins，2003）。本研究所关注的求职行为，明显具有工具性行动的特征。

（2）“趋异性选择”的个体心理条件。和我们的一般预期相反，不对称的关系不光可以建立，甚至可以长期维系。这种不平等的关系之所以可以维系下去，其原因就在于：“低位”者有可能愿意采取服从、跟随的姿态以消除内心情绪并获取资源，而“高位”者虽不能从关系中获得社会资源，但可以获得特定的满足感和成就感（Robins & Boldero，2003；Dominguez & Watkins，2003）。这些分别构成了不平等的关系两端的各自心理条件。

（3）“趋异性选择”的人群目标。弱者倾向于找更多资源，但是否结果就能如其所愿？显然并非如此。比如，在本研究中，弱者倾向于找党员关系人进行求职。虽然党员身份本身代表了一定的政治资源，但政治面貌并非转型

---

① 不过，我们不主张在这里使用“异质性”这个译法，这是因为“异质性”在计量经济学内一般指个体那些观测不到的差异特征。“趋异性”或“同质性”显得比“异质性”或“同质性”更能避免概念上的混淆。

期经济条件下社会地位和权力资源的最重要的指标。再如，下一章将提及的“差异性交友”现象，就是典型的“趋异性选择”：能力弱者倾向于与具有更高学历的人交往。但是，教育程度本身在转型期的中国并非社会资源最直接的表征。例如，一个本科毕业的科长、处长，有可能比一名拥有博士学位的教授、科学家的权力更大。这样，“趋异性选择”往往只是“弱者的选择”，也是无可奈何的选择，而“趋同性选择”则可能体现了真正的资源和权力。

六、结语

内生性问题对于社会资本特别是“关系人”地位的求职效应研究非常重要。这是因为求职中的求助过程涉及两个方面的内生过程。第一，决定找关系还是不找关系本身是选择性的，可能取决于一些我们无法观察到的个体特征。第二，找怎样的关系，可以运用多少资源，能找谁，找到了谁，是否找对人，找的关系够不够好，等等，本质上也是一个选择匹配的内生过程，同样可能取决于个体的非观测特征。这两个方面，前者往往导致样本选择偏误，后者往往导致一般遗漏变量偏误。这两大偏误，使得传统的社会资本使用量分析面对双重内生性的威胁，无法进行因果推断。

莫维与林南的辩论，本质上并无胜负一说。但莫维的质疑，对于提升整个社会资本研究水平具有举足轻重的意义。这并非因为他发现并证明了基于前职的“同职信息流”可以解释一部分被访者的职业声望差异，而是因为他先后在一系列研究（Mouw，2002，2003，2006）中提出和示范了社会学家应该如何重视和解决内生性问题。本章要强调的是，解决内生性问题，不可能通过穷举式地控制变量来进行。即便有朝一日我们发现了个人能力、性格等等测量的方法，我们也不能保证没有其他干扰项的存在。因此，林南和敖丹对莫维质疑的反驳，在实证分析方法上存在着天然的缺陷。从这个角度，林南及其弟子进行的一系列新近研究，本质上并未直接回应莫维当年的疑问。

不过，我们基于反事实框架的实证分析表明，尽管林南对于莫维质疑的回应并未抓住要害，但其提出的社会资源理论却经得起时间的考验。在本章，我们针对中国和民主德国数据，采用 Heckit-FD 的双重识别方法来解决内生性问题。从分析结果看，在我们用高级计量模型缓解了样本选择问题和遗漏变量问题之后，代表嵌入性资源的关系人的地位都和个人求职的结果显著相关。而且，这个结果还表明，关系人地位的求职效应，非但没有因“同质性”被高估，反而因“趋异性”被低估。就是说，根据莫维（2003）提出的质疑，我们采取了有效的模型识别方法来加以解决，发现林南所提出的社会资源理论并未被证伪。注意，尽管我们的实证结果和多年前这一系列研究的早期发现初看起来并无二致，但是我们的研究发现基于更好的模型识别策略，因而具有重要的因果效力，能够真正为林南的理论提供证据。这样，本章无论在研究方法还是研究结论上，都是对林南、马斯登和赫尔伯特以及莫维等一系列经典研究的重要补充。

实际上，陈云松和沃克尔（Chen & Völker，2016）新近将同质性直接作为社会资本的一个调节变量进行了研究，并发现：同质性所代表的同职信息流，可以调节社会资本的作用。在市场经济条件下，同职信息流为求职线索提供了同职内部的信息，因此更能发挥社会资本的作用；而在非市场经济条件下，包括计划经济与转型期经济，同职信息流均无法放大社会资本的作用。这是因为在这些体制中，社会资本发挥作用主要是通过权力而非信息。换一个角度说，本研究基本可以为“莫林之争”画一个暂时的句号。这是因为，社会资本的因果效应和机制在不同的社会制度环境下是有差别的，需要进一步厘清。而因果效应的识别本身，并不能代替具体的机制分析和理论。

第七章　社会资本的间接存量效应：关系网有用吗？

导读：社会关系网络的规模、质量等潜在资源，是否真有利于一个人找到工作？在过去的研究中，最常见的社会资本操作化定义是密友圈子的平均教育程度或职业声望，因变量的操作化定义则是是否有工作。但我们知道交友的过程往往是选择性的（经典的理论就是人以群分，参见 McPherson et al.，2001），因此朋友圈的平均指标可能是一个内生变量。也因此，标准的单方程模型就不能够证明社会资本的因果效用。本章我们梳理一些寻找工具变量的思路，并通过采取基于“强外生假设”的特殊方法来构建工具变量，对这个议题进行实证检验。这既是对相关理论进行检验，同时也是展示一个特殊的工具变量构建过程。

社会资本的存量，即潜在的、可用的社会资源，一直是社会资本研究的重要对象。嵌入自我中心网（ego-centric network）的朋友资源，往往可以用朋友圈的收入、教育程度或职业声望均值来测量。根据林南等人的社会资本理论，朋友圈的资源越多，对个人的劳动力市场结果越有利。不过，前面的章节我们多次指出，无论是使用了的社会资本（used social capital），还是可摄取的社会资本（accessed social capital），它们与个人的职业结果之间的关联，都有可能是其他影响所致，比如个人的性格、能力等等，即：是这些遗漏变量同时决定了个人的社会交往中使用或接触到的资源数量，以及个人的劳动力市场结果。因此，要验证潜在社会资本存量是否真正起作用，即社会资本的间接存量效应，必须找到破解内生性问题的方法。注意，这里强调“间接”，是因为嵌入网络的资源和被访者劳动力市场结果之间的因果关联较长，无法确定是否直接起到作用；说“存量”，是因为这些社会资本代表潜在的总量，是可用的存量，不代表一定就使用过。

在第三章，我们提及了多种基于观察数据进行因果推断的高级模型方法。本章我们将专门对工具变量方法进行演示。首先我们梳理总结，如何寻找理想的工具变量。然后我们谈谈，在无法直接找到合适的工具变量的情况下，如何利用控制变量外生的假说，人为构建起一种“万能”的工具变量。最后我们用中国数据来进行实证分析，展示一个工具变量的分析全过程。

一、工具变量的来源

工具变量（IV）需满足相关性和外生性两个要求，即 IV 必须能够有力、紧密地影响主要解释变量，但是又不能直接影响因变量，也就是和因变量之间，除了以解释变量为中介，没有任何其他关系。但问题在于，上述两个要求常自相矛盾，即与内生解释变量相关的变量往往与模型里的误差项也相关，因此合适的工具变量往往比较难找。不过，前人对某一类工具变量的使用，在很大程度上对我们今后寻找工具变量能够带来重要的启发和灵感。现在我们把常用的思路总结如下。

第一，来自“分析上层”的工具变量：集聚数据。经济学和社会学中一个非常热门的研究课题就是同群效应（peer effect）。其假说就是，个人的经济社会结果，往往会受到所在集体的某个特征要素所影响。比如，一个人的成绩、收入、社会地位等等，会受到他所在的学校、班级、邻里的成绩、收入、社会地位或其他群体特征的影响。但要验证这个假说，我们就必须解决个人异质性导致的内生性问题。这是因为，很多无法观测到的个人、家庭因素，会同时和我们关心的集体要素相关（特别是，个体总可以根据自己的某个特质和偏好来选择学校、班级和邻里）。为解决这个内生性问题，在以个体为样本的定量分析中，经济学家和社会学家常常把州、县或大都会地区层面的集聚数据（aggregation data）作为学校、班级和邻里等层面解释变量的工具变量（文献回顾参见 Card & Krueger，1996）。

例如，埃文斯等（Evans，Oates & Schwab，1992）试图验证学校中的贫困生比例对学生怀孕或辍学行为有无显著影响。他们运用大都会地区的失业率、家庭收入中位数和贫困率作为学校中贫困学生比例的工具变量。其理由是：以大都会为单位的失业率和贫困率必然和辖区内学校的贫困生比例有关，但又不直接影响学生的怀孕或辍学等行为。本托利拉等（Bentolila, Michelacci & Suarez, 2010）使用联邦就业率作为工具变量来分析“使用社会关系”对个人收入是否具有作用。联邦就业率与收入没有直接关系。但就业率高，则在联邦内使用关系求职的必要性就低。又如，陈云松和威廉姆斯（Chen & Williams, 2016）研究信仰宗教能否对中国人的幸福感产生影响。众所周知，幸福感与宗教之间存在明显的双向因果可能，即信仰是典型的内生变量。为解决这个问题，他们以个体所在县的清代和民国时期各类宗教寺庙场所的数量作为个人信仰的工具变量。不过，使用集聚数据作为工具变量，往往会引入噪声，甚至增加遗漏偏误——因为我们无法保证高级区划层面的特征值是完全外生的（参见 Grogger, 1996; Hanushek, Rivkin & Taylor, 1996; Moffitt, 1996; Rivkin, 2001）。因此，这类工具变量的应用案例，在近年来的研究中有减少的趋势。

第二，来自“自然界”的工具变量——物候天象。河流、地震、降雨、灾害等等自然现象在一定地域范围内具有高度的随机、外生特性，因此可以被假设为与个人和群体的异质性无关。而同时，它们又能够影响一些社会过程。例如，霍克斯比（Hoxby, 2000）在一篇教育经济学的经典研究中，采用区域内河流数量作为该区域学校数量的工具变量，以此来验证学区内的学校竞争是否可以提高学区的总体教学质量。区域内学校数量之所以是内生的，是因为它可能是这个区域长期历史积累下的某种特征的结果。而使用河流数量作为工具变量则具有很强的说服力：河流数量越多，就越会因交通问题而设立更多学校；但河流数量是天然形成的自然物象，本身毫无疑问和教学质量无直接关系。再如，卡尔特和格莱泽（Culter & Glaeser, 1997）把贯穿大都市的河流数量作为邻里区隔（segregation）的工具变量，以分析区隔程度对居住者的影响。这个工具变量的作用也是异曲同工：河流越多，邻里区隔程度必然越大。而河流数量肯定和作为社会结果的居住者的收入无关。

除了河流，其他诸如地震、灾害、降雨甚至化学污染等自然现象，都曾被具有社会科学想象力的研究者所使用。例如，在班级效应（class effects）研究中，西波隆和罗索利亚（Cipollone & Rosolia, 2007）以地震导致的男性免征兵政策作为高中班级性别构成的工具变量，以分析意大利学生中班级性别构成对女生成绩的影响。地震作为一种自然现象，显然是随机和外生的。阿萨杜拉和乔杜里（Asadullah & Chaudhury，2008）利用村庄中家庭水井里测出砷污染的比例作为工具变量，分析了孟加拉国农村八年级学生班级数学成绩对于个体数学成绩的内生社会互动效应。其理由是：砷污染会影响儿童智力发育，村庄里家庭水井被污染的比例会影响学生的班级平均成绩，但和个人成绩无直接关系。在国际移民研究中，孟希（Munshi，2003）则使用墨西哥移民来源社区的降水量作为移民数量的工具变量，证明了同乡的移民越多，他们在美国打工的收入会越高。将移民来源社区的降雨量作为工具变量的理由是：墨西哥某社区的降水和美国的劳动力市场显然没有任何关联；但降水和社区的农业收入有关，并通过影响农业预期收入而影响到移民美国的决策。在社会资本和网络效应研究中，陈云松（Chen，2012）以中国农民工来源村庄的自然灾害强度作为本村外出打工者数量的工具变量，证明了同村打工网的规模直接影响农民工在城市的收入。使用自然灾害作为工具变量的理由在于：灾害越重，外出打工的村民就越多；而在控制了地区间应对灾害的能力和来源省份之后，发生在村庄领域内的自然灾害可以被认为是外生的。

第三，来自“生理现象”的工具变量：生老病死。人类的生老病死既是社会现象，也是生理上的自然现象。生老病死虽仅仅是有机体的自然历程，但既具有随机性，又往往和特定的经济社会过程相关。因此，无论是在宏观社会科学还是微观社会科学层面，它们都曾被巧妙地作为工具变量运用在因果推断之中。比如，在制度经济学研究中，我们关心的是制度对国家的人均收入有无影响。但制度往往是内生的，或者说是选择性的（例如，好的制度也许总在人均收入高的国家或地区产生）。只有找到制度的工具变量，才能令人信服地证明制度的力量。阿西莫格鲁等在一项经典的研究（Acemoglu，Johnson & Robinson，2002）中，把殖民地时代一个国家的自然死亡率作为该国当代制度的工具变量。其理由非常巧妙：如果这个地区当年的死亡率高，那么欧洲殖民者就相对不愿定居下来，从而在当地建立起更具掠夺性的“坏”制度。由于制度的“路径依赖”，殖民时代的制度显然和现在的制度关系密切。也因此，历史上的死亡率作为工具变量，应该和当代制度紧密相关。而一百年前的死亡率作为一种自然生理现象的指标，又和目前的人均收入没有直接关系。

在微观层面的研究中，个人的出生时段曾被多次作为工具变量使用。在教育回报研究中，安格里斯特和克鲁格（Angrist & Krueger，1991）把被访者出生的时间作为教育的工具变量。其理由也非常巧妙：上半年出生的孩子，其在16岁前退学的可能性大于下半年出生的孩子（美国《义务教育法》规定不满16周岁不得退学），因此前者平均教育程度更高。除了个体的出生时段，人类的生育结果也往往被作为工具变量使用。例如，安格里斯特和埃文斯（Angrist & Evans，1998）试图分析家庭中孩子数是否影响母亲的就业。由于生育的孩子数量是可以被选择的，解释变量显然是内生的。为解决这个问题，他们巧妙地挖掘了人类生育行为中偏好有儿有女的特征，将子女中“老大”和“老二”的性别组合情况作为工具变量。理由是：头两胎如果是双子或者双女，那么生育第三胎的可能性大大增加，进而增加子女数。而子女性别是完全随机的。类似地，莫林和莫西恩（Maurin & Moschion，2009）考察了法国邻里中其他母亲的就业如何影响单个母亲的就业。为了消解内生性问题，他们运用邻里平均的头两个子女的性别组合作为邻里母亲就业的工具变量。理由是：邻里平均的头两个子女的性别组合，会影响到邻里母亲的平均就业情况。而邻里的下一代性别结构是天然随机的，和单个母亲的就业决定没有直接关系。前文提及的本托利拉等（2003）的研究，在使用联邦就业率作为“使用社会关系”的工具变量的同时，还使用年长的兄姊数目作为工具变量。他们的理由是：兄弟姐妹数是随机决定的。但兄弟姐妹越多，则社会关系越多，托人帮助求职的可能性也就越大。

第四，来自“社会时空”的工具变量：社会距离。社会时空的载体，包括具象性的城市、乡村，以及非具象性的市场空间和时间维度。这些时空要素，与人类的行为和社会结果息息相关，但往往又在特定分析层面具有独立性、随机性。这类经典的工具变量分析例子，出现在教育回报研究之中。卡德（Card，1995）使用被访者的家到最近的大学距离作为教育的工具变量，以分析教育是否能增加个人的收入和地位。我们知道，教育作为解释变量之所以是内生的，是因为人们能选择上不上大学。而从家到大学的距离，会影响到是否上大学这个理性选择。但这个距离，作为城市空间的要素，显然又与个体的社会经济结果没有直接关系。当然，我们会很容易揣测，地理空间上的距离，对于上学意愿的影响，可能是微弱的，或者只影响到一部分人。这就引出工具变量研究中的两个重要概念——弱工具变量和局部干预效应问题。这些在本章的下节将做说明。

在制度分析的研究中，豪尔和琼斯（Hall & Jones，1999）则非常具有想象力地用各国到赤道的距离作为工具变量。理由是：到赤道的距离大致反映了各国受西方制度影响的深浅，而这个距离显然是外生的。此外，除了城市距离这样具体的社会空间要素，市场作为社会经济活动的空间，其要素也往往和社会学家关心的现象紧密相关，却又不直接干扰个体的某些具体社会特征。钱楠筠（Qian，2008）非常巧妙地用茶叶的价格作为中国家庭中男性收入和女性收入之比的工具变量，证明了家庭收入的性别结构最终影响了中国家庭男女出生性别比例（传统上我们相信家庭的总收入影响男女出生比例）。用茶叶价格作为工具变量，是因为茶叶产业链的特性决定了从业人员以女性为主，茶叶价格提高就意味着女性在家庭中的经济地位提高，从而使家庭女性胎儿被流产的概率降低。而茶叶的价格显然和家庭男女出生性别比例没有其他任何的因果逻辑联系。在陈云松和边燕杰（2015）的政治信任研究中，他们以个人刚刚工作时的职场交往面作为其今天饮食社交频率的工具变量，也是采用了类似的时空逻辑。

第五，来自“实验”的工具变量：自然实验。实验是一种外来的人为干预。它一方面对我们关心的解释变量带来冲击，同时又会置身模型之外。能够给我们提供工具变量的实验，既有政策干预、改革创新这样的社会实验，又有假想的强外生假设。不少研究采用外生性政策干预所带来的自然实验来挖掘适当的工具变量。这方面，工具变量研究领域的重要权威安格里斯特（Joshua Angrist）进行了极为经典的越南老兵系列研究。在越南战争期间，美国青年服兵役采取基于生日的抽签形式来决定。获得抽签号之后，小于一定“阈值”就去参加体检服兵役，大于阈值的则可免于兵役。抽签号的产生如同彩票一样是完全随机的，但又直接影响到是否服兵役这个重要的社会过程。利用各人获得的抽签号作为工作变量，安格里斯特等人从20世纪80年代末起进行了一系列的经典研究，分析服兵役是否会对当年的参战者即今天的退伍老兵在收入、后续教育以及健康等方面产生影响（参见Angrist，1990，1993；Angrist，Imbens & Rubin，1996；Angrist，Chen & Frandsen，

2010)。因为服兵役必然会减少教育年限，安格里斯特甚至尝试把抽签号作为教育的工具变量以分析教育回报（Angrist & Krueger，1992）。

在同群效应研究中也可以使用自然实验方法。例如，布泽尔和卡乔拉（Boozer & Cacciola，2001）试图证明班级平均成绩对个体学业成绩具有同群效应。他们把班级中曾经参与过“小班实验”的人数比例作为班级平均成绩的工具变量。其理由是：小班实验是随机设计的，学校以前从各个班级随机抽人去组成小班，因此外生性可以被保证。而小班教学提高了这部分学生的成绩，故此对班级整体也必然有影响。类似方法还可参见波波尼斯和菲南（Bobonis & Finan，2009）对墨西哥教育的研究。他把参与 Progresa 项目（国家给生活困难的母亲以补助）的比例作为村庄儿童平均入学情况的工具变量，以分析乡村同龄人的入学率是否影响个体的入学决定。

更宏观社会空间层次的“自然实验”则是历史过程或者大规模的社会运动。方颖和赵扬（2011）为估算各地区产权保护制度其对经济增长的贡献，采用的工具变量是 1919 年中国不同城市基督教初级教会小学注册人数在当地人口中的比例。因为这个比例能代表该地区历史上受西方影响的测度：入读教会小学的人口比例越大，一个地区受西方影响越大，也就越有可能在今天建立起较好的产权保护制度。而教会小学的建立初衷在于布道，这一变量和当年以及现在各地区的经济水平并不直接相关。在社会网络分析中，章元和陆铭（2009）在分析农民工家庭网、亲友网和收入之间的关系时，用农民工祖辈的社会背景及是否来自革命老区作为工具变量。其理由是：祖辈社会背景和是否来自老区会影响到农民工的社会网络规模，但这些历史因素和今天农民工在异地的收入没有其他直接联系。类似地，何晓波（2011）试图研究中国农村非农劳动力就业比例与农村劳动力向城市转移之间的对应关系。他利用“农业税费改革”和“村庄管理政策导向”作为“本地非农就业比例”的工具变量进行回归估计。

第六，强假设工具变量：控制变量的外生假设。这是一种原理接近于匹配的“万能”的工具变量方法。但必须强调的是，这种方法本身具有相当的局限性：控制变量完全外生的假设常常难以成立。这个特点和倾向评分匹配（PSM）方法在解决内生性问题方面的无能为力非常相像。不过，在无法找到其他合理的工具变量，也无法进行其他因果推断尝试之时，可以将其作为一种稳健性分析手段，与传统的回归模型结果进行对比。巴耶尔和罗斯（Bayer & Ross，2006）在研究就业是否存在邻里同群效应时，为解决被访者个体异质性和自选择问题，就采取了这个方法。具体而言，他们用与被访者具有相同个人特征的其他被访者（可以理解为一种被访者的“镜像”群）的平均邻里特征作为被访者邻里特征的工具变量。其理由是：相似个体选择相似的邻里，那么基于类似者的平均邻里特征（即工具变量）应该与被访者的邻里特征相关。他们还利用了控制变量是外生的这一标准假设：既然个体的可观测特征与未被观察因子无关（即方程中的 X 事先假定是外生的），那么基于 X 的一组外生变量而生成的工具变量也就必然与个人异质性无关。孔特雷拉斯等（Contreras et al.，2007）采取类似的方法，研究发现邻里的非农就业对玻利维亚妇女获得非农工作具有正面影响。

显然，使用这个工具变量的前提是控制变量是真正外生的。不过我们知道，这几乎是非常难以满足的一个假设。那么，如何理解我们构建工具变量时所依赖的工作假设 $Cov(X_i, \varepsilon_i)=0$[①]，即控制变量是外生的？在假设的基础上人为构建一个工具变量，是不是使得工具变量的外生性不具备足够的说服力？在这一点上，正如巴耶尔和罗斯（2006）所强调的：“如果我们的分析仅希望把因为自选择而导致的偏误消除掉，而不是野心勃勃地宣称要消除全部的内生性偏误，那么在标准工作假设的基础上构造工具变量是有充分理由的。”实际上，正如读者即将看到的，本章给出的工具变量估计量（IV-probit 估计量）之所以比单方程的 probit 估计量更具有意义，是因为它消除了基于干扰变量的自选择问题，而不是说它是无偏的。

二、工具变量分析步骤实例

本研究数据来自 2003 年中国综合社会调查（CGSS 2003）。该调查的问卷中设计了与被访者的核心讨论网（core discussion network）以及被访者自身一系列人口学指标相关的问题。利用这些数据，我们进行工具变量分析，

---

① 例如，有人会认为，诸如个人教育程度和政治面貌等控制变量也是内生的。不过，控制变量被假定为外生，是我们就回归模型进行任何一种因果分析的标准假设。

包括“建立模型”“寻找 IV”“数据分析”“诠释比较”四个步骤，试图检验嵌入核心讨论网的潜在资源对样本个体的就业情况是否存在统计显著的影响，即验证社会资本的间接存量效应。

（一）建立模型

我们首先建立一个被访者是否找到工作的预测模型。考虑到求职是二分变量，我们采用 probit 模型，方程如下：

$$P(y_i=1)=\Phi(\beta_0+\beta_1 S_i+\beta_2 X_i) \tag{7.1}$$

式中，$y_i=1$ 表示被访者 i 找到工作；S_i表示社会资本，即被访者 i 的朋友的平均教育程度；X_i则是一系列的外生个人特征变量，如性别、年龄等。

方程 7.1 实际可以写作另外的形式：

$$y_i^*=\beta_0+\beta_1 S_i+\beta_2 X_i+\varepsilon_i,\ y_i=1(y_i^*>0) \tag{7.2}$$

式中，ε_i是误差项；y_i^* 则是一个潜在变量，即如果$y_i^*>0$，则$y_i=1$。

而 IV-probit 模型可以用下面的方程组来表示：

$$y_i^*=\beta_0+\beta_1 S_i+\beta_2 X_i+\varepsilon_i,\ y_i=1(y_i^*>0) \tag{7.3}$$

$$S_i=\gamma_0+\gamma_1 Z_i+\gamma_2 X_i+\xi \tag{7.4}$$

式中，Z_i是工具变量，ξ 是随机误差项。这里，Cov（Z_i，ε_i）= 0，Cov（ξ，ε_i）=0，且 Cov（Z_i，S_i）≠0。运用 2SLS 方法，我们在第一阶段对方程 7.4 进行回归，然后得到S_i的预测值$\hat{S}_i=\hat{\gamma}_0+\hat{\gamma}_1 Z_i+\hat{\gamma}_2 X_i$。在第二阶段，我们将方程 7.3 里面的$S_i$用$\hat{S}_i$来替代后进行回归，以得到$\beta_1$的无偏估计量即工具变量估计量。

步骤要点：必须清楚地说明对模型进行无偏估计所需要的全部假设。同时，第一阶段回归方程里（即方程 7.4），要把第二阶段方程（即主方程 7.3）的全部外生变量都要放入，哪怕直觉上认为这些外生变量和方程左侧的内生变量没有关系。

（二）寻找 IV

一般而言，我们都是从调查数据中寻找可能的工具变量。这是因为，凭空想象出一个有效的工具变量是非常难的。而运用逆向思维，从数据所提供的一系列变量里进行逐一排查和联想，则可能寻找到可用的工具变量。不过，本研究采用的是强外生假设，并以人工手段构建工具变量。该方法在计量经济学文献中已经得到使用，其主要目的就是消除选择性偏误（如 Bayer & Ross，2006）。当然，如果我们采取一般的寻找工具变量的方法，那么这一部分的内容读者自然可以略去并直接跳转到第三步。

要对方程 7.2 进行无偏估计，我们的标准假设是S_i和X_i都是外生的。但由于交友的过程很可能是选择性的，我们将假设放宽为：S_i是内生的，而X_i仍然是外生的，即 Cov（X_i，ε_i）=0 且 Cov（S_i，ε_i）≠0。也就是说，朋友圈的教育程度是内生的，其他控制变量是外生的。利用这个工作假设，我们可以巧妙地构造出一个虚拟的工具变量。

首先，我们知道X_i代表的这些个人特质基本都具有离散的特点，例如被访者的个人教育程度、性别、年龄段等等。为构建工具变量，我们为每个被访者 i 分配一批“镜像”。匹配的原则是：这些“镜像”都是除 i 之外的其他被访者，但同时具有和 i 相同的个人特质。这样，对于每一个被访者 i，我们对其诸多“镜像”所各自拥有的现实朋友圈教育程度取平均值。而这个平均值，就是我们的工具变量。其合理性体现在如下两个方面：

（1）被访者 i 的现实朋友圈教育程度（S_i）和他的“镜像”的现实朋友圈教育程度平均值（Z_i）相关。这是因为被访者 i 和他的“镜像”具有相同的个人特质。而根据社会同质性理论（social homophily），相似的人往往会在交友时做出相似的选择。这个相关性及其强度，可以在 2SLS 的第一阶段回归中得到统计验证。

（2）被访者 i 的“镜像”的现实朋友圈教育程度平均值（Z_i）必然和误差项ε_i无关。这是因为，该工具变量的形成过程，没有基于任何非观测因素或者自选择。也就是说，“镜像”群仅仅是根据一组既定的外生控制变量X_i而形成的。而X_i的外生性，是我们的标准工作假设 Cov（X_i，ε_i）=0 所规定了的。因此，只要我们从一开始就假定X_i是外生的，则该工具变量也必然是外生的。实际上，我们可以把这个工具变量理解成一个用非参数的选择模型来预测出的每个被访者 i 的朋友圈教育程度。

在本研究中，我们使用以下几个离散的控制变量来构建“镜像”：年龄段

（16～30 岁、30～40 岁、40～60 岁）、性别（男、女）、教育程度（小于 13 年、13～16 年、17 年以上）、父亲政治面貌（党员、非党员）、父亲单位的行政管理级别（无级别、市区县级、省级、中央部委级）以及经济地理区划（根据 GDP 划分为四个等级）。显然，这六个控制变量可以产生 3×2×3×2×4×4=576 个“镜像”圈子。全部被访者都被分配到这 576 个“镜像”圈子之中。圈子平均大小是 33。在这个基础上，我们对每个被访者的“镜像”圈子的全部成员的朋友圈教育程度取平均值，以得到工具变量（此处略去数据描述）。

步骤要点： 因为工具变量的外生性是无法直接进行统计证明的，所以在这一步中我们应该尽可能全面、详细地向读者论证其外生性，要做到令人信服；关于工具变量和解释变量的相关性，则可以不做过多着墨，因为我们可以在下一步用第一阶段 F 统计量来证明。

（三）数据分析

有了工具变量，我们就可以进行基于 2SLS 的回归。在 STATA 软件中，主要的工具变量分析命令是 ivreg、ivprobit 等等。单方程 probit 模型估计量和 IV-probit 模型估计量见表 7－1。

表 7－1 求职模型估计量

自变量	单方程 probit 模型	IV-probit 模型
朋友圈的平均教育程度	0.066***	0.26***
年龄	0.044***	0.060***
年龄平方	−0.000 68***	−0.000 9***
教育程度	0.086***	0.026**
父亲是党员	0.18***	0.068
父亲单位是市区县级	0.188***	0.202***
父亲单位是省级	0.203***	0.217***
父亲单位是中央部委级	0.076	0.124
女性	−0.589***	−0.54***
经济地理区划	YES***	YES***
截距	−1.79	−2.88
第一阶段 F 统计量	—	38.3
Wald 检验	—	$\chi^2(1)=5.69$，$p=0.017$
样本数	3 974	3 974

注：* $p<0.1$，** $p<0.05$，*** $p<0.01$。

在分析 IV-probit 模型估计量之前，我们先分析第一阶段回归的 F 统计量。其值为 38，显然大于经验值 10，故此不存在弱工具变量问题。也就是说，我们通过强外生假设构建的工具变量，和解释变量是紧密相关的（基本特征类似的被访者，在交友上具有一定的同质性）。而 Wald 检验表明 IV-probit 模型和 probit 模型存在系统差异，因此要采用一致的 IV 估计量。因篇幅原因，对表 7－1 中各系数的基本分析和各类稳健性测试都略去。[①] 此外，工具变量分析中，一般都要把第一阶段回归结果放入文中备查，这里也略去。

步骤要点： 必须非常清楚地告诉读者关键统计量，以证实进行工具变量分析的必要性和工具变量的质量。最好能在表格中同时把单方程 OLS/probit 模型回归的结果也纳入，以便在下一步与多方程 IV 模型回归的结果进行比较分析。

（四）诠释比较

从表 7－1 中不难发现，IV-probit 模型估计量不光统计上显著，其大小是 probit 模型估计量的三倍多。这样，基于有关的工作假设，本研究得出的技术性结论就是双重的：第一，朋友圈教育程度对求职有作用；第二，原先的 probit 模型低估了朋友圈教育程度对求职的作用。那么，如何解释 IV-probit 模型估计量和 probit 模型估计量之间的差异？我们的诠释是：工具变量估计量之所以更大，很可能是因为“差异性交友”的存在（heterophilous selection），而这与常见的人以群分的“同质性交友”（homophilous selection）完全相反。下面做个详细的诠释。

如果交友的选择性是出于“社会同质性”（social homophily），即“人以群分”，那么普通 probit 模型应该会高估——因为有偏的估计量实际上代表了社会资本和“能力”“口才”“性格”这一类干扰项的联合作用。反之，如果人们因为某种社会条件限定而采取特殊的“补偿策略”（compensation strategy），比如就业前景差的人主动和前景好、学历高的人交往，那么普通 probit 模型估计量就从真实的网络效应中抵消了一些干扰项的作用，也就会比 IV-probit

① 在稳健性测试中，我们对“镜像”圈子规模小于 10、小于 4 和小于 3 的情况删除后以及使用省份虚拟变量的情况都进行了分析，其结果与主分析都基本一致。

模型估计量小。因此，在这项研究中，我们的实质性诠释就是：就业能力或前景差的人，可能的确采取了一种补偿策略，在择友过程中努力接触文凭较高的人以获取社会资源。

作为一种诠释，“差异性交友”虽然可以解惑，但我们难免要就这个诠释背后的社会机制进一步刨根问底。比如，“差异性交友”何以可能？毕竟我们长期以来对“人以群分”耳熟能详，而后者，也更符合我们的直觉。因此，我们必须从纯技术性解读和揣测，转向寻求更底层的社会学理论支持，以证明我们对工具变量估计量的诠释具有合理性。

虽然“同质性交友”是我们众所周知的现象，但在实际的社会网络形成过程中，其程度和范围都未必有我们想象得那么深广。麦克弗森等（McPherson et al.，2001）的经典研究就承认，尽管在种族、性别、宗教、年龄方面“同质性交友”很明显，但在教育程度、职业、社会地位等方面则未必如此。特别是对于密友关系，教育程度的相似性实际上并不重要（Louch，2000）。因此，正如林南（Lin，2008）所说的，同质或异质网络并不是对立的选择，选择朋友的动机会非常复杂。从理论角度，我们起码可以为“差异性交友”的可能性提供四个方面的依据。

（1）“差异性交友”可能是工具性行动的表现形式。由于社会资源具有不平等性，在情感表达等社会关系中，“同质性交友”比较普遍；但在寻求社会资源的工具性行动中，“差异性交友”占优势，并且能改善社会资源分布不均的情况（Lin，2008；De Souza Briggs，1998，2002；Wellman & Gulia，1999；Dominguez & Watkins，2003）。本研究的数据来自 CGSS 2003，而我们从相关数据得知，作为密友圈子的核心讨论网，其所讨论的内容，有70%是和求职有关的。因此，这个核心讨论网，明显具有工具性行动的特征。

（2）“差异性交友”形成的不对称关系是可以维系的。这种不平等的关系之所以可以维系下去，其原因就在于：“低位”者有可能愿意采取服从、跟随的姿态以消除内心情绪并获取资源，而“高位”者虽不能从关系中获得社会资源，但可以获得特定的满足感和成就感（Robins & Boldero，2003；Dominguez & Watkins，2003）。

（3）“差异性交友”往往由特定的社会背景和交往机会决定。例如，布劳和邓肯（Blau & Duncan，1967）就指出，个人社会关系不仅取决于个人的愿望，更取决于社会经济结构所决定的交往机会。一个金字塔型社会中，高位者总是少数，社会资源的过度贫乏也会导致人们努力向上追求建立网络。

（4）“差异性交友”之所以出现在教育指标上，很可能是因为教育程度本身在转型期的中国，仍然不是社会资源最直接的表征。例如，“同质性交友”可能会出现在权力、财富等直接资源的指标上：一个本科毕业的科长、处长，其权力可能比一名拥有博士学位的教授、科学家更大。也就是说，“差异性交友”很可能只是“弱者的选择”，也是无可奈何的选择：当权力和财富都被强强联合，补偿策略只能是向教育文凭这样的间接资源入手。从这个意义上，我们也可以认为，教育程度本身并不是社会资本最好的衡量标准。

总结这个工具变量分析的实例，我们就不难理解摩根（Morgan，2001）的一个重要观点，那就是：如果把 IV 分析仅仅作为因果推断的工具，未免太为狭隘了。而通过对 IV 模型估计量和 IV-probit 模型估计量的比较分析，我们就可以对选择性友谊的形成有更深的了解。这虽然和社会资本因果判断没有直接关系，但对于深化研究极为重要。

步骤要点：在诠释结果时应该尽量对 IV 模型估计量和 OLS 或 probit 模型估计量进行比较分析，以探寻偏误的来源和方向，并寻找到合理的社会学理论和实际社会现象来解释这些差异。没有社会学实质意义的工具变量诠释，会使得我们的工具变量研究沦为纯粹的数学技巧展示。

三、结论

本章采用一种特殊的工具变量方法，检验潜在的社会资本存量，和个人劳动力市场结果是否存在严格的因果关系。该方法的思路和匹配方法非常接近：用基本特征（控制变量 C）和被访者一致的人的 X 平均值，作为被访者 X 的工具变量。该工具变量的相关性和外生性基于如下逻辑：（1）被访者现实朋友圈的社会资本应该和与他相似的个体的朋友圈的社会资本相关，这是因为被访者和他的“镜像”具有相同的个人特质。而根据社会同质性理论（social homophily），相似的人往往会在交友时做出相似的选择。这个相关性及其强度，可以在 2SLS 的第一阶段回归中得到统计验证。（2）被访者 i 的

“镜像”群的现实朋友圈社会资本，可以被认为和误差项无关。这是因为，该工具变量的形成过程，没有基于任何非观测因素或者自选择。也就是说，“镜像”圈子仅仅是根据一组既定的外生控制变量而形成的。而控制变量的外生性，是我们进行传统回归的标准工作假设。总体上，我们可以把这个基于控制变量强假设的工具变量理解成一个用非参数的选择模型来预测出的每个被访者 i 的朋友圈社会资本。

从研究结果看，无论是传统的 OLS 模型，还是工具变量模型，得出的结论都是一致的：在其他条件一致的情况下，朋友圈的教育程度越高，个体就越容易找到工作。或者说，社会资本存在一定的间接存量效应，起码在教育社会资本的维度上是如此。这种效应与基于被访者年龄、性别、教育程度、所在地区等因素的社会关系选择性，是没有关系的。当然，这个方法的缺陷也比较明显，当控制变量明显不是内生之时，工具变量的外生性就会有很大的疑问。因此，如果在实际中使用该方法，最好的方式还是作为稳健性分析手段，将其与传统 OLS、probit、logit 等单方程模型结果相比较，甚至与其他使用了因果推断方法的模型结果相比较。

第八章　社会资本的直接存量效应：职场网有用吗？

导读：和朋友圈那种间接存量资源相比，职场中的直接交往，构成了劳动力市场参与者的直接存量社会资源。说“直接”，是因为职场的同事交往和个人的职场业绩之间的关联机制比较直接明了，两者息息相关；说“存量”，是因为这些资源并不一定都被使用过，而只是代表一种资源池的可用量。实际上，现有社会资本的文献多聚焦个人社交网络，而对基于工作岗位的职场交往关注很少，更缺乏因果分析。本章利用2009年全国八城市调查数据，探讨基于工作岗位的“职场交往”对中国城市劳动者收入的影响及其特征。为解决内生性问题，本章利用一阶差分方法进行实证检验。结果表明：单位内部交往和外部交往对劳动者收入均有正向作用，而“外部交往”的影响高于“内部交往”。

职场交往是伴随当代城市人工作、生活的重要内容。一方面，当代社会的生产、消费机制决定了企业、政府、社会组织之间具有千丝万缕的联系；另一方面，无论是科层制还是扁平化管理，围绕单位工作的人际互动都是现代职场生活不可缺少的重要组成部分。从社会资本的角度，无论是单位之外还是单位之内，由职业岗位所规定和引致的人际互动，都有可能为职场中的个体带来资源交换、关系建立和维护的机会，从而影响个体劳动力市场结果（边燕杰，2004）。此外，职场网依托于岗位和职业需求，故其在个人选择性和工具性等方面，与基于朋友、亲属等关系的个人社交网络相比会更弱。但相应地，与工作的相关性也会更强。因此，职场交往的劳动力市场效应既应该影响个人的劳动力市场结果，又可能与一般的个人社交网络的作用不尽相同，值得我们深入探究。

在现有的中国社会资本研究中，学者的聚焦点往往是职场之外的资源（尤其是朋友、亲属等关系网络）对职场内个体劳动力市场结果的影响（张文宏，2006，2011a，2011b；陈云松，范晓光，2011），而对职场内社会资本的分析多集中在组织管理领域。为数不多的职场社会资本分析，多局限于探讨领导与下属之间的关系，且都仅仅使用截面数据（郝明松，边燕杰，2013；刘军等，2008；李燕萍，涂乙冬，2011；韩翼，杨百寅，2012），在因果推断上缺乏足够的说服力。本章试图在社会资本定量研究领域扩展这一研究范围，审视职业场域本身所连带的关系网络，对职场中人的收入有无影响。为解决一般模型回归中的内生性问题，我们基于固定效应假设，使用一阶差分的方法，将那些不随时间变化的个体异质性，从模型中加以排除，以获得职场交往的真实收入效应。

一、职场交往：单位内外的社会资本

（一）职场交往的理论脉络

职场交往泛指因工作岗位、职业需求而直接带来的人际互动。任何工作场域内都存在职场交往，职场交往构成个人社会网络的重要组成部分（边燕杰，2004）。研究表明，职场交往和其他个人社会网一样，其结构和特征均受到场域（例如公司组织结构、环境）和个人所处位置等的重要影响（Han，1996；Carroll & Teo，1996；Lazega & Van Duijin，1997；Cogliser & Schriesheim，2000；Cole，Schaninger & Harris，2002；郝明松，边燕杰，2013）。更为重要的是，由于职场交往的对象持有不同性质和数量的资源，而这些资源，和亲属、朋友带来的社会资本一样，可能对个体的劳动力市场结果产生重要的影响。因此，职场交往的过程，也是职场社会资本积累、动员和使用的过程（边燕杰，2004）。

在社会资本研究领域，边燕杰和洛根（Bian & Logan，1996）最早提出了职场交往作为关系特征影响劳动力市场结果的理论。他们从国家-市场的二元角度，用组织内的权力交往（与代表科层权力的上级、领导的交往）、组织外的市场关联交往（与单位之外市场主体的交往）和组织内的非权力交往等（和技术、机器而不是人打交道）来概括职业类型。不过，在实证研究中，将不同的职业简单归类为上述三个类型略显主观。因此，在后续研究中，边燕杰（2004）基于中国1999年五城市调查资料，正式提出“科层关联”和“市场关联”的概念，并测量了一系列职业类型的“科层关联”和“市场关联”程度，以此作为社会资本的解释变量。该研究从国家-市场力量对比的角度，为转型期社会的职场交往理论提供了操作化概念。

在边燕杰研究的基础上，郝明松和边燕杰（2013）将职场交往分析的视角从国家-市场力量转向社会网络的位置特征，将职业交往分为外联、内联和桥联三种类型。其中，外联交往对象与行动者有着较大的异质性，能给行动者提供非重复的信息；内联交往对象与行动者同质性较强，但由于属于同一科层组织，其组织资源较为丰富；而桥联交往类似于“结构洞”及跨越结构洞的连接，既能提供非重复的信息，也有强大的组织资源。尽管这个三分法并未沿着国家-市场二元角度，但其本身既可为转型期社会也可为其他社会情境提供观察职场交往的视角。本章将对边燕杰（2004）以及郝明松和边燕杰（2013）的分析视角进行整合：使用基于网络位置的内外关联的职场交往概念，分析其对个体劳动力市场结果的影响。

（二）职场交往的作用

在国际社会学研究领域，社会学家很早就对社会网影响个人职业发展加以关注（Burt，1992，2000；Maverson，1994；Podonly & Baron，1997；Kim，2001）。但是，这些研究都侧重于对网络结构本身的测量和分析。也即，它们关注的多是职场交往者的社会网络位置特征，而非职场交往行为本身作为社会资本的直接测量。不过，在组织管理领域，领导-员工交换（leader-member exchange，LMX）理论的相关研究表明，领导会优先照顾圈内成员（Law et al.，2000；Scandura & Schriesheim，1994）；当领导与员工的交换质量越高时，员工会获得更多的资源、信息和授权等（Dienesch & Liden，1986）；甚至，领导会帮助圈内成员进行职业规划，并且运用个人的社会网络帮助员工实现目标（Sparrowe & Liden，2005；Han，2010）。当领导和员工的关系越呈现出积极的一面，或交换质量越高时，员工对职业的满意度也会越高（Schriesheim, Neider & Scandura, 1998; Wayne et al., 1999），同时，员工也越有可能获得职业上的成功（Ng et al., 2005; Breland et al., 2007）。

在国内研究者中，边燕杰等（Bian & Logan, 1996；边燕杰，2004）最早正式开启了该领域的量化研究，但仍未专门就职场交往与劳动力市场结果的直接关联进行分析。其他的学者更为强调中国式人情以及特殊职场中社会交往的重要性。英文文献中，研究发现中国社会的员工-领导关系和西方社会的领导-员工关系既有相似之处，但往往会拓展到工作之外更为密切的私人情谊中（Law et al., 2000）。例如，中国家长式的领导风格（Cheng et al., 2004）会让领导对关系好的下属“特别照顾甚至是徇私”（Westwood & Chan, 1992）。特别在组织的正式制度失效或者不健全的时候，上下级的交换关系将成为组织正式制度的替代机制来主导个人发展（Peng & Heath, 1996）。中文文献中，阮丹青等（1990）发现中国人对基于单位的业缘网较之西方人更为看重，这本身暗示了职场交往对于中国社会的特殊意义。刘军等（2008）通过对制造型企业中的员工及其直接领导的配对数据进行分析，发现员工-领导关系显著影响员工的职业发展前景。类似的发现还可参见李燕萍和涂乙冬（2011）的心理学研究与韩翼和杨百寅（2012）的管理学研究。此外，流动人口研究文献表明，职业网络对于流动人口特别是农民工往往具有特别的价值（李培林，1996；刘林平，2001；曹子玮，2003）。

不过，以上提及的相关研究数量不多，且存在三个方面的局限性：第一，对职场交往的研究仅仅限于对员工与领导的关系探讨。前文我们已提到，职场交往显然并不单指劳动者与领导的交往，还包含与单位内的其他同事，以及与其他单位的工作人员等多方面的交往。第二，都使用截面数据[①]，没有考虑社会资本研究中的内生性问题，即劳动者的个人能力有可能同时影响职场交往和职业发展，甚至还可能存在职业状态与职场社会资本互为因果的可能。因此，实证分析所发现的统计关联，并不能证明职场交往对于职业发展真正具有因果影响力。第三，没有强调职场交往与传统基于亲密关系（亲属、

① 李燕萍和涂乙冬（2011）的分析虽然使用了两个时点的数据，但实际相隔1周到1个月，且并非重复测量数据，因此仍然是截面分析，只不过解决了因果倒置的问题，对遗漏变量问题仍然无法解决。

朋友）的社会资本的差异。而这种网络构成的差异，可能导致两者在发挥劳动力市场效应时存在不同的特点。

（三）内外职场交往的概念

前文提及，职场交往可以从不同的角度进行概念操作化。从交往对象的特征来分析，可以将其区分为“科层关联”和“市场关联”（Bian & Logan，1996；边燕杰，2004）。从社会网相对位置来分析，可以将其区分为内外关联等种类（郝明松，边燕杰，2013）。本章对职场交往的概念操作化延续了郝明松和边燕杰（2013）的位置视角。不过，我们发现其对三类职场交往的测量存在需要改进之处。

第一，用与顾客、服务对象、客户及各种来客打交道的频率来测量“外联交往”不尽合理。例如，服务性岗位的工作人员与顾客、客户的交往频率会明显高于管理岗位，但这可能仅仅反映了工作特征的差异甚至劣势。我们对 JSNET 2009 数据进行了初步测试，发现在控制了行业的情况下，与顾客、客户打交道的频率，与劳动者的职业收入、职务级别等等均仍为显著负向相关。该结果证实了我们的推测：与顾客、客户的交往可能仅体现了二级劳动力市场中工作岗位的特征。第二，郝明松和边燕杰（2013）对“桥联”的定义是和外单位组织的代理人交往，但对应的测量是和外单位（上下级部门/单位及其他单位）的交往，并未强调“代理人”。因此，我们认为早期研究中的“桥联”，实际上更多反映的是“外联”。

在本章，我们提出并使用“内部交往”和“外部交往”的二分法。我们强调，职场中的“内部交往”指的是在单位内部的人际互动，职场中的“外部交往”指的是因工作需要在自身单位之外所进行的人际互动。无论是内部还是外部交往，都是围绕职业、工作来展开的，区别于一般意义上与亲属、朋友的互动。在一定程度上，“内部交往”和“外部交往”对应于郝明松和边燕杰（2013）提出的“内联”和“外联”。也因此，总体上“内部交往”因为互动对象属于同一科层组织，其社会资本的同质性较明显；而“外部交往”可以触及更大范围的组织资源，甚至形成类似于“结构洞”及跨越结构洞的连接（郝明松，边燕杰，2013）。

值得注意的是，我们这里使用的职场中的“内部交往”和“外部交往”

概念，和最新国际文献中的“同质性”资源（homophilous resources）概念既有关联，又有本质性的差异。陈云松和沃克尔（Chen & Völker，2016）提出，在市场经济条件下，帮助人与求职者的“同职”（或同业），可以放大社会资本对收入、地位等等的拉动作用。也即，“同职”的同质性会影响、放大社会资本的效应。而本章提出的职场中的“内部交往”，显然是“同职”的，但其衡量并非具体哪一个帮助者，而是整个单位内的交往对象。而“外部交往”，则既包括同职业的，又包括不同职业的，也是对群体而非个体的衡量。

（四）职场交往的三个假说

无论内部还是外部，理论上职场交往都能够为个体带来他人的社会资源。因此，其本身可以作为社会资本的一种类型，被归为“可使用的社会资本”，即莫维（Mouw，2003）所谓的“网络社会资本”或赵延东（1998）所称的“所占有的社会资本”——尽管用词各异，但这些概念都代表了嵌入某一给定的自我中心（ego-centric）网络的潜在的社会资源的总和（Chen，2011）。从职场交往网的要素特征来看，职业交往的对象反映了劳动者在工作场域的网络结构，而交往的频繁程度表明了劳动者从网络结构中获取资源的可能性（边燕杰，2004）。

尽管市场转型理论认为，从计划经济向市场经济的转型将使得中国的人力资本回报率增加，同时政治资本回报率逐渐降低（Nee，1989），但不少文献强调中国社会转型是再分配机制与市场机制双重强化的过程，体现为政治资本与人力资本的收入回报率同时上升而非此消彼长（Walder，1995；Bian & Logan，1996）。在中国式人情社会之中，社会网络、人际互动，往往是承载、提供和借助再分配权力即政治资源的主要途径（Lin，1995）。这样，社会网络的资源含量越高，带来的收入回报也越多（边燕杰，张文宏，2001）。因此，总体上我们推测，城市中的职场交往，作为一种特殊的社会资本，其汲取外部资源的价值将长期存在。基于以上理论和社会资本劳动力市场的大量实证文献（参见张文宏，2006，2011a，2011b；陈云松，范晓光，2011），我们提出假设 1：职场中的内部交往和外部交往均有助于提高城市居民的个人收入。

前文已经提及，“外部交往”带来的是来自单位外部的社会资源，因此和

“内部交往”相比，其资源具有更大的异质性。也即，外部资源代表的是更高的权力达高性、非冗余的和更新的工作信息（Lin，2008）。因此，我们进一步推测，“外部交往”对劳动力市场结果的影响力，应会高于“内部交往”。就此我们提出假设 2：职场中内部交往对收入的影响小于外部交往。

张顺和程诚（2012）发现，市场化程度会降低潜在性社会资本（个人社交网络如春节拜年网的达高性、跨度等属性）和动员性社会网络资本（如饮食社交）的收入效应。换句话说，市场化程度越高，社会资本的效应越弱。原因在于，市场制度逐渐走向规范化，体制漏洞逐渐减少，社会资本的运作空间就越小。不过，正如我们一开始就提及的，职场交往和此类基于朋友、家属等社交关系的个人社会资本（拜年网、餐饮网）可能有所不同。这是因为，职场交往是依托于工作需要、岗位设定而建立起来的，这一过程中的自选择性不会太强（社会网的非随机性文献，参见 Mouw，2006；McPherson et al.，2001）。因此，其所传递的资源、信息的“个人化”色彩和“工具化”程度，也相对可能会更弱。但是，和那些基于亲密网络的社会资源相比，职场交往带来的围绕工作职岗的“专业化”信息或者影响力则会相应更强。这样，我们预测：在市场化程度高的部门，职场交往反而可以有更强的效应；而在市场化程度不高的部门，如政府、国企，其效应则相对不那么明显。因此我们提出假设 3：职场交往对收入的影响，在非国有部门更强。

二、遗漏变量问题：因果推断策略

我们基于固定效应的假设，利用一阶差分方法来解决这一问题。该方法依赖于同一个被访者的自变量和因变量在时间维度上的差异，利用差分的方法消除时间固定的（time-invariant）非观测因素，即个人能力等异质性干扰项。假定提供了两期个人数据，我们就可以获得“现职”和“初职”两份资料。首先，我们可以写出如下回归方程：

$$Y_i = \beta_0 + \beta_1 X_i + \alpha_i + \varepsilon_i \tag{8.1}$$

式中，Y_i表示第 i 个被访者的职业地位或工资收入等个人劳动力市场结果；X_i表示一组外生的控制变量的向量；α_i表示在实际操作中无法得到的被访者的异质性，在这里，我们将其视为不随时间改变的固定因素；剩下的ε_i表示随机误差项。方程中，X_i和ε_i都是随时间可变的因素。

在两个不同的时点 t 和 $t-1$ 上，回归方程为：

$$Y_{it}=\beta_{0t}+\beta_1 X_{it}+\alpha_{it}+\varepsilon_{it} \tag{8.2}$$

$$Y_{i(t-1)}=\beta_{0(t-1)}+\beta_1 X_{i(t-1)}+\alpha_{i(t-1)}+\varepsilon_{i(t-1)} \tag{8.3}$$

刚才提到α_i表示被访者的异质性，被视为不随时间改变的固定因素，因此在模型中，我们假定$\alpha_{it}=\alpha_{i(t-1)}$，将方程 8.2 和方程 8.3 相减，得到：

$$\Delta Y_i=\beta_0+\beta_1 \Delta X_i+\Delta\varepsilon_i \tag{8.4}$$

如上式所示，我们在实际操作中无法得到的个人能力等被访者的异质性α_i通过方程相减，被差分掉了。在ε_{it}和$\varepsilon_{i(t-1)}$不相关的情况下，方程 8.4 可以用 OLS 进行无偏估计。

三、数据变量：初职与现职

本章的数据来源于社会网络与职业经历问卷调查（JSNET 2009），这一调查是由西安交通大学实证社会科学研究所所长边燕杰发起，于 2009 年 6 月至 10 月在中国八大城市（广州、上海、西安、天津、兰州、厦门、济南、长春）开展的。JSNET 2009 按照多层次模型的要求，共获得 7 102 位在 18～69 岁有过非农工作经验的居民样本，调查内容涵盖个人基本资料、求职过程、讨论网、拜年网、餐饮网、社会参与、社会信任等多个社会资本和社会网方面的主题。更重要的是，调查询问了被访者“初职”和“现职”的个人情况和劳动特征，为本章的分析提供了十分珍贵的数据。本章所言“初职”和“现职”并不意味着劳动者一定有变更工作单位的经历，即使没有换过工作单位，劳动者的职位或职业的劳动特征也会随时间发生变化，而问卷正好记录了劳动者的这一变化。此外，在同一个职位上，前后时点上不同的职场交往变化，也可能对个人的收入带来变化，因此我们的样本中既有换过工作的，也有未换工作的，而不必和求职过程研究的差分分析那样把样本集中在换过工作的人群之中。

对同一主题的多期数据进行搜集较容易出现缺失值，往往导致样本过小、代表性不足的问题，因此差分分析对样本的要求较高。考虑到这一问题，我们的一阶差分分析基于不同规模的样本分两步进行。第一步为“基准差分模型”分析。该模型基于经典的 Mincer 工资方程，用基本人口学特征、人力资本投资和经验来预测工资。在差分模型中，我们将控制政治面貌、找工作方式、工作经验（换工作次数）等随时间变化的变量，而不随时间变化的性别以及被模型遗漏的个人能力干扰项，都被差分消除。注意，我们用于“基准差分模型”的样本量高达 6 263 人［为全部样本量（7 102）的 88%］，构成 12 526 个观测值。第二步为“精细差分模型”分析。为让分析结果更加可靠，我们将使用更为精细的工作经验变量（年龄）、人力资本变量（允许教育程度随时间变化），并进一步控制单位性质、单位规模及职业类别等可能随时间变化的组织变量。用于该模型的样本量为 2 536 人，构成 5 072 个观测值。由于存在缺失值，“精细差分模型”比“基准差分模型”的样本量约少一半，但这已是迄今我国社会资本研究中样本量最大的固定效应模型。更重要的是，只要两个模型的估计结果一致，我们就可以认为，样本缺失问题对本章分析结果没有实质影响。相关变量描述我们也将针对两个模型分别进行。

（一）因变量

本章关心的是劳动者“可使用的社会资本”对其劳动力市场结果的影响，因此本章的因变量为被访者的月收入状况。JSNET 问卷的“职业经历”部分问到了被访者在“初职”阶段的年收入，而在问卷的“工作、收入与福利”部分问到了被访者目前工作所得到的税前收入情况，包括工资单所列的月收入、工资以外的奖金及其他收入和年终奖等。我们把年终奖除以 12，转换为月均所得后，将三项收入全部相加作为被访者在“现职”阶段的收入状况。

由于被访者“初职”和“现职”时间跨度较大，其中最长达 53 年，所以将不同年份的收入直接差分显然是不合适的：我们必须考虑通货膨胀等因素。因此，本章用以 1951 年为基准（即将 1951 年 CPI 定为 100）的历年 CPI 系数，对被访者不同年份的收入状况进行了相应的校准。其中，“初职”阶段收入对应的年份设置为初职末年的年份，若被访者没有更换过工作但已经退休则对应年份设置为退休时的年份，若没有更换过工作且没有退休则对应年份设置为 2008

年（数据收集年份为2009年）。另外，在2009年才第一次更换工作的样本对应年份仍设置为2008年；“现职”阶段，若被访者依然在职，其收入对应的年份自然为2008年，若被访者已离岗退休，则对应年份设置为其离岗退休时的年份，同理，在2009年才离岗退休的样本对应年份也设置为2008年。这样，在对每一个样本进行换算后，我们得到了以1951年为基准的可比价收入。最后，考虑到收入的偏度，我们对收入进行了对数变换处理。

考虑到改革开放以来社会总体收入水平的增加，除了用CPI校正之外，在稳健性测试中，我们用《新中国六十年统计资料汇编》和《中国统计年鉴》中的历年全国城镇职工平均工资水平来进行调整，将问卷调查获得的月收入数据减去相应省份城镇职工平均月收入，即以此相对收入作为因变量进行检验。由于我们的数据来自八个城市，而历年数据以省份为单位，该工资调整方法可能带入噪声。不过，只要使用CPI校准的分析和使用省份平均工资校准的分析获得一致的结论，工资校准工具的不完善问题在很大程度上就不会影响我们的结论说服力。实际上，我们使用两种方法获得了一致的结论。

（二）职场交往

职场交往是本章的核心自变量，数据来自问卷对被访者与工作场域中交往对象的交往频率的测量。问卷对打交道的频率测量有“经常”“有时”“很少”“从不”四种，被分别赋值4、3、2、1。我们把被访者与同单位人员（上级领导、下级同事和平级同事）的交往频率相加得到“内部交往”的具体数值，而把与非本单位人员（上级部门/单位、下级部门/单位及其他单位）的交往频率相加得到“外部交往”的具体数值。注意，无论是“内部交往”还是“外部交往”，我们都没有使用上级、下级和平级交往等子指标进行单独分析，而是将三者相加。这是因为，这些交往本身可能代表的是职位高低和权力级别。例如，一个单位内部，领导者显然会和下级打交道多。而使用不同层次的交往频率之和，则能绕开这一问题，直接体现职场交往频率本身所带来的资源。[①] 此外，我们对职场交往变量缺失值的处理方法是：如果被访

---

① 我们对六个子指标进行了单独测试。当六个子指标同时进入差分模型时，我们发现内部交往中的下级交往和外部交往中的其他交往，和收入存在显著的正向关系。这也验证了我们的推测：内部交往中的下级交往本身代表的不是社会资本，而是职位的高低。限于篇幅，具体结果我们未在文中展示。

者在6个问题的任意一个上的填答情况存在缺失，那么这个被访者将不会进入最终的分析样本。问卷采集了被访者“第一个职业”和“最后的职业”，即“初职”和“现职”的职场交往数据。

(三) 控制变量

本章的控制变量包括人口学特征、单位特征和职业特征。

1. 人口学特征

由被访者基本的人口学特征和人力资本变量组成，包括被访者的性别、年龄、教育程度、政治面貌及工作单位个数等。其中，性别为二分虚拟变量，以女性为参照组，取值为0，男性取值为1；年龄变量描述的是劳动者进入初职和现职时的年纪，另外模型中还将纳入年龄的平方项；教育程度为一连续变量[①]；政治面貌为二分虚拟变量，以非党员为参照组，取值为0，党员取值为1。

2. 单位特征

包括被访者工作单位的规模、单位性质、职称/技术级别及职业类别。其中，单位的规模为单位人数，其显然可能与职场交往的频率和收入同时相关。类似地，单位性质也应加以考虑，我们将其设定为二分变量，分为国有部门和非国有部门两类，以非国有部门为参照组，取值为0，国有部门取值为1。

3. 职业特征

在基准差分模型部分，我们用换工作次数作为对工作经验的替代变量，“初职”阶段分析的换工作次数统一设置为1，“现职”阶段则为被访者的实际数值。此外，我们还考虑了劳动者进入初职和现职工作的方式。问卷中涉及的进入工作的方式共有如下7种：经人介绍、个人申请、国家分配、国家分配＋经人介绍、个人申请＋经人介绍、国家分配＋顶替父母、其他。其中，其他项被设置成缺失值，“经人介绍”被合并为一类，即“找关系”，余下的

---

① 根据问卷获得的教育程度进行如下编码：小学＝6年，初中＝9年，高中＝12年，职高、技校、中专＝13年，成人专科＝14年，大学专科＝15年，成人本科＝15年，大学本科＝16年，研究生及以上＝19年。

方式为一类，即“未找关系”。因此，进入工作的方式根据是否经人介绍，分为“找关系”和“未找关系”两类，以“未找关系”为参照组，取值为 0，“找关系”取值为 1。在精细差分模型部分，我们进一步控制职业类别和管理级别。其中，问卷提供了 10 类职业（专业技术人员、机关单位负责人、事业单位负责人、企业负责人、办事人员、商业人员、服务业人员、农林牧渔业人员、产业工人及未分类职业）。我们以专业技术人员为参照组，取值为 0，将其处理成 9 个虚拟变量值。问卷还询问了职称/技术级别——高级职称（或处级及以上级别、经营管理层）、中级职称（或科级及以下级别、技术工种）和其他（或无级别、非技术工种）。本章把职称/技术级别处理成二分的虚拟变量，以无级别人员（或非技术工种）作为参照组，取值为 0，将中级职称与高级职称合并作为管理层（或技术人员），取值为 1。

四、分析结果

实证分析包括三个步骤。第一步，我们对 6 263 样本进行描述，并进行基准差分模型分析；第二步，我们对 2 536 样本进行描述，进行精细差分模型分析；第三步，本章在文献梳理部分提到，学界普遍认为市场化程度会影响社会资本的市场效应，所以如果验证了职场交往的市场效应，我们应该继续考察职场交往在市场程度不同的组织内的表现，即进一步进行交互项分析，考察单位的国有非国有属性对职场交往的作用有无影响。

（一）基准差分模型

首先，我们进行第一步的分析，来看看对关键变量的基本描述（见表 8-1）。

表 8-1　数据基本描述（N=6 263）

	初职		现职	
	均值	标准差	均值	标准差
月收入（取对数）	0.575	0.653	1.308	0.772
内部交往	8.943	2.322	9.108	2.502
外部交往	5.749	2.801	6.309	3.023

续表

	初职		现职	
	均值	标准差	均值	标准差
工作经验	1	0	1.340	1.987
	人数	百分比	人数	百分比
男性	3 353	53.54	—	—
党员	247	3.94	978	15.62
找关系	1 276	20.37	1 444	23.06

从上表可以发现劳动者从“初职”到“现职”一些基本信息的变化。首先是因变量月收入（对数）均值增长了 0.733 个单位，而标准差从 0.653 升到 0.772，这说明劳动者职位流动之后，整体上收入有所增加，但是收入差距却在逐渐扩大。① 职场交往方面，不管是内部交往还是外部交往，现职阶段都要比初职的表现要好，整体平均值有所增加，同时标准差也在增加，表明差距也在拉大。工作经验上，到现职阶段平均每人有 1.34 次工作经验。另外，从数据描述中可以看出：有 247 人在进入劳动力市场之前就已获得党员身份，到了现职阶段，有 731 人在进入劳动力市场后加入共产党，党员占比增长了 11.68 个百分点；而通过找关系的方式进入工作单位的人数也增加了 168 人，相应的比例增长了 2.69 个百分点。以上描述都表明，从“初职”到“现职”，劳动者的总体特征发生了不小的变化。那么，这些变化对劳动者的市场结果是否有作用呢？如果有，又是怎样的作用呢？我们接下来控制关键变量，进行回归分析并将结果报告在表 8－2 中。

在表 8－2 的模型 1 中，我们用 OLS 方法估算了样本中职场交往对“初职”收入的影响，内部交往的偏系数为－0.005，为负数，且不显著，而外部交往的偏系数达 0.051，在 0.001 的统计水平上显著。模型 2 同样使用 OLS 的方法估算了样本中职场交往对“现职”收入的影响，内部交往的偏系数为 0.010，依然不显著，而外部交往的偏系数为 0.057，在 0.01 的统计水平上显著。可以看到，在 OLS 模型中，劳动者的内部交往似乎对收入无显著影响，而外部交往则有稳定的正向作用。不过，正如我们前文指出的，由于潜

① 总样本之中，“初职”阶段，劳动者的平均收入为 130.94 元，标准差为 9 047.16。由于各个劳动者的初职年份差距较大，所以有如此大的收入差距也是很正常的。“现职”阶段，劳动者的平均收入为 231.54 元，可见收入还是有明显增长的，标准差为 7 802.73，收入差距依然很大。

在的内生性问题，单期回归的结果并不可信。

表 8-2 职场交往的收入效应：基准差分模型（N=6 263）

	OLS模型		一阶差分模型
	模型1	模型2	模型3
	初职月收入	现职月收入	月收入差
内部交往	−0.005(0.004)	0.010(0.008)	0.012*(0.004)
外部交往	0.051***(0.008)	0.057**(0.013)	0.031**(0.007)
进入工作方式（找关系=1）	0.234***(0.041)	0.012(0.034)	0.053(0.032)
性别(男性=1)	−0.084**(0.023)	−0.139**(0.032)	—
政治面貌(党员=1)	0.431***(0.049)	0.152**(0.034)	0.345***(0.044)
工作更换次数	—	0.018(0.009)	0.023(0.013)
截距	0.304***(0.050)	0.874***(0.083)	0.664***(0.050)
R^2	0.094	0.092	0.033
样本量	6 263	6 263	6 263

注：(1) $^{*}p<0.05$，$^{**}p<0.01$，$^{***}p<0.001$。(2) 表中报告的为异方差稳健和城市簇稳健标准误。(3) 差分模型中，解释变量对应的都是变化值。为表格简洁起见，我们将单位性质、进入工作方式、职业等虚拟变量的差分数值都作为连续变量处理。在逻辑意义上，它们均成立并代表特定的含义。例如，进入工作方式变化为−1、0和1，分别表示从找关系到不找关系、不变和从不找关系到找关系。也因此，其实际上代表了“变为找关系”的程度。在稳健性分析中，我们均对原来的虚拟变量进行了测试，结果高度一致。

在表8-2的模型3中，我们利用一阶差分的方法估算出的内部交往的偏系数为0.012，外部交往的偏系数为0.031，二者分别在0.05和0.01的统计水平上显著。根据差分分析的结果，内部交往的变化每增加1个单位，收入增加1.2%（$\approx e^{0.012}-1$）；外部交往的变化每增加1个单位，收入增加3.1%（$\approx e^{0.031}-1$）。如果我们相信劳动者从“初职”到“现职”，其个体异质性是稳定的，那么我们就可以认为，职场交往确实对劳动者的收入有正向作用，且外部交往的影响几乎是内部交往的3倍。这样，假设1和假设2得到了初步验证。

除了职场交往，我们还通过模型分析了其他变量对劳动者市场结果的影响。在模型3中，我们将个人异质性从模型中差分掉之后，求职方式不再显著。在第四章，我们曾利用CHIPS 2002数据对“找关系”是否影响工资进行了分析，其一阶差分模型中也发现求职方式系数并不显著，和本章一致。此外，我们还能观察到劳动者的工作经验并没有对其市场结果产生显著的促进作用，而政治面貌则有着十分稳健的正向效应。

（二）精细差分模型

为确保数据分析的结果更加可靠，我们进行第二步的检验。在这一步中，我们将纳入更多的控制变量，包括将劳动者的年龄作为经验的代理，允许教育程度随时间变化（也即考虑在职教育），同时进一步控制单位性质、单位规模、职业类型、管理级别等诸多职业和单位特征变量。这样，我们的样本量缩减为 2 536 人。其基本数据描述参见表 8－3。

表 8－3　数据基本描述（N=2 536）

	初职		现职	
	均值	标准差	均值	标准差
月收入（对数）	0.564	0.535	1.375	0.772
内部交往	9.003	2.287	9.137	2.563
外部交往	5.786	2.785	6.625	3.090
年龄	20.358	3.803	31.859	8.679
教育程度	12.194	2.869	12.514	3.013
单位规模	5.357	2.180	4.574	2.235
	人数	百分比	人数	百分比
男性	1 302	51.34	—	—
党员	74	2.92	260	10.26
国有部门	1 608	63.41	1 168	46.06
管理层/技术人员	869	34.27	1 008	39.75
找关系	649	25.59	786	30.99

表 8－3（精细模型）中的样本量比表 8－1（基准模型）中的样本量少了很多，但总体分布仍然比较接近。例如，表 8－4 中因变量月收入（对数）的初职阶段均值为 0.564，标准差为 0.535，现职阶段均值为 1.375，标准差为 0.772。而在表 8－1（基准模型）中，初职阶段均值为 0.575，标准差为 0.653，现职阶段均值为 1.308，标准差为 0.772。可以看到，两个样本中月收入（对数）的基本统计量之间的差距十分微小。在主解释变量方面，表 8－3 中初职阶段内部交往均值为 9.003，外部交往均值为 5.786，与基准模型的 8.943 和 5.749 十分接近；现职阶段内部交往均值为 9.137，外部交往

均值为 6.625，同样与基准模型的 9.108 和 6.309 非常接近。并且它们在两个模型中的标准差的值也相去不远。比较之下，我们发现，两个模型中核心变量的基本统计量都没有较大的差别。当然，在性别、政治面貌、进入工作方式等变量上存在一定差异，但大体仍然吻合，在此不再一一赘述。

表 8-4　职场交往的收入效应：精细差分模型（N=2 536）

	OLS 模型		一阶差分模型
	模型 1	模型 2	模型 3
	初职月收入	现职月收入	月收入差
内部交往	−0.001(0.004)	−0.012(0.013)	0.008*(0.003)
外部交往	0.018**(0.004)	0.033*(0.011)	0.016*(0.005)
进入工作方式（找关系=1）	0.098***(0.017)	0.014(0.051)	0.034(0.036)
性别(男性=1)	−0.078**(0.017)	−0.120**(0.032)	—
年龄	0.003(0.011)	0.003(0.009)	0.029**(0.007)
年龄平方(除以 100)	0.020(0.026)	−0.017(0.014)	−0.029*(0.010)
教育程度	0.044***(0.004)	0.059***(0.008)	0.08***(0.01)
政治面貌(党员=1)	0.089(0.058)	0.133*(0.046)	0.269**(0.061)
换工作次数	—	0.006(0.011)	0.011(0.013)
单位性质（国有部门=1）	−0.453***(0.043)	−0.207***(0.037)	−0.178***(0.01)
单位规模/100	−0.001(0.001)	0.005(0.005)	0.001(0.009)
职称/技术级别（管理层/技术=1）	0.083*(0.029)	0.187**(0.036)	0.179***(0.032)
职业类别(10 类)	YES	YES	YES
截距	0.091(0.164)	0.789*(0.247)	0.884**(0.197)
R^2	0.398	0.224	0.107
样本数量	2 536	2 536	2 536

注：(1) * $p<0.05$，** $p<0.01$，*** $p<0.001$。(2) 表中报告的为异方差稳健和城市簇稳健标准误。(3) YES 表示控制在模型中。(4) 与表 8-2 类似，差分模型中，解释变量对应的都是变化值。为表格简洁起见，我们将单位性质、进入工作方式、职业等虚拟变量的差分数值都作为连续变量处理。在逻辑意义上，它们均成立并代表特定的含义。例如，单位性质变化为−1、0 和 1，分别表示从国有到私有、不变和从私有到国有。也因此，如果当作连续变量看，单位性质的差分实际上代表了“成为国有”的程度。在稳健性分析中，我们均对原来的虚拟变量进行了测试，结果高度一致。

表 8-3 样本中从“初职”到“现职”，劳动者的平均年龄增长了 11.501 岁，而教育程度仅增加了 0.320 年，这显然是因为大部分劳动者在进入劳动力市场之后没有再接受进一步的教育。而平均单位规模有所变小，表明随着

市场化转型，很多劳动者流动到了规模较小的单位。实际上，在国有部门工作的人数减少了 440 人，相应的比例下降了约 17 个百分点。与表 8－1 一样，从“初职”到“现职”，劳动者的总体特征发生了不小的变化。为了探讨这些变化对劳动者的市场结果的影响，接下来，我们来看精细差分模型的分析结果（表 8－4）。

首先，我们还是重点关注职场交往对收入的影响。不难发现，表 8－4 和表 8－2 的结果模式几乎是一致的，即内部交往变化的偏系数在“初职”和“现职”阶段的单期分析中未通过显著性检验，但差分模型是显著的。而外部交往的变化则在三个模型中都显著，偏系数值都为正。在差分模型即模型 3 中，内部交往变化的偏系数为 0.008，外部交往变化的偏系数为 0.016。换句话说，内部交往的变化每增加 1 个单位，收入增加 0.8%（$\approx e^{0.008}-1$）；而外部交往的变化每增加 1 个单位，收入增加 1.6%（$\approx e^{0.016}-1$）。因此，基于 6 000 多样本的基准差分模型和基于 2 000 多样本的精细差分模型都得出了一致的结果：第一，职场交往无论是外部还是内部都有利于提高收入；第二，相对而言外部交往的拉动作用更强。这样，假设 1 和假设 2 都得到了强有力的证明。

（三）职场交往回报率的市场化差异

我们分别在“初职”“现职”和“一阶差分”收入模型中加入两个交互项——内部交往与国有部门的交互项、外部交往与国有部门的交互项。分析结果见表 8－5。我们发现，在加入交互项以后，不管是在“初职”模型、“现职”模型还是差分模型中，内部交往与国有部门的交互项均不显著。与此不同的是，在“现职”和差分模型中，外部交往（或变化）与国有部门交互项通过了统计水平为 0.05 的显著性检验，系数为负。这说明，外部交往对于国有部门的收入影响比较小，而对于非国有部门的则比较大。

具体来说，“现职”模型表明：外部交往对非国有部门的效应为 0.047，而对国有部门的效应只有 0.015（＝0.047－0.032）。而一阶差分模型的结果说明，外部交往的变化对非国有部门的收入变化效应为 0.028，而对国有部门的收入变化效应只有 0.005（＝0.028－0.023）。总结起来，外部交往的市场效应在国有部门中要明显弱于非国有部门，而内部交往的市场效应则没有这种显著性差异。这部分验证了假设3。

表8-5 职场交往与单位性质的交互模型（N=2 536）

	OLS模型		一阶差分模型
	模型1	模型2	模型3
	初职月收入	现职月收入	月收入差
内部交往	−0.000 5(0.007)	−0.018(0.015)	−0.003(0.009)
外部交往	0.024* (0.009)	0.047** (0.013)	0.028** (0.008)
单位性质（国有部门=1）	−0.393* (0.122)	−0.119(0.103)	−0.270* (0.127)
内部交往×国有部门	−0.001(0.013)	0.013(0.014)	0.026(0.019)
外部交往×国有部门	−0.008(0.011)	−0.032** (0.008)	−0.023* (0.010)
进入工作方式（找关系=1）	0.099** (0.015)	0.008(0.049)	0.037(0.035)
性别(男性=1)	−0.078** (0.013)	−0.115** (0.024)	—
年龄	0.026(0.011)	0.001(0.011)	0.029** (0.007)
年龄平方(除以100)	0.021(0.027)	−0.132(0.015)	−0.029* (0.010)
教育程度	0.044*** (0.004)	0.057*** (0.009)	0.080*** (0.009)
政治面貌(党员=1)	0.089(0.059)	0.136* (0.065)	0.273** (0.062)
换工作次数	—	0.007(0.006)	−0.011(0.013)
单位规模 / 100	−0.001(0.001)	0.036** (0.007)	0.001(0.001)
级别（管理层/技术=1）	0.083(0.030)	0.187** (0.021)	0.175*** (0.026)
职业类别(10类)	YES	YES	YES
截距	0.062(0.137)	0.730(0.252)	0.907** (0.229)
R^2	0.398	0.233	0.110
样本量	2 536	2 536	2 536

注：(1) * $p<0.05$，** $p<0.01$，*** $p<0.001$。(2) 表中报告的为异方差稳健和城市簇稳健标准误。(3) YES表示职业类别虚拟变量在模型中不显著。(4) 差分模型中解释变量对应的都是变化值，具体说明同表8-2、表8-4。

五、结论

在社会学文献中，社会资本的劳动力市场研究是一个重要分支，但绝大多数研究仅关注基于朋友、亲属等的亲密关系网，而对职场内部的关系网络分析不多。事实上，职场网络对于个人的劳动力市场结果会直接起到作用，因此在某种意义上更为重要。本章利用JSNET 2009数据对职场交往的收入效应进行了实证分析。首先，我们对职场交往作为社会资本的概念以及相关研究进行了总结，重点探讨了以往研究对职业交往的分类和测量。然后，针对“可使用的社会资本”效应的内生性问题，我们基于固定效应模型的假设，用一阶差分的方法来消解个体异质性，以求对职场交往的劳动力市场效应做出更客观、更严谨的评判。JSNET 2009在职场交往、个人劳动力市场结果以及诸多人口学变量方面都搜集了“现职”和“初职”两份资料，为本章的一阶差分分析提供了重要的数据基础。

在分析中，我们首先提出了三个假说。无论是基于6 000多人的基准差分模型还是基于2 000多人的精细差分模型，我们的分析结果都表明，内部交往和外部交往对劳动者收入都有正向作用，而且外部交往更为重要。而外部交往更大的效应，体现了异质性社会资源的重要价值（Lin，2008）。另外，本章还探讨了职场交往与市场化程度之间的关系。通过交互项分析，我们发现，职场交往中的外部交往与国有部门的交互项系数显著为负。这说明，在中国城市中，异质性社会资源对收入的影响在非国有部门要强于国有部门。职场社会资本的这一特征，和基于个人社交关系的社会资本几乎相反。总体上，本章从实证的角度验证了社会资本的直接存量效应。

本土篇

第九章　关系的政治空间效应：饮食社交与政治信任

导读：本章聚焦中国式关系，探讨用于建立和维持人际关系的饮食社交对看似无关的政治场域的影响力。我们的分析结果表明，中国城镇居民的社交聚餐的频繁程度对政治信任各维度均具有负向效应，且这种侵蚀效应在不同体制、不同性别、不同学历和不同地区的人群间具有显著差别。为解决内生性问题，我们采用非线性模型的工具变量分析方法，用人生第一个工作的职场交往面作为个人餐饮行为的工具变量。我们的实证研究结果表明，以“饭局”为途径来积累、维系和动员关系资本的过程，在特定的情境下往往伴随社会层面的消极影响，对政治信任带来“副作用”。

关系资本作为学术概念，较早由彭庆恩（1996）使用。边燕杰进一步发展和完善了其定义，并提出以“饮食社交”（social eating）作为测量工具，将其正式作为“关系社会学”的核心概念而使用（边燕杰等编，2011；边燕杰，2010）。在实证研究中，被称为“餐饮网”“饭局网”等饮食社交的指标多被作为关系资本的操作化概念使用（梁玉成，2010；邹宇春，敖丹，李建栋，2012）。但在因果路径上，关系资本实际上是包括饮食社交在内的多种社会互动过程的结果。

社会资本研究的一个重要领域是嵌入性资源对信任的影响。信任是社会学、政治学、经济学和心理学都非常关注的领域。在社会学界，从涂尔干、齐美尔、帕森斯到福山、科尔曼等等，关于信任的经典文献汗牛充栋。从个人层面看，人际互动可以带来行为的可预见性和同质性，或者直接改变认知，从而改变人际信任（彭泗清，2000，2003）；从社会层面看，以群体互动为基础的社会参与行为，特别是自发的非正式社会参与行为，将改变对抽象的社会角色、社会机构、社会制度的信任（Li，Pickles & Savage，2005）。作为社会信任的一种形式，政治信任显然也会受到社会互动的影响。用诺里斯的话来说，社会资本可以“从非政治社会互动中发展出政治后果”（Norris，2002）。这种政治后果，既可以直接来自社会资本本身，也可以间接来自社会资本赖以生成和改变的社会过程；既可能是积极的，也可能是消极的。

我国正处在社会转型的关键期，政治信任关乎人心向背和长治久安，而“关系”又是中国社会运行的要素之一。剖析关系资本与政治信任之间的内在关联，有着非常重要的现实意义。近年来，我国政治信任研究多集中在农村地区，并且量化实证分析不多（Li，2004；孟天广，杨明，2012；胡荣，2007；孙昕等，2007；肖唐镖，王欣，2010）。如果说村民构成了熟人社会，那么城镇居民的主要成分往往是陌生人，这使得信任问题在城镇地区尤为突出。现有的城镇居民社会资本研究表明，无论是社团参与、公共事务参与，还是职业网、拜年网，社会资本变量和信任之间都有着显著的正向关联。但这类研究为数不多，且都基于单个城市的数据，也未考虑社会资本对信任发挥作用的人群差异（胡荣，胡康，温莹莹，2011；熊美娟，2011；邹宇春，敖丹，李建栋，2012）。更重要的是，这类研究未能有效解决内生性问题，难以验证因果关系。同时，对社会资本的负面效应，或者社会资本积累、维系与动员的过程所可能带来的消极影响，未加以足够的关注。本章使用 2009 年中国八城市“社会网络与职业经历”问卷调查（JSNET；长春、广州、济南、兰州、上海、天津、厦门和西安）数据，探讨中国城镇居民的饮食社交行为和政治信任水平之间的关系。

一、文献回顾与分析框架

边燕杰（2004）认为，“饮食社交”之所以重要，是因为中国人的“关系”，“往往通过聚餐……和他人一起吃饭……发展和维持起来”。他使用 1998 年中国城市消费者调查数据，针对三种不同的理论模型分别阐述了饮食社交对于关系资本所特有的实证意义。饮食社交如何影响政治信任的理论和实证研究都非常少。但基于政治信任的来源和中国饮食社交的特征等诸多理论和研究，我们不难梳理出相关的理论背景和分析脉络。同时，我们针对现有研究的不足进行总结，就此提出本章的分析框架，探索饮食社交和政治信任之间的关系。

（一）饮食社交影响政治信任的理论背景

政治信任是人们对政治共同体、政治制度、政治行动者的总体预期和信心。形成政治信任的渠道，抽象地看主要是个体对政治过程的个人结果和社会结果的认知与情感，包括对个人利益的认知、对政府绩效的体察，以及对政府形象、舆论丑闻等政治合法性方面的感受等等。[①] 政治信任的来源，有三大渠道。一是对个人利益的认知。人们如何评价政治所导致的个人经济社会结果和机会（Verba & Orren，1985；Kluegel & Matějů，1995），直接关系到政治信任水平。例如，魏格纳（Wegener，2000）提出，对分配公平的认知直接决定着公众对经济和政治合法性的认可；拉德和利普赛特（Ladd & Lipset，1980）认为，对分配公平的主观认识直接关系到对国家基本经济、政治和社会制度的认可。而在中国，社会地位获得、职业流动等因素也影响对公平机会的认知（Whyte，2010；Wu，2009）。二是对政府绩效的体察。经济社会发展水平普遍被认为受到政治的影响。因此，对经济增长、社会稳定等政府绩效的期望和体察就必然成为影响政治信任的重要因素（Mansbridge，1997；Hetherington，1998；Panel on Civic Trust and Citizen Responsibility，1999；Chanley，Rudolph & Rahn，2000；Keele，2005，2007）。转型期中国的研究也是如此。例如，孟天广和杨明（2012）利用2008年中国公民意识调查及政府统计数据，发现公民对政府在经济增长、民生福利、纯公共产品领域治理绩效的回顾和展望评价都和政治信任紧密相关。三是对政治合法性的感受。对政治合法性基础的质疑、对政治腐败的感受，甚至对官员私生活的评价等等都会直接显著地影响政治信任（Garment，1991；Orren，1997；Chanley，Rudolph & Rahn，2000）。再有，政治生活是一个公共过程，当公民很少参与时，他们也就自然难以对政治产生信任（Keele，2007）。

---

① 英文文献综述参见 Miler，1974；Citrin，1974；Hetherington，1998；Norris，1999；Craig，Niemi & Silver，1990。中文文献综述参见上官酒瑞，程竹汝，2009；熊美娟，2010；胡荣，胡康，温莹莹，2011。

既然政治信任是一种主观认知和感受，那么个体改变政治信任就起码有两种途径：其一，个体可以通过传播信息、强化印象、印证流言等方式来改变对政治结果的看法，本章称之为“信息传播”途径。其二，个体还可以通过动员、汲取嵌入性资源，以和政府人员直接进行互动的方式来达成工具性目标，进而直接改变对政府人员以至政治制度的信任，本章称之为“目标达成”途径。重要的是，饮食社交作为积累、维系、动员和汲取关系资本的重要形式，完全可以借助这两种途径来改变人们对政治的认知。也即，社交聚餐行为，可以通过宴席上的信息传播和宴请的目标达成来改变参与者的政治信任。实际上，较之社团参与、春节拜年等等其他社会互动行为，饮食社交因为具有网络的广延性、时间上的频繁性和空间上的近距离互动等等特点，对政治信任的影响力理论上应该更大、更显著。

我们进一步来检视饮食社交的具体过程：饮食社交的背景和动机千差万别，但我们可以将其大致分为“无工具性目的”的聚餐和“有工具性目的”的宴请。而“信息传播”可以作用于任何一种饮食社交形式。在宴请聚餐过程中，参加者之间所进行的交流如果涉及政治信息，其原有的政治信任可能会因接纳了新信息而调整变化。因此，“信息传播”本质上是一种信念学习过程。而这个聚餐的过程中信念学习的程度，会因为柯林斯（Collins，2004）所谓“共享情绪”互动仪式而被强化：聚会宴饮可以滋生强大的情感性力量，创造共同的情感和符号，使得信息看起来更具有可信度。而“目标达成”这个途径，则主要作用于为特定的工具性目的而进行的聚餐。也即，通过宴请甚至饮酒，宴请方表达“诚意”，以期望“建立或拉近关系”甚至达成“交换”（黎相宜，2009）。此时的“关系”导致的是非制度化的资源汲取。不管是通过哪种途径，理论上看饮食社交都有可能影响参与者的政治信任。这一点，也是本章下一步提出具体研究假设的理论基础。

（二）社会资本影响信任的相关研究

我国的政治信任研究多集中在农村，对城镇居民的研究非常有限，主要包括熊美娟（2011）、管玥（2012）、胡荣等（2011）和邹宇春等（2012）的研究。这四篇文献，在厘定概念、文献回溯和剖析中国市民的政治信任总体格局方面做出了非常重要的贡献，并为这类研究奠定了分析的起点。其研究结果，清晰地展示了社会资本的诸多操作化概念（如社会参与、基层政治参与、讨论网和拜年网等等）与人际信任和社会信任之间的正向关联。不过，这类研究仍然存在一些不足，特别是在因果推断、效应方向和人群差异研究等三个方面仍有较大提升空间。

第一，忽视了可能的内生性问题。内生性问题是干扰因果推断的主要障碍。首先，社会资本和信任可能被某个遗漏变量所同时决定。比如，不少研究使用餐饮网、拜年网来对社会资本进行操作化（参见梁玉成，2010；邹宇春等，2012；邹宇春，敖丹，2011）。餐饮网、拜年网本身，既体现一个人的社会关系经营的广度，同时也是餐饮或社交习惯的直接度量，与经济实力、社会地位、职业背景甚至性格偏好等个人异质性密切相关，而这些异质性，也会与信任或其他经济社会结果有关。这就要求，但凡我们要分析餐饮网、拜年网的效应，就必须在模型中尽可能地控制这些可观测或不可观测的异质性变量。但是，相关的社会资本研究，往往未能注意这一科学研究标准，导致结论缺乏足够的说服力。其次，信任和社会资本可以相互影响，构成双向的因果关系，简单进行回归也会带来估算偏误。总体而言，忽略以上提及的遗漏变量和双向因果这两类问题，都会导致实证研究结果本质上并不能辨别社会资本变量对信任的真实效应。例如，在邹宇春等（2012）的研究中，作者只能强调他们对社会资本和市民信任格局的描述，仅仅是相关而并非因果推断。

第二，忽视了可能的负面社会效应。在经典社会资本理论中，科尔曼和波茨等人都提出过社会资本可能对他人不利。新近的经济学研究中，加贝和里恩德斯（Gabbay & Leenders，1999）、阿德勒和关（Adler & Kwon，2002）都证实了社会资本在特定情境下的负面影响。而在转型期的中国，“关系”完全可能通过非制度化的途径来获取资源上的不正当优势（张宛丽，1996）。因此，一方面，对个人有益的关系资本，可能对他人无益甚至不利，即关系资本直接的负面效应；另一方面，关系资本赖以生成和改变的过程，在特定的情境和特定的方式之下，往往可能伴随消极的社会影响，即关系资本的“副作用”。在我国的社会资本研究中，尽管负面效应的观点很早就有学者提出（卜长莉，2006；蔡翥，朱士群，2005；杨光飞，2006；周建国，2002），但实证分析仅有针对企业家群体的寥寥数篇（李永强等，2012）。其实，仅在社会资本和信任的相关研究中，社会资本解释变量和信任变量之间的负向相关证据就已出现过不止一次，但都因各种原因被忽视了。例如，邹宇春等（2012）在广州数据分析中，曾发现居民的餐饮行为与警察、居委会干部的信任呈负相关。但因这个发现和其正向效应的研究假设不一致，作者仅在结尾提及几句未再深究，并且仍强调其正向效应的假设是合理的。同样，胡荣等（2011）发现，“业缘社团”因子（即校友或同学聚会、战友聚会等等）越强，对政府的信任程度反而越低，但作者还是一笔带过，转而讨论社会资本的积极作用。

第三，忽视了可能的人群区隔。现有文献的分析框架往往是“一步式”的：完成对“社会资本”和“政治信任”两个相关的操作化变量以及一组控制变量的回归分析并报告结果。但这样的分析实际是基于一个重要却未必合理的假设：社会资本效应具有人群同质性。而实际上，社会资本影响政治信任的机制和途径是多元化的，对于不同的人群，社会资本所起的作用很可能是各不相同的。假如我们以饮食社交来对关系资本进行操作化，分析关系资本如何改变人的政治观点，我们就可以预见：餐桌上的信息交流，可能对于教育程度低的人更有效——因为高学历者可能更不容易被小道消息左右。同样，信息传播可能对于男性更有效，因为女性往往对政治信息的传播不感兴趣。因此，在厘定社会资本变量对政治信任的总体影响的基础上，我们还应该进行“第二步”分析，以区别其在不同群体中的差异性效应。

（三）分析框架

关系资本积累、维系和动员的途径多种多样，饮食社交仅仅是其中的一种（边燕杰，张磊，2013）。比如，社会参与、拜年等等行为都可以生成或改变关系资本。尽管饮食社交是中国人经营关系资本最重要和最普遍的路径之一（Bian，2001；边燕杰，2004），本章仍然严格地将饮食社交行为视作关系资本得以生成和改变的过程，而非关系资本本身。因此，严格意义上，本章验证的是“饮食社交如何影响政治信任”，而非“关系资本如何影响政治信任”。在回顾文献、提出理论假设的基础上，首先我们将分析社交聚餐的频率和政治信任的各个维度是否显著相关，其次探讨这种相关是否具有因果性推断力，最后分析这种因果效应在不同人群中是否存在差异。这一系列验证的结果，将有助于我们探讨饮食社交、关系资本和政治信任这三大概念之间的关联：一旦我们因果性地证实人们参与“饭局”的次数会降低其“相信政府”的程度，我们就可以充分地向读者表明，饮食社交这个关系资本所赖以积累、维系和动员的重要途径，可能有着负面的政治后果。虽然关系资本本身不一定对政治信任带来直接的负面效应，但其赖以生成和改变的社会过程，却足以带来政治上的“副作用”。而在文献中，我们已有大量研究将饮食社交作为关系资本的测量维度之一。从这个角度出发，我们可以进一步推断：饭局提升了关系资本，却降低了政治信任。考虑到关系资本最大化往往是理性行动者的追求，且社交聚餐是中国传统人情社会得以运作的重要渠道，这个“副作用”，非常值得我们剖析和深思。

二、研究假设和模型设置

前文提及了饮食社交影响政治信任的可能途径，这里我们简要剖析并推论这些途径究竟会提高还是降低饮食社交参与者的政治信任，在此基础上提出一系列研究假设，最后讨论模型设置。

（一）假设的提出：总体侵蚀和四大差异

首先我们推测饮食社交中的“信息传播”途径是如何改变政治信任的。改革开放以来，我国公民有序政治参与取得了长足的进步，政治参与制度不断健全，形式不断丰富。不过，有学者发现，由于传统政治伦理问题、经济社会发展制约和公民意识不足等多种原因，我国公民政治参与的途径相对单一，制度仍不健全（秦德君，2001；张亚勇，2008；黄国满，2004；宋留清，2009；梁纪毅，2009；孙超，2009）。而处在社会转型期的中国，社会分层和流动不断加快，发展中的问题和矛盾也不断出现，人们自然会通过各种非正式甚至非制度化的方式进行政治参与或者对政治过程和行政行为进行评论与信息交流。而饭局、聚餐等饮食社交行为是中国人传统社交的重要载体。在正式政治参与方式仍显不足的情况下，饭局、聚餐所构造的场域往往会成为一种非正式政治参与的补充渠道。此外，在社会转型期，国家再分配力量对社会资源的掌控较为深入，经济、社会、文化方面的诸多话题，往往都离不开政治。因此，正式政治参与的不足，以及行政权力深入社会的格局，使得饭局、聚餐成为政治信息的非正式传播和评论途径。这样，各类和政治有关的信息甚至是各种潜规则、小道消息等等都会成为饮食社交过程中的讨论话题（司敏，2012）。但重要的是，在这样的非正式场合，“正面”的信息往往并不被重视，而“负面”的流言往往成为群体中情感性表达的渠道甚至相互信任的传递方式（Grosser，Lopez-Kidwell & Labianca，2010）。[①] 因此，政治信息在这样的非正式传播场合中不断被流转，往往更容易侵蚀而不是提升参与者的政治信任。[②]

除了“信息传播”途径，我们认为“目的达成”是饮食社交影响政治信任的另外一条潜在的渠道。一个推测就是，在宴请之后，宴请者不管目标有没有达到，都会进一步加深政治不信任。这是因为，如果达到目的了，则宴请者此前对体制的不信任会进一步加深；如果没有达到目的，则宴请者往往会认为关系资本的投入仍然不够，只会保持原有的对体制的不信任。而被宴请的一方，可能因为参加宴席获得面子以及预期回报而保持原有的政治信任。于是就引出了一个重要的人群差异问题：资源强势者和资源弱势者在饮食社交过程中的政治信任更新结果是不一样的。

在以上两个方面的基础上，我们可以推论：（1）聚餐上的“信息传播”，可能降低全体参与者的政治信任。（2）宴请中的“目标达成”，可能降低弱势资源者的政治信任，但不一定作用于强势资源者。因为社会资源的分布是不均衡的，拥有大量社会资源、处在金字塔上端的人总是少数。因此，宴请中的“目标达成”，会降低多数参与者的信任，保持或增加少数参与者的信任。基于这两点，我们就可以提出本章的“总体侵蚀”假设（假设 1）：饮食社交总体上会侵蚀居民的政治信任。

在社会转型期，党政机关和国有企事业单位中的干部群体，是集中代表“再分配权威”的体制内核心人群，而民营企业等非国有部门以及国有企事业单位中的非干部群体，则代表的是体制外的市场力量和体制边缘的群体。因此，总体上，干部的身份代表着体制内的资源强势群体，非干部身份代表着

---

① 实际上，研究发现个体层面的人际信任和政治信任并没有正向显著的统计相关关系（Newton，2001）。

② 关于正式政治参与不足使得饮食社交成为政治信息传播渠道的推测，得到了匿审专家的提示。

体制外和体制边缘的资源相对弱势群体。据此，提出“体制差异”假设（假设 2）：饮食社交对政治信任的侵蚀效应，在非干部人群中更为显著。

性别差异很可能会影响饮食社交改变政治信任的过程。特别是，女性对政治话题关心较少，即便是具有较高学历的知识女性，其政治义务感仍然很弱。饮食社交中的政治信息流动可能对她们来说不太重要，甚至被她们有选择地屏蔽和过滤。例如，祝平燕（2007）的研究指出，即便是高校的知识女性，也不太关心国内外大事，她们很少收看新闻联播和午间新闻，有的人甚至连报刊也很少看。据此，我们提出“性别差异”假设（假设 3）：饮食社交对政治信任的侵蚀效应，在男性中更为显著。

代表人力资本的教育程度也可能是侵蚀效应差异化的源头之一。例如，戴元光等（1988）在传播学研究中就提出“态度改变理论”，强调教育程度高的人更不容易改变观点。据此，我们提出“教育差异”假设（假设 4）：饮食社交对政治信任的侵蚀效应，在低学历人群中更为显著。

考虑到市场经济发达地区的城镇中市场的力量相对较强，虽然收入差异有可能较大，但总体上体制内社会资源和体制外社会资源的对比差异，比经济不发达地区要小。同时，市场经济发达地区人们的关系资本积累、维系、动员和汲取，除了通过饮食社交来进行，还可能有其他更为丰富的形式（一起打球、运动等等）。也因此，不发达地区的饮食社交无论对于关系资本的维系还是使用都更为重要，对政治信任产生的影响也更大。据此，我们提出“地区差异”假设（假设 5）：饮食社交对政治信任的侵蚀效应，在市场经济不发达地区更为显著。

以上共五个假设，概括起来就是“总体侵蚀”和“四大差异”。

（二）模型设置：定序概率比模型和工具变量

信任指标的数据往往是定序变量，但序次之间的间隔可能是不相等的，因此本章采用定序概率比模型（OProbit 模型）来分析饮食社交和政治信任的关系。当然，我们进行了标准的平行线检测，证明可以运用该模型。

我们假设存在一个未被观察到的连续因变量 Y^*（真正的政治信任度），它是一组自变量的线性函数：

$$Y^* = \beta_0 + \beta_1 S_i + \beta_2 X_i + \varepsilon_i, \ Y = j \ (k_{j-1} \leqslant Y^* < k_j) \tag{9.1}$$

式中，S_i 表示第 i 个被访者的饮食社交频率，X_i 则是一组控制变量，包括个人的人口学特征、经济社会地位、职业特征等等。ε_i 是误差项。β_1 就是我们关心的关系资本对政治信任的影响系数。k_i 为 Y^* 的分界点，即政治信任的分级。也就是说，当 $Y^* < k_1$ 时，我们就观察到 $Y=1$，当 $k_1 \leqslant Y^* < k_2$ 时我们就观察到 $Y=2$，依次类推。

前文多次提及，直接用概率比模型对方程 9.1 进行估算，会忽视遗漏变量和双向因果等内生性问题，导致估算偏误且不能证实真正的因果效应。对于横截面数据，要解决这个问题，就必须寻找到一个合格的工具变量：它必须与饮食社交的强度密切相关，但又不直接影响政治信任。找到了这样的工具变量，我们就可以通过比较工具变量对因变量和自变量的影响，将干扰项的影响“过滤”掉（Chen，2012）。现假设 Z_i 是一个合格的工具变量，我们可以写一个联立方程组以表示工具变量定序概率比模型（IV-Probit 模型）。

$$Y^* = \beta_0 + \beta_1 S_i + \beta_2 X_i + \varepsilon_i,\ Y = j\ (k_{j-1} \leqslant Y^* < k_j) \tag{9.2}$$

$$S_i = \gamma_0 + \gamma_1 Z_i + \gamma_2 X_i + \xi_i \tag{9.3}$$

式中，Z_i 是工具变量，ξ_i 是随机误差项。在这个方程组中，必须满足 $\mathrm{Cov}(Z, \varepsilon_i)=0$，且 $\mathrm{Cov}(Z, S_i) \neq 0$。因为饮食社交是连续变量，我们对方程 9.3 进行 OLS 回归，得到 S_i 的预测值 $\hat{S}_i = \hat{\gamma}_0 + \hat{\gamma}_1 Z_i + \hat{\gamma}_2 X_i$，然后将方程 9.2 里面的 S_i 用 $\hat{S}_i$ 来替代进行 OProbit 回归，以得到 β_1 的一致估计量。在分析中，本章将对单方程 OProbit 和 IV-OProbit 模型的分析结果进行比较。

三、数据描述和分析结果

本章使用的数据来自 2009 年中国八城市“社会网络与职业经历”问卷调查。该调查由边燕杰主持，在长春、广州、济南、兰州、上海、天津、厦门和西安八城市采用多阶段系统抽样的方式，共访谈了 7 102 名有非农职业经历的 18 到 69 岁城镇居民。在每个城市均首先通过分层抽样选择区及其居委会，选定居委会后，使用地图法获取家庭户的抽样框，然后随机抽取被调查户，入户后选取生日最接近于 7 月 1 日的家庭成员进行问卷调查。剔除缺失值之后，最终本章的工作样本量为 3 127 人。主要数据描述参见表 9－1。

(一) 因变量

本章的因变量是“政治信任”。在 JSNET 2009 问卷中，被访者被要求对 12 类测量指标的信任程度进行回答。其中有 4 类用来测量人际社会信任，信任对象分别为“家人”“邻居”“外地人”和“陌生人”，另外 8 类用来测量对制度的信任，信任对象为“商人”“居委会干部”“政府”“警察”“医生”“新闻”“法院法官”和“科学家”。显然，其中涉及政治信任内容的有“政府”“警察”“法院”和“居委会干部”等 4 项指标。考虑到“政府”一项从语义上涵盖了中央、地方政府以及政府官员，其内涵比“法官”“警察”和“居委会干部”等更符合政治信任的对象定义，本章以对“政府”的信任作为首要的因变量。同时，在拓展分析中也将分别对“法官”“警察”和“居委会干部”以及由四项指标经过因子分析生成的政治信任因子等四个辅助因变量进行分析。数据中，信任程度的测量为定序分类，选项为“完全信任”“比较信任”“不太信任”“根本不信”（选择“不知道/说不清”的则被从样本中剔除）。政治信任各指标的主要分布见表 9－1。

表 9－1　主要数据描述（N=3 127）

	均值	标准差
年龄	42.4	12.3
社团参与因子	0.011	0.989
家庭年收入（万元）	7.26	36.9
初职交往面因子	0.049	0.995
政治信任因子（N=2 549）	−0.010	0.99
春节拜年网（人）	26.4	29.8
社会信任因子	−0.014	0.989
上月食物支出（元）	1 250	903
饮食社交因子	−0.026	1.00
性别	男	女
	1 452（46.43%）	1 675（53.57%）
是否本地人	是	否
	2 582（82.57%）	545（17.43%）

是否党员	是	否
	569 (18.20%)	2 558 (81.80%)
户籍	城镇	农村
	2 789 (89.19%)	338 (10.81%)
是否有自有产权房	是	否
	1 925 (61.56%)	1 202 (38.44%)
婚姻	已婚	未婚/单身/离异
	2 409 (77.04%)	718 (22.96%)

教育程度	小学及以下	初高中/中专	大专及以上
	164 (5.24%)	1 735 (55.48%)	1 228 (39.37%)

	从不	很少	有时	较多	经常
请人吃饭	705(22.55%)	924(29.55%)	1 094(34.99%)	222(7.10%)	182(5.82%)
被请吃饭	534(17.08%)	892(28.53%)	1 239(39.62%)	262(8.38%)	200(6.40%)
陪人吃饭	648(20.72%)	909(29.07%)	1 124(35.94%)	258(8.25%)	188(6.01%)

	完全信任	比较信任	不太信任	根本不信任	样本数
政府信任	507(21.05%)	1 422(59.05%)	376(15.61%)	103(4.28%)	2 411
警察信任	470(15.89%)	1 777(60.07%)	544(18.93%)	167(5.65%)	2 963
法官信任	392(14.69%)	1 626(60.92%)	537(20.12%)	114(4.27%)	2 674
居委会干部信任	308(10.94%)	1 836(65.20%)	561(19.92%)	111(3.94%)	2 822

注：部分因变量系在剔除全部缺失值之前计算，故此存在均值不为 0 的现象。

（二）解释变量和控制变量

本章的解释变量是“饮食社交”。在 JSNET2009 问卷中，被访者被问及以下三个问题：(1)“您请人在外就餐过吗？”(2)“您被请在外就餐过吗？”(3)“您陪朋友在外就餐过吗？”这个题器的设计准确地对应了请客、被请和陪客这三个维度。问卷提供了五个定序选项：“从不”“很少”“有时”“较多”和“经常”。本章使用主成分分析和方差极大旋转方法从这三个指标中提取出代表总体“饮食社交”频率的因子。相关数据描述参见表 9-1。在方程的右侧，本章将广泛控制被访者个人特征和经济、职业等等变量，具体包括：

(1) 被访者的人口学特征，如性别、年龄、婚姻、教育程度、所在城市、是否本地人等。这些均是常规性的控制变量。(2) 被访者的经济社会地位，如户籍、是否党员、就业状态①、现职（或最后职业）单位所有制性质②、现职（或最后职业）所在行业③、获得现职（或最后职业）时的工作经验、是否有自有产权房和家庭收入对数。毫无疑问，这批变量可能同时与政治信任和关系资本相关，必须加以控制。同时，广泛控制行业、工作单位性质等有助于把"饮食社交"所可能反映的其他身份特征过滤掉。(3) 其他信任决定因素，如春节拜年网、社团参与因子和社会信任因子等体现其他维度社会资源的变量可能既影响饮食社交又影响政治信任，也必须加以控制。(4) 异质性控制变量，如上月食物支出被用来控制被访者在餐饮爱好上的异质性。同时，被访者初职的单位性质和行业类型也被控制，这是为了确保工具变量的外生性，下文会详细分析。

（三）工具变量

本章所采用的工具变量是"初职工作交往面"（由工作所决定的与各类人打交道的强度因子）。毋庸置疑，工作岗位所带来的交往面和单位的所有制性质、行业等等有关，甚至个人的政治态度也会影响到行业选择。一般而言，大学、科研部门的岗位往往和人打交道少，而企业特别是服务业则可能交往面很广。但一旦我们系统控制了被访者人生第一个工作的单位性质和行业类型，那么，这个初职交往面就可以被认为是外生的。这是因为，刚刚参加工作的人，虽然可以凭借人力资本或者家庭背景来选择行业和所有制，但一般而言这个选择和工作交往面并无关系（换句话说，工作交往面并不是判断工作岗位好坏的重要依据），而单位也因对个人的不了解而无法根据其个人能力特征为之匹配最为适合的岗位。这样，在控制了初职的行业和单位性质等相

---

① 就业状态包括全职、半职、下岗/待业/失业、离退休、离退休后再就业、在学、在家和其他等八类。

② 单位性质包括党政机关、国有企业、事业单位、集体企业、个体经营企业、私营企业、外资/合资企业、股份制企业和其他等九类。退休、在学或失业等未填写的作为第十类。

③ 行业包括农林牧渔业，采掘业，制造业，电力、煤气、水的生产及供应业，建筑业，地质勘探、水力管理业，交通运输、仓储、邮电通信业，批发和零售贸易、饮食业，金融、保险业，房地产业，社会服务业，卫生、体育、社会福利事业，教育、文化艺术、广播电视事业，科学研究和综合技术服务业，国家机关、政党机关、社会团体，其他行业等十六类。退休、在学或失业等未填写的则作为第十七类。

关特征之后，“初职工作交往面”就可以被视作随机分配的结果，也因此和被访者未来的政治信任无关（为稳妥起见，在稳健性测试中我们还进一步在工具变量模型中控制了初职的单位人员规模，以确保工具变量的外生性）。但是，由于“路径依赖”，它毫无疑问会对人们现在的社会交往面具有一定的影响。这个影响及其强度，可以在工具变量回归的第一阶段得到统计证明。

在调查问卷中，被访者被问及初职中因工作与9个方面的社会交往程度：（1）与顾客/服务对象打交道；（2）与客户打交道；（3）接待各种来客；（4）与上级领导打交道；（5）与下级同事打交道；（6）与平级同事打交道；（7）与上级部门/单位打交道；（8）与下级部门/单位打交道；（9）与其他单位打交道。供选择的选项有四个，分别是“经常”“有时”“很少”和“从不”。利用主成分分析法和方差极大旋转法，我们抽取一个“初职工作交往面”的因子来作为工具变量。当然，各人对这四个选项的主观衡量可能不同，但考虑到初职的单位性质和行业均已得到控制，通过因子分析法抽析出综合因子后应该能够比较准确地反映工作交往面。而且，工具变量的相关性可以在回归的第一阶段得到统计证明。

（四）政府信任的分析结果

对“政府信任”的分析结果参见表9-2。其中，模型1是基准OProbit模型，控制的变量和邹宇春等（2012）的广州分析完全一致。而在模型2中，本章加入了一系列重要的控制变量，以使得“饮食社交”不再代表职业特征和饮食偏好等，提高概念操作化的效度，过滤掉竞争性解释。① 模型3则采用“初职工作交往面”作为工具变量，即IV-OProbit模型。IV-OProbit模型第一阶段回归的F值为66.9，远超过16的经验值（Stock & Yogo，2005），这说明“初职工作交往面”和后期的饮食社交密切相关。而Wald检验拒绝了零假设，表明饮食社交确有可能是内生变量。如果工具变量的合理性不受质疑，那么模型3的相关估计量就比模型2的更为可靠。②

---

① 考虑到控制的变量较多且可能相关较强，我们对模型2改用OLS回归并进行了多重共线性检测，结果VIF数值仅为8，没有超过10的经验值。

② 在稳健性测试中，我们在IV-OProbit模型中进一步控制了初职的单位人员规模，以确保工具变量的外生性。得到的结果和文中所述几乎一致。限于篇幅不再展示。

表 9-2　饮食社交对政府信任的影响（N=2 411）

	模型 1	模型 2	模型 3
	OProbit 模型	OProbit 模型	IV-OProbit 模型
饮食社交因子	−0.079 (0.028)**	−0.091 (0.029)**	−0.431 (0.158)***
男性	−0.018 (0.047)	−0.017 (0.052)	−0.052 (0.061)
年龄	0.014 (0.014)	0.015 (0.015)	0.007 3 (0.015 8)
年龄平方	−0.000 05 (0.000 02)	−0.000 04 (0.000 2)	−0.000 06 (0.000 1)
本地人	−0.221 (0.075)**	−0.295 (0.085)***	−0.283 (0.086)***
已婚	0.092 (0.066)	0.094 (0.069)	0.045 (0.073)
住产权房	0.009 (0.052)	0.029 (0.053)	0.007 (0.054)
党员	0.12 (0.06)*	0.063 (0.065)	0.058 (0.065)
（教育）中学或中专	−0.234 (0.129)*	−0.292 (0.133)**	−0.209 (0.133)
（教育）大专及以上	−0.402 (0.139)**	−0.511 (0.146)***	−0.369 (0.157)**
社团参与因子	0.187 (0.036)***	0.182 (0.037)***	0.244 (0.044)***
城镇户口		−0.088 (0.107)	−0.132 (0.108)
家庭年收入		0.011 (0.038)	0.093 (0.05)*
上月食物开支		−0.000 02 (0.000 03)	−0.000 06 (0.000 3)
春节拜年网		0.000 6 (0.001)	0.002 (0.0012)
社会信任因子		0.120 (0.028)***	0.112 (0.029)***
就业状态		YES	YES
初职单位性质		YES	YES
初职行业类型		YES	YES
现职/末职单位性质		YES	YES
现职/末职行业性质		YES	YES
城市虚拟变量		YES	YES
第一阶段 F 值			66.9
Wald 检验			p= 0.04
Cut 1	−1.145 (0.29)***	−1.890 (0.508)***	−1.359 (0.541)***
Cut 2	0.760 (0.281)***	1.509 (0.511)***	1.571 (0.542)***
Cut 3	1.53 (0.294)***	2.445 (0.510)***	2.481 (0.548)***

注：(1) 括号内为异方差稳健性估计的标准误。(2) * $p<0.1$，** $p<0.05$，*** $p<0.01$。(3) 虚拟变量中，女性、外地人、单身、农村户口、小学及以下、全职就业、党政机关、农林牧渔业、长春市为参照群体。(4) YES 表示控制了相关虚拟变量，但限于表格篇幅未列出具体估计量。

从表 9-2 的结果看，基于三个模型得出的结论是一致的，即饮食社交实际上对城镇居民的政府信任有着侵蚀作用。由于 OProbit 模型的系数诠释更为复杂，为直观和节省篇幅起见，我们对线性 IV 方程的结果做一个简化的说明。如果将饮食社交定义为包含三个子项目的里克特量表的平均得分，且将政府信任变量作为从 1 到 4 的连续变量看待，我们就可以直接采用线性两阶段工具变量回归并进行最直观的诠释。线性工具变量模型估计出的偏系数为 0.26[①]，意味着在其他条件都不变的情况下，饮食社交的频率每提升一个等级（例如，从“很少”到“有时”），其带来的政府信任就会下降 0.26 即四分之一个等级。在数量级上，饮食社交的频率对政府信任的影响强度，与教育程度对政府信任的影响几乎相当。可见，中国人情社会中常见的“吃吃喝喝”，对政府信任有着可观的总体侵蚀作用。

在其他控制变量方面，代表着对社会自然人信任的“社会信任”因子以及参与各类社会活动的“社团参与”因子，都和政府信任呈显著正向相关。这和以往的研究均吻合得很好。而教育程度则和政府信任呈反向相关，这显示随着学历的增高，人们的思维更加具有独立性。家庭收入也能影响到政府信任，体现了政治合法性的基础之一是经济和收入要素。此外，是否本地人和政府信任密切相关，可能代表了移民对所在城市中体制力量的信任：在陌生情境中人们可能更加信任制度化的力量。

最后，如何理解 IV-OProbit 估计量大于 OProbit 估计量？一方面，可能是遗漏的性格、偏好等个体异质性与饮食社交呈正相关，但与政府信任呈负相关。另一方面，政府信任很可能和饮食社交存在着双向因果关系。比如，越不信任政府则越会通过工具性的饮食社交来获取社会资源，而越多进行这种饮食社交，则会通过信息传播和目标达成两个机制，愈发对政府不信任。此外，政府信任的测量可能存在一定的误差，而测量误差总是导致回归结果向零靠拢，即低估偏系数的绝对值。不过，从 OProbit 估计量到 IV-OProbit 估计量，其值增加了四倍，应该不仅仅是测量误差就足以解释的，这也反过来印证了我们的诠释。[②]

（五）其他政治信任指标的分析结果

如果说前文分析的“政府信任”代表了政治信任中对制度和官员的总体

---

① 注意，此处的 0.26 来自标准线性工具变量分析，即将因变量视作连续变量，在 STATA 中使用 ivreg 命令。而表格中报告的 IV-OProbit 模型估计量在 STATA 中均用条件混合过程模块估算（conditional mixed processes）获得。

② 工具变量估计量变大往往还可能是局部平均干预效应（local average treatment effects）所致。相关的实证诠释参见下一章我们对农民工同乡打工网的分析。但在本章的研究情境和工具变量选择中，这种诠释基本没有说服力。

信任程度，那么对警察、法官的信任则代表对司法的信任，对居委会干部的信任则代表对基层干部的信任。本部分仍然采用与前文同样的模型进行分析。同时，我们也利用主成分分析和方差极大旋转，从政府信任、警察信任、法官信任、居委会干部信任这四个变量中抽取一个政治信任因子。值得一提的是，在对警察信任、法官信任和居委会干部信任和政治信任因子的分析中，"初职工作交往面"也顺利通过弱工具变量的检验，但前三者（定序变量）的Wald检验和政治信任因子（连续变量）模型的豪斯曼检验均表明工具变量估计量和单方程估计量没有系统区别。考虑到工具变量估计量标准误较大，在表9-3中展示的结果为OProbit（警察、法官和居委会干部信任）和OLS估计量（政治信任因子）。这同时也表明，"双向因果关系"可能更多地体现在"政府信任"和"饮食社交"之间，而在对警察、法官和居委会干部等具体人群的信任方面，则不一定存在这种明显的双向因果关系。其他控制变量方面，值得关注的是，教育程度对法官信任的影响是正向的，而对警察和居委会干部信任的影响则是负向的，这应是法官职业的专业性、权威性，在人们的心目中高于警察和居委会干部所致。

通过以上的分析，我们可以进一步确认，饮食社交的频率因果性地侵蚀政治信任的各个维度。也即，假设1（总体侵蚀）得到了基于反事实框架的有力证明。这个发现的意义在于，通过"饮食社交"固然可以积累和维系关系资本，但伴随着这个生成和改变关系资本的过程的，却是人们对政府信任、警察信任、法官信任、居委会干部信任等等的削弱。换句话说，在关系的情境下，个人获取和使用社会资本反而会降低个人对体制的信任，使整个社会付出一定的政治代价。这也就是我们所说的关系资本的"副作用"。

表9-3　饮食社交对其他政治信任指标的影响

	警察信任 (N=2 963)	法官信任 (N=2 674)	居委会 干部信任 (N=2 822)	政治信任因子 (N=2 549)
饮食社交因子	−0.096*** (0.027)	−0.056** (0.280)	−0.115*** (0.029)	−0.082*** (0.022)
男性	−0.095** (0.047)	−0.641 (0.048)	−0.025 (0.049)	−0.048 (0.039)
年龄	0.010 (0.014)	−0.022 (0.014)	0.026 (0.014)	0.000 4 (0.012)

续表

	警察信任 （N=2 963）	法官信任 （N=2 674）	居委会 干部信任 （N=2 822）	政治信任因子 （N=2 549）
年龄平方	−0.000 8 (0.000 2)	−0.000 2 (0.000 2)	−0.000 3 (0.000 2)	−0.000 07 (0.000 1)
本地人	−0.203*** (0.069)	−0.119 (0.074)	−0.079 (0.073)	−0.041 (0.07)
已婚	0.032 (0.06)	0.012 (0.064)	0.088 (0.066)	0.001 5 (0.053)
住产权房	0.037 (0.048)	0.112** (0.050)	0.014 (0.051)	0.014 2 (0.041)
党员	0.029 (0.059)	0.114* (0.061)	0.092 (0.062)	0.163 (0.046)
（教育）中学或中专	−0.262** (0.109)	0.120 (0.112)	−0.087 (0.108)	−0.167** (0.077)
（教育）大专及以上	−0.335*** (0.122)	0.297** (0.126)	−0.159 (0.124)	−0.260*** (0.090)
社团参与因子	0.119*** (0.034)	0.096** (0.034)	0.225*** (0.036)	0.172*** (0.025)
城镇户口	−0.172** (0.086)	−0.041 9 (0.089)	−0.046 (0.093)	−0.069 (0.086)
家庭年收入	0.012 (0.031)	0.012 4 (0.031 1)	0.025 (0.032)	0.049* (0.028)
上月食物开支	0.000 01 (0.000 2)	0.000 02 (0.000 02)	0.000 01 (0.000 02)	0.000 3 (0.000 2)
春节拜年网	0.000 6 (0.000 8)	0.000 12 (0.000 2)	0.001 (0.000 7)	0.000 6 (0.000 7)
社会信任因子	0.077*** (0.023)	0.082*** (0.249)	0.131*** (0.266)	0.396*** (0.031)
就业状态	YES	YES	YES	YES
初职单位性质	YES	YES	YES	YES
初职行业类型	YES	YES	YES	YES
现职/末职单位性质	YES	YES	YES	YES
现职/末职行性质	YES	YES	YES	YES
城市虚拟变量	YES	YES	YES	YES

注：(1) 括号内为异方差稳健性估计的标准误。(2) * $p<0.1$，** $p<0.05$，*** $p<0.01$。(3) 虚拟变量中，女性、外地人、单身、农村户口、小学及以下、全职就业、党政机关、农林牧渔业、长春市为参照群体。(4) YES 表示控制了相关虚拟变量，但限于表格篇幅未列出具体取值。

（六）侵蚀效应的人群差异

下面我们来验证“四大差异”。首先来看饮食社交对政府信任在不同人群中的差异性影响。为节省篇幅，我们把对政府信任的体制、性别、学历和地区四类差异分析结果全部集中到表 9-4。注意，理论上我们不能直接对样本进行分割，并通过简单的分组子样本回归进行比较，而是应该在模型中引入饮食社交与不同人群类别（一个二分变量）的交互项。只有交互项系数显著，才能说明人群甲与人群乙在饮食社交的影响力方面存在差异。这一点，在样本量有限的情况下特别重要。为此，李爽、陆铭和佐藤宏（2008）以及张爽、陆铭和章元（2007）曾对奈特和岳（Knight & Yueh，2002）的研究提出批评。陈云松、沃克尔和弗莱普（2013）质疑莫维（Mouw，2002）的复制性社会资本研究的出发点也在于此。

表 9-4　饮食社交对其他政治信任指标在不同人群中的侵蚀差异

	体制差异		性别差异	
	干部	非干部	男性	女性
对政府信任的侵蚀	−0.029 (0.081)	−0.114*** (0.032)	−0.105** (0.041)	−0.079* (0.043)
对警察信任的侵蚀	−0.077 (0.081)	−0.103*** (0.029)	−0.138*** (0.039)	−0.057 (0.038)
对法官信任的侵蚀	−0.089 (0.085)	−0.064** (0.030)	−0.076* (0.041)	−0.03 (0.04)
对居委会干部信任的侵蚀	−0.056 (0.085)	−0.149*** (0.032)	−0.14*** (0.043)	−0.089** (0.041)
对政治信任因子的影响	−0.068 (0.058)	−0.081*** (0.024)	−0.099*** (0.032)	−0.068** (0.033)
	教育差异		地区差异	
	大专及以上	中学或中专及以下	发达	不发达
对政府信任的侵蚀	−0.049 (0.051)	−0.129*** (0.037)	−0.074* (0.041)	−0.122*** (0.042)
对警察信任的侵蚀	−0.096 (0.035)	−0.102*** (0.044)	−0.064 (0.042)	−0.118*** (0.038)
对法官信任的侵蚀	−0.047 (0.036)	−0.053 (0.046)	−0.051 (0.042)	−0.053 (0.039)
对居委会干部信任的侵蚀	−0.040 (0.048)	−0.165*** (0.039)	−0.111*** (0.04)	−0.116*** (0.042)
对政治信任因子的影响	−0.042 (0.038)	−0.117*** (0.028)	0.082*** (0.031)	0.102*** (0.033)

注：（1）括号内为异方差稳健性估计的标准误。（2）* $p<0.1$，** $p<0.05$，*** $p<0.01$。

尽管没有在表 9-4 中报告，但我们发现相关的交互项都是统计显著的。为节省篇幅和更方便阅读，我们在表 9-4 中直接报告了分组回归结果。不难发现，在体制差异方面，干部代表了“体制内”最核心的人群。在体制外和体制边缘的非干部人群中，饮食社交对政府信任的侵蚀作用表露无遗。对干部而言，饮食社交、教育程度、社会信任等因素对政府信任都没有显著的影响，这显然是因为作为“体制内”的干部群体，其政府信任主要由自身信仰、政治素质和工作岗位所决定。不过，这绝不代表体制内人群的饮食社交是无害的，因为其成本过去往往要通过国家财政来承担，这无论是在公共财力上还是在执政基础方面，都会对社会运行产生总体的负面作用。[①]

在性别差异方面，女性的饭局频率对政府信任的影响非常微弱，而男性的饭局频率则显著侵蚀政府信任。在教育差异方面，具有大专及以上文凭的人，其政府信任不受饮食社交的影响；而中专及以下的低学历者，其政府信任明显受到侵蚀。在地区差异中，市场经济较为发达的上海、广州、厦门和天津等城市，人们的政府信任受饭局频率的影响相对较弱；而在其他城市，饮食社交对政府信任有着显著的负面侵蚀作用。可见，饮食社交对政府信任的影响，是具有非常大的人群差异性的。这与社会信任因子、教育程度、社团参与因子、是否本地人等其他重要因素对政府信任的影响非常不同。后四者，几乎在全部人群中都和政府信任存在紧密关联。通过表 9－4，我们能看出，饮食社交对政府信任的侵蚀最明显的城镇人群，应该是经济不发达地区的体制外的低学历男性。

表 9－4 证实了饮食社交对政府信任的侵蚀在不同的人群中具有明显的差异。那么，其对警察、法官、居委会干部信任以及总体政治信任因子的影响是否也如此呢？本章分别以这四个指标作为因变量进行分析。为节省篇幅，表 9－4 只保留各回归方程中饮食社交的偏系数，其他控制变量不再讨论。同时，我们把前文讨论的政府信任偏系数放在第一行以便比较。从表 9－4 中可以看出，总体上，饮食社交对五种政治信任指标的侵蚀都存在体制、教育、性别和地区上的差异，即“四大差异”得到了有力的证明。值得关注的是饮食社交对法官信任影响上的教育区隔：表 9－3 中基于全体样本的分析表明，

① 考虑到问卷询问的问题涉及政治信任，该回归分析的结果亦有可能是干部群体在回答上高报政治信任所致。为此，我们感谢匿审专家的提醒。不过这并不影响本章最重要的结论，即总体侵蚀。相反，如果干部群体的政府信任也因饮食社交而降低，则更加说明了饮食社交对政府信任的总体侵蚀作用。

饮食社交对法官信任的影响是负向显著的；而表 9-4 中基于大专及以上和中专及以下两类人群的分析则表明，该影响在两类人群内均不显著。这表明，两大人群之间应具有显著的“组间”差异，而两大人群内部则均无显著的“组内”差异。这和表 9-3 中教育程度对法官信任的偏系数吻合得很好：和小学教育程度者相比，大专及以上教育程度者对法官具有更强的信任，而中学或中专教育程度者则和小学教育程度者没有显著差异。总体上看，饮食社交对政治信任的侵蚀差异模式是：体制差异方面，饭局的频率仅仅对非干部人群存在侵蚀，对干部人群几乎没有影响；性别差异方面，在男性中比女性中更明显和更强烈；教育差异方面，对大专及以上人群几乎没有影响，但强烈和显著影响中专及以下人群；地区差异方面，在发达城市的影响要小于在不发达城市的影响。

四、结语

与以往的社会资本研究不同，本章通过验证饮食社交对政治信任的负面影响，来探讨关系资本和政治信任之间的关联。在研究中，我们提出了饮食社交对政治信任具有侵蚀作用的系列假设，并利用 JSNET 2009 数据进行实证分析，证实了饭局的频率对于个人的政治信任存在负向因果效应。尽管关系资本的产生和变化途径不仅仅来自饭局（也来自诸如社会参与、拜年、职业网等等），但饭局是中国社会中关系资本得以积累、维系和动员的最重要途径之一。因此，饮食社交对政治信任的显著侵蚀，虽不能简单视为关系资本直接影响政治信任的证据，但可以看作特定的关系资本过程所带来的政治“副作用”。也就是说，吃吃喝喝的形式，虽然可以增加个人层面的关系资本，但在一定的经济社会情境中，却会给社会总体运行特别是政治信任带来不利。这也就是“关系”的社会代价之一。

结合前人的研究，我们可以进一步认识到，关系资本和政治信任之间的关系，不是简单正向而是多元复杂的：社会参与、拜年网、职业网等指标虽然和政治信任呈正相关，但饮食社交却对政治信任有着因果性的负向影响。或者说，关系资本积累的过程，既可能伴随着政治信任的提升，但也完全可能伴随着政治信任的下降。在理论意义上，这提醒我们在今后的研究中要进一步留意三个问题：第一，关系资本具有多维的特性，应该有更好更多的测量工具；第二，对关系资本的研究，既要关注其直接的因果效应，也要关注其相关社会过程所带来的关联影响；第三，对关系资本的研究，既要关注其积极意义的一面，也要关注其消极意义的一面。在政策意义上，本章的结果表明，尽管饮食社交是中国人情社会的重要运行方式，是个人积累、维系和动员关系资本的重要渠道，但在正式政治参与不足的情况下，这一社会互动行为可能会带来政治“副作用”。而解决之道，在于进一步简政放权，深化改革，以减少人们借助饮食社交进行非制度化资源汲取的行为。同时，应积极倡导更健康、有益的社交方式。

除了通过定量分析较早关注“关系”的负向作用，本章的贡献还体现在分析模型和分析深度两个方面。第一，我们运用高级计量模型以试图解决潜在的遗漏变量和双向因果等问题，实现因果推断。为解决内生性问题，我们在模型中系统控制了被访者的人口学、经济社会和职业等大量的相关变量，并采用工具变量定序概率比模型的方法证实了饮食社交的负向作用。第二，我们对饮食社交对政治信任的侵蚀效应进行了细化分析，发现其具有明显的体制、性别、地区和教育等群体区隔，弥补了研究的空白。当然，由于缺乏足够的数据，本章虽提出了“信息传播”和“目标达成”这两种饮食社交影响政治信任的机制，但未能进一步进行细化区别“无工具性目的”的聚餐和“有工具性目的”的宴请。这个遗憾，要待未来搜集更为详细的数据才能加以解决。

最后，本章有助于对“关系社会学”学科地位的思考。关系资本的积累往往基于个人的工具理性行为，通过特殊的私密渠道来进行，并带来对公共资源的侵蚀和掠夺，甚至引发微观和宏观层次上的社会资本冲突。因此，关系资本无论是在语义方面还是在行为作用方面，都曾引发学者更深层次甚至关乎学科本身的质疑：“关系”的盛行，除了与社会形态和文化传统相关之外，是否还有关系社会学的“自我实现预言”（self-fulfilling prophecy）机制在发挥作用（奂平清，2010）。换句话说，推动关系社会学的研究是不是将进一步恶化关系的社会作用？但我们认为，恰恰因为关系资本积累的过程有可能对社会带来消极作用，对其进行全面、系统和理性的分析，才是非常有必要的。正如本章所展示的那样，只有认真定义、剖析“关系资本”独特的积累、动员和汲取路径，才能发现它或者和它有关的负面社会功能的存在。相反，如果不研究、不剖析它，那么对于“关系”的负面作用，我们永远只会停留在理论直觉阶段。也因此，“关系社会学”作为一门子学科的提出和发展，会有助于我们理解和认清“关系”的暗面及其社会机制，而不会出现学者所担忧的“自我实现预言”。从这个角度看，“关系社会学”的建立和发展，体现了当代中国社会学研究的理论自觉和反思性。

第十章　关系的社会流动效应：同乡网络与农民工收入

导读：以往基于家庭网和社交网的实证研究表明，网络对于农民工的工资收入没有影响。但这些结论的得出，很大程度上是由于对农民工个人网的范围界定不准，且对内生性问题解决不够。本章针对中国农民工频繁返乡的特点，采用基于22个省份的农户调查数据，证实了同村打工网（村庄外出打工人数）的规模对于农民工在城市的收入具有正向效应。为解决影响因果判断的内生性偏误问题，本章采取将赫克曼二阶段法和工具变量方法相结合的多重模型识别策略，把村庄遭受的自然灾害强度被作为工具变量。

农村劳动力向城市的转移，是转型期中国社会人口流动的一个重要现象。从以往国际人口流动和移民研究来看，社会网对移民或流动人口在目的地的社会结果（求职、收入、地位获得等等）具有很大影响，相关理论和实证研究都非常丰富。在国内，有一批优秀的经济学和社会学文献探讨了社会网对农民外出打工决策（Hare & Zhao，2000；Mallee，1999；Meng，2000；Zhao，1999，2003；Zhang，2001；Bao et al.，2007；Lu et al.，2008）和农民工工资收入的影响（章元等，2008；章元，陆铭，2009；刘林平，张春泥，2007）。从近年来农民工工资研究的实证结果来看，虽然相关研究成果不多，但无论是计量经济学文献还是社会学定量分析，似乎都说明社会资本、社会网络等嵌入性资源对农民工的工资收入没有影响。

例如，刘林平和张春泥（2007）通过对珠三角地区的研究发现，请客送礼、参加工会等社会网络动员并不能给农民工带来更高的收入。章元等（2008）、章元和陆铭（2009）分别用10省份和22省份的数据分析了农民工的家庭网、亲友网和收入之间的关系。他们的研究结果表明，基于家庭的网络对于农民工收入几乎没有作用。不过，就此做出社会网对于农民工收入并无回报的结论为时尚早。特别是，从社会学视角来看，无论是基于请客送礼的关系网，还是基于家庭的血亲网，其实都只是以农民工个体为中心的社会网络中的有限子集。要进一步检验农民工收入的社会网络效应是否存在，我们应尝试把社会网的分析单位放置到更为具体、更能有效传播工作信息的层面之上进行重新检视。针对中国农民工返乡频繁的特点，本章所提出的核心假说是：流出地村庄的外出打工总人数，即“同村打工网”，对于本村的外出打工者在城市的工资收入有正向因果效应。

我们注意到，估算社会网对于个人收入的因果效应绝非易事。这是因为，在反事实因果框架之下，内生性问题一直是困扰社会学家和经济学家做出因果判断的主要障碍（陈云松，范晓光，2010）。具体到本研究，打工决策过程所导致的样本选择问题、打工网和收入之间的双向因果问题、其他遗漏变量以及测量误差问题等等，都会引发严重的内生性偏误。从社会资本和社会网分析的研究现状看，社会学定量分析普遍缺乏对内生性问题的关注。而在同样研究主题的计量经济学文献中，这些问题也没有得到相对圆满的解决。[①]

为验证农民工收入和社会网之间究竟有无因果效应，本章基于 22 个省份的农户调查数据，采取把赫克曼二阶段模型和工具变量模型相结合的多重模型识别策略，以最大限度地消除回归分析中的内生性偏误。其中，自然灾害强度被作为工具变量来识别收入模型。从数据分析方法的角度，这是社会网和社会资本研究领域内第一次采用多重模型识别的尝试。本章的分析结果可以证实，村庄外出打工人数对于农民工在城市所获工资具有正向的因果作用。

一、假说的缘起：中国式打工

农民外出打工潮从很大程度上定义了中国的人口流动结构。改革开放以

---

① 章元和陆铭（2009）虽然成功地运用工具变量方法消减了内生性问题，但样本选择问题、样本局部相关问题仍然被忽略了。

来的打工潮势不可挡。宏观层面的研究文献汗牛充栋，这里不再赘述（参见王美艳，2005）。本章想指出的是，因为城乡收入的巨大差异和城乡二元的户籍制度体系，中国农民在外出打工决策和流动结构方面呈现出诸多独特之处。恰恰是这些“中国式打工”的特征，启发了本章的核心假说：“同村打工网”对农民工在目的地的工资收入有正向显著影响。同时，这些“中国式打工”的特征，还对定量分析的模型设置提出了特殊的要求。

（一）作为自选择过程的打工决策

人口流动的主要决定因素有两个方面，一是内部推动，二是外部拉动。不管是外出打工还是国际移民，来源地和目的地之间的巨大收入差异，是外部拉动的最主要力量（Todaro，1969；Harris & Todaro，1970；Robinson & Tomes，1982）。而来自农民内部的推动因素之一是家庭剩余劳动力。赵耀辉（Zhao，1999，2002）和陈钊等（Chen et al.，2008）认为家庭劳动力数量是决定外出打工的重要因素。此外，大量文献表明，健康、年龄、性别等一系列人口学特征，以及家庭、村庄属性（例如耕地短缺情况、农业税收执行情况、与大城市的距离等等），都是推动农民外出打工的因素（Zhao，2002；Hare，1999；蔡昉，1996）。重要的是，考虑到中国城乡之间巨大的收入差异，农民外出打工很可能是一个选择性行为：具有城市劳动力市场优势的农民（男性、年轻、能力强等等）会更倾向于外出打工。这种选择性，既可以源自我们可以观察到的年龄、性别等等，也可能来自一些我们无法直接观测的因素（例如性格和能力）。因此，我们在设置模型的时候，必须要考虑到我们所面对的样本（即农民工群体），本身是经过了一个双向筛选之后的群体。而这个群体是不是随机和均质的，存在一个很大的问号。如果我们的定量研究以农民工为对象，就必须要考虑可能存在的样本选择问题。

（二）作为熟人网的村庄

流动人口如何在目的地求职？以往的国内外移民研究都表明，他们主要通过熟人、亲属网络来寻找到合适的工作（Granovetter，1974；Montgomery，1991；Bian & Ang，1997）。社会资本和社会网络研究认为，嵌入性资源能够对就业和个人劳动力市场结果起到正面促进作用（Lin et al. Ed.，2001）。大量的定性和定量研究表明，我国农民工的社会网主要基于老乡关系和血缘关系。例如，研究表明农民工和城市社区的联系很少，也很少获得城市的制度性的支持，这样，他们只好求助于基于同乡和亲属关系的网络进行求职（如Solinger，1999；Zhao，2003；Rozelle et al.，1997）。比如，有研究发现70%的农民工是通过同村的老乡和亲属找到工作的（Meng，2000）。同时，对家乡的依赖也是建国以来农村社会以村级生产大队为单位来组织控制这一点所决定的（Skinner，1964，1965a，1965b；Kipnis，1997；Oi，1992）。最后，在外出打工过程中，基于同乡关系的信任是非常强烈的，根据翟学伟（2003）的研究，同乡之间哪怕并不相识，其信任关系也可以在一夜之间建立起来。

不过，亲戚和老乡，显然是两个具有不同跨度和规模的网络。显而易见，以家庭和亲属为核心的血亲网应该是农民工求职时最先寻求援助的对象。但章元和陆铭（2009）的计量经济学研究，令人信服地表明这类以家庭和血亲为单位的社会网络，对农民工收入的影响非常微弱。不过，本章强调的是，家庭网不能直接拉动农民工的收入，不代表老乡网、村庄网不能对农民工收入有正向影响。因此，本章把网络分析的焦点从家庭网扩展到村庄网。这个拓展，既是基于理性行动的逻辑假设，又有非常充实的社会学理论依据。比如，根据林南的社会资源理论，行动者的资源嵌于层层展开的社会网络之中。基于家庭的网络，其所载荷的是行动者最里层、最核心的资源。但一旦这些资源不能满足工具性需求，行动者就会转而向更外层的网络寻求新的资源，建立新的关系。因此，当家庭网络不能对农民工求职起到作用时，我们有理由推测基于村庄的打工网，可能会得到更多的利用。此外，格兰诺维特的弱关系理论对我们也有同样的启示：对于农民工而言，基于血缘的关系，虽然比基于同村的关系要更强，但提供的也可能会是有限的、重复的劳动力市场信息。也就是说，更大范围的、相对较弱的“同村打工网”，对农民工求职而言，可能是一个比家庭网更重要的嵌入性资源载体。

（三）作为打工信息中枢的村庄网

同一个村庄的外出打工者，可能分布在不同城市，甚至会相隔千里。那么，天各一方的同村老乡，能否对各自求职打工带来帮助？从这个角度，用“同村打工网”而不是“所在城市的同村打工网”来操作化农民工的社会网络，初看起来并不合适。但是，使用前者而非后者来定义农民工的社会网，却具有非常重要的理论渊源和实证基础。这是因为，中国农民工的流动和一般性的人口流动大相径庭。以国际移民为例，他们的目标往往是在目的地国家挣足一定的金钱后再回国投资和定居（Massey et al.，1987）。而在当代中国的打工潮中，农民家庭基本把外出打工视为一种短期安排，在城市永久居住落户的例子和心理准备非常少（Hare，1999；Zhao ，2003）。也因此，临时返乡（temporary return）和循环性外出（circuit migration）就自然而然成为中国农民工人口流动的重要模式。而这个模式，导致村庄成为分布在各地的同村打工者之间交流信息的主要基地。实际上，这种“候鸟”模式从20世纪80年代就已经开始（Chan & Zhang，1999）。根据黑尔（Hare，1999）的研究，中国农民工平均每人每年返乡次数高达2到3次。调查也显示，绝大多数农民工一年中在城市所待的时间不超过9个月（Zhao，1999）。也就是说，农民们的身份，一年中也经常在打工者和务农者之间切换。正因为外出者不断分别返乡然后继续外出，异地之间的信息，甚至不需要通过同乡见面就可通过家庭之间进行村内的信息传递。因此，把基于村庄的全体外出打工者网络定义为本研究的农民工社会网，是中国研究不同于国际移民研究的一个特殊之处。

农民工何以形成临时返乡和循环外出的流动特征？第一，城乡二元户籍制度阻碍了打工者在城市获得正式居住身份。尽管打工者几乎已经成为真正的城市居住者，但正式合法地从农业户口转为城镇户口的途径非常有限（Wu & Treiman，2007）。在没有城镇户口的情况下，他们和他们下一代在城市中的社会福利、医疗保障和教育机会都得不到保障。第二，放弃家乡耕地的动机很弱。起码土地是集体所有的。农民无法通过个体出让土地的形式放弃农业生活，而出租的手续也非常烦琐复杂（Roberts，2000）。此外，中国传统社会把农村的土地看作一种家族传承的遗产，而很少看作一种用于交换买卖的商品。而城市内飞涨的房价和对外来人员的歧视，也让打工者对永久性落户望而却步。

二、模型设置和内生性解决方案

本章要估算的是“同村打工网”的规模对于农民工收入的因果效应。因此，模型右侧的变量主要包括：作为自变量的村庄外出打工人数、作为控制变量的个体和村庄两级属性，以及误差项。但是，简单的 OLS 回归极有可能出现估计偏误。因此，必须认真考虑可能的估算偏误源头以及能够处理这些估算偏误的高级模型。

（一）内生性偏误的源头

要使用 OLS 模型获得无偏估计量，我们必须保证“同村打工网”的规模和可能被遗漏的村庄特征、打工者的个体异质性等等没有关系，即“同村打工网”必须是外生的。而这个假设实际上很难保证。起码有以下四个方面可能会导致估计偏误：第一，非随机样本。前文已经述及，打工决策是一个选择性过程，因此我们有充分理由怀疑，村庄内那些较有“能力”的人，会更倾向于外出打工。第二，遗漏变量。实际上，本研究所用的数据本身没有提供农民工所在城市的信息，而打工所在地显然有可能和工资以及该农民工所来自村庄的外出人数都有关。此外，一些没有观测到的村庄层面的变量可能和打工收入以及村庄外出打工网规模双双有关。实际上，我们不可能穷举所有的可能遗漏因素。第三，农民工收入和同村打工网之间可能存在一个互为因果的关系。一方面，外出打工的老乡人数可能和工资收入正相关；另一方面，一个农民工获得了高收入，势必会激励更多老乡外出。因变量和自变量之间的这种双向关系，会导致 OLS 回归的联立性偏误。第四，测量误差总会低估网络效应。

（二）赫克曼二阶段法

为解决样本选择问题，我们采取经典的赫克曼二阶段法（Heckman，1979；Heckman & Robb，1985）。其步骤具体如下：第一步，利用全体样本里所有的观察值（所有打工和不打工的村民），对个体选择接受干预的概率（外出打工）进行预测，计算出每一个观察值的反向 Mills 比率。第二步，对参与干预的样本（外出打工者）进行回归，同时把反向 Mills 比率作为控制变量以获得一致估计量。不过，正如伍德里奇（Wooldridge，2006）所强调的，要真正解决样本选择问题，主体模型（工资模型）中的解释因子群应该是选择模型（外出打工决策模型）中的解释因子群的完全子集。而且，在选择模型中，至少要有一个解释变量不出现在主体模型之中。在本研究中，家庭劳动力数量被视为一个和农民工在城市的工资收入无关的因素而纳入打工决策的 logit 模型[①]（家庭劳动力数量对打工决策的重要影响，可参见 Chen et al.，2008；Zhao，2003）。

（三）作为工具变量的自然灾害

赫克曼二阶段法只能解决样本选择问题，而对于一般性的因遗漏变量引发的估计偏误和联立性问题无能为力。为解决这个问题，本章将在赫克曼二阶段模型的基础上进一步采用工具变量方法。这个工具变量，必须是一个和农民工在城市的工资收入没有任何直接关系、但却可以有力地影响村庄的外出打工者数量的外生变量。[②] 利用工具变量所引发的自变量的差异，我们可以获得对因变量的无偏估计值。有意思的是，本章所用的数据（CHIPS 2002）提供了相关年度的村庄自然灾害情况，在有关工作假设和控制了相关因素的前提之下，我们可以认为村庄内的自然灾害是偶然、随机的外生因素，和农民工本人、村庄以及农民工所在城市的劳动力市场没有直接的关系。而村庄内的自然灾害，却非常有可能影响外出打工农民的数量。

根据亚历山大（Alexander，2000）的定义，自然灾害指的是“生物圈、岩石圈、水圈和大气圈内发生的极端事件的灾难性后果”。尽管目前科学文献中对自然灾害对外出打工、移民之影响的直接研究并不很多，但这两者之间的关系非常直观（Hunter，2005）。下面举一个例子来说明：假设有两个基本条件一样的中国村庄。在某一年初，A 遭受了自然灾害，而 B 没有。显然，A 村庄的村民会因为自然灾害而降低对全年收入的预期，而这个预期的降低，

① 家庭劳动力数量作为一个外生的排除限定，其实证依据可参考章奇（2008）、章元和陆铭（2009）的研究结论：家庭网对农民工收入之影响微乎其微。

② 工具变量方法的原理、模型和在计量经济学社会互动研究中的应用，参见陈云松，范晓光，2010，2011。

会增加他外出打工的可能性。在同群效应之下，自然灾害可能会引发更多的A村庄村民决定外出打工。因此，我们可以推测：自然灾害的强度越大，遭受灾害的村庄中外出打工人数就会越多。① 实际上，在具体的数据分析中，工具变量和因变量之间的相关关系，可以在工具变量模型的第一阶段回归得到证明和检验。

工具变量的外生性是最值得我们关注的问题。某个年度内村庄遭受的自然灾害，由于其随机性和偶发性，看起来应该和该村农民工的工资收入之间没有直接关联。也即，某年份村内的自然灾害情况，和该年份农民工所在城市的劳动力市场情况、农民工个体的异质性以及村庄的差异性，没有任何关系。但是，对于中国这样幅员辽阔的国家，自然灾害的强度、发生频度和破坏力，必然有一定的地域性和规律性。而农民工个体和村庄的某些潜在特征，也可能和地域相关。例如，在一个灾害多发区，农业产出没有保障，那么（假如不出外打工的话）村民可能会倾向于掌握一些农业生产之外的技能和知识，如手工业技能或经商的知识等等，而这些技能和知识是非常重要的人力资本，有助于他们外出打工并在打工时获得高收入。如果这种情况成立，我们就不能断定自然灾害与打工收入是完全无关的。考虑到这些问题，为确保工具变量的外生性更加具有说服力，我们在模型中控制了农民工来源省份的“自然灾害脆弱指数”（Wei et al.，2004），具体参见下文。同时，考虑到有近30%的农民工并不出所在省份，尽管前人的研究（如刘林平，张春泥，2007）令人信服地证明了农民工来源地对工资收入没有影响，但为谨慎起见，我们在稳健性检验中还是进一步加入了22个来源省份的虚拟变量。通过对来源省份“自然灾害脆弱指数”以及对来源省份的虚拟变量控制，我们可以认为，村庄这样小范围内的自然灾害是随机的。

---

① 当然，我们也可以推测，自然灾害会让村民决定留在村庄内进行重建工作以减少自然灾害对家庭的直接影响。这样的话，自然灾害的强度就和村庄外出打工人数反向相关。或者，跟外出打工人数有关系的不一定是村庄当年的自然灾害，而应该是一个村庄历史以来的灾害情况。但重要的是，对于寻找工具变量而言，工具变量和主解释变量之间的关系在理论上是否密切、是正向还是负向，本质上并不重要。只要我们在工具变量第一阶段回归中能够发现和证明自然灾害与村庄打工人数之间的显著关系足够强，且在理论上具有自圆其说的逻辑自洽性，就可以把自然灾害作为工具变量，而无须在理论上做过多纠缠。在本研究中，我们发现外出打工人数和村庄遭受的自然灾害强度正向相关，因此采用的是正文中的假说。

（四）回归模型

我们将对三种模型进行比较。其一，标准最小二乘法模型（以下简称 OLS 模型）；其二，赫克曼二阶段模型（以下简称 Heckit 模型），解决样本选择问题；其三，基于赫克曼二阶段法的工具变量模型（以下简称 IV-Heckit 模型），可同时解决样本选择和其他内生性问题。

OLS 模型可以写作：

$$W_{ig}=\beta_0+\beta_1 S_g+\beta_2 X_{ig}+\beta_3 V_g+\in \tag{10.1}$$

式中，W_{ig}代表农民工在城市的工资收入，i 表示个第 i 个农民工，g 表示第 g 个村庄。S_g表示村庄 g 的外出打工人数，X_i表示个人层面的控制变量，V_g是村庄层面的控制变量。$\in$ 则是非观测因素的联合效应，即误差项。因此，S_g是主解释变量而β_1代表了社会网效应。注意，获得β_1的无偏估计量的前提是 Cov［S_g，$\in$］＝0。但是这个假设可能有很大的问题。

在 OLS 模型的基础上，我们用赫克曼方法来解决样本选择问题。Heckit 模型可以写成如下方程组：

$$W_{ig}=\beta_0+\beta_1 S_g+\beta_2 X_{ig}+\beta_3 V_g+\beta_4 \hat{P}_{ig}+\in \tag{10.2}$$

$$P_{ig}=\gamma_0+\gamma_1 F_{ig}+\gamma_2 S_g+\gamma_3 X_{ig}+\gamma_4 V_g+\mu \tag{10.3}$$

式中，$\hat{P}_{ig}$即反向 Mills 比率，F_{ig}是作为排除限定的家庭劳动力数量，其不会在方程 10.2 中出现。方程 10.2 中的所有解释变量，是方程 10.3 中解释变量的严格子集。μ 是方程 10.3 的误差项。

最后，基于以上，我们写出结合了赫克曼方法和工具变量方法的 IV-Heckit 模型：

$$W_{ig}=\beta_0+\beta_1 \hat{S}_g+\beta_2 X_{ig}+\beta_3 V_g+\beta_4 \hat{P}_{ig}+\in \tag{10.4}$$

$$P_{ig}=\gamma_0+\gamma_1 F_{ig}+\gamma_2 N_g+\gamma_3 X_{ig}+\gamma_4 V_g+\mu \tag{10.5}$$

$$S_g=\alpha_0+\alpha_1 N_g+\alpha_2 X_{ig}+\alpha_3 V_g+\alpha_4 \hat{P}_{ig}+\eta \tag{10.6}$$

式中，N_g代表村庄 g 所遭受的自然灾害的强度，η 是误差项。注意，此时方程 10.5 里不包括内生解释变量S_g而是纳入了外生工具变量N_g。

三、数据和变量

CHIPS 2002 是由国家统计局农村调查小组和中国社会科学院经济学研究所合作开展的调查。数据于 2003 年春节收集。选择这个时段的优势在于大多数外出打工的农民纷纷回到家乡和家人团聚。这样，就能尽可能多地搜集到农村家庭成员的资料。CHIPS 2002 数据为我们提供了被访农民在 2002 年度的详细人口学信息，以及家庭和村庄相关信息。本章所用的数据采集自 22 个省份 121 个县（市）961 个行政村中的 9 200 个家庭，共 37 969 位被访者。

（一）“农民工”的定义

在相关研究和调查中，对“农民工”的定义有很多不同的标准（Liang，2006）。部分研究把农民工定义为跨越两个行政管辖区域的流动农村人口，也有研究参照外出打工时间长短来定义。CHIPS 2002 让被访者提供他们离家外出的天数以及目的地的类型。利用这些信息，本章中“农民工”的定义包括以下条件：第一，外出打工时间超过 180 天（半年以上）；第二，打工所在地（目的地）在被访者家庭所在乡（镇）之外，即出乡（镇）打工。这个定义和国家统计局以及不少前人的研究是一致的（Zhao，2003；Chen et al.，2008）。这样，本章所说的“农民工”指的是那些具有农村户口，出乡（镇）打工时间超过 180 天的农村个体。这个划分标准看似有点武断，但我们会在稳健性检验中引入不同的“农民工”定义，以检查“农民工”定义标准的变化是否会对我们的研究结论产生影响。此外，我们从样本中删去了在乡（镇）外学习的学生、16 岁以下和 60 岁以上农民。最后，因为一些数据缺失，实际的样本量为 121 个县（市）919 个村庄 8 308 个家庭的 20 040 个农民。其中，有 2 361 位外出打工，即有 2 361 位“农民工”。[①]

（二）因变量：农民工的日工资

本研究的因变量是 2002 年被访农民工在打工所在地的日均工资。由于个

---

① 对工资调查的回应率约为 90%。

别地方政府的不作为以及法制规章的漏洞，一些农民工往往在年末无法拿到工资，甚至引发群体性事件和暴力事件（Li，2008；Hannan，2008）。在2 361名农民工之中，有 274 人的工资为 0，即有 11.6%的农民工被拖欠工资。从表 10-1 中我们可以看到，农民工的日均工资为 16.28 元，最高日工资为 403 元。这个数据和以往研究基本一致。

表 10-1 相关变量的描述统计

	农民工（N=2 361）				非农民工（N=17 658）			
个体属性	均值	最小值	最大值	标准差	均值	最小值	最大值	标准差
日工资（元）	16.28	0	403	17.50	—	—	—	—
年龄	26.97	16	60	8.24	38.23	16	60	11.85
年龄平方	795.15	256	3 600	530.58	1 601.91	256	3 600	902.86
城市工作经验	3.99	0	38	3.57	2.00	0	43	4.75
城市工作经验平方	28.72	0	1 444	71.52	26.61	0	1 849	102.70
教育程度	8.14	0	16	2.19	7.02	0	16	2.67
家庭劳动力数量	4.81	2	11	1.38	4.44	1	2	1.35
村庄属性	均值	最小值	最大值	标准差	均值	最小值	最大值	标准差
同村打工网	252	0	1 530	251	153	0	1 530	189
1998 年人均收入	1 858.5	0	13 980	1 027.9	2 079.78	0	13 980	1 183.2
全村劳动力数量	1 074	65	4 813	703	954	42	4 813	647
离最近的县城距离（km）	27.14	1	140	20.66	24.27	0.5	160	21.11
自然灾害（农业减产率）	0.11	0	0.85	0.13	0.12	0	0.9	0.16
个体属性	频数		百分比		频数		百分比	
男	1 479		62.64		9 233		52.29	
女	882		37.36		8 425		47.71	
村庄属性	频数		百分比		频数		百分比	
大中城市郊区	60		2.54		1 372		7.77	
非大中城市郊区	2 301		97.46		16 286		92.23	

（三）自变量：同村打工网

本章中农民工老家村庄的外出打工人数为主解释变量。如前文所述，本章关心的农民工的社会网是基于来源地而不是打工所在地。其依据是，中国的农民工往往在一年内往返于家乡和打工地之间多次。而在村庄里，他们通过交谈聊天等方式，和其他农民工及其家庭大量交换与打工有关的信息。本研究所用数据显示，只有 28%的村民在平时“不太讨论”与打工有关的信息。这个数据进一步说明，村庄的确是同村农民工们之间交换工作信息的重要枢纽。除了理论直觉和数据支持之外，用流出地村庄的社会网规模作为主解释变量还有一个技术上的优势：更有可能让我们找到和它有关而和城市工资无关的工具变量。①

村庄外出打工人数是由村主任提供的。在 CHIPS 2002 中，所有的村主任都会被问及 2002 年全村有多少人外出打工［出乡（镇）、超过 6 个月］。如表 10－1 所示，外出打工人数减去 1（被访农民工）之后，村级外出打工平均人数为 252，最大的为 1 530，最小的是 0，即无他人外出，仅有被访者 1 人外出打工。注意，因为一个村庄外出打工人数除了能代表网络的规模之外，还能间接地表征村庄的工业化水平等其他村庄层次的因素。因此，我们在模型中会尽量控制村庄工业化水平等变量。对于被遗漏的村庄变量所导致的估计偏误，通过工具变量方法克服。

（四）工具变量：自然灾害强度

我们把 2002 年村庄遭受自然灾害的强度作为同村打工网的工具变量。中国是一个自然灾害频发的国家，每年约有 70%的中国农村家庭遭受各种程度的自然灾害（王国敏，郑晔，2007）。而且，自然灾害和农村家庭收入之间的关系也很密切（Gong & Zhang，2008）。更重要的是，在 2002 年，我国农村的主要自然灾害集中在上半年。比如，2002 年 1 月到 3 月，全国有 24 个省份遭受旱灾，1 600 万农民连饮水都受到影响。从 4 月到 5 月，长江中下游遭受暴

---

① 看起来如果我们使用上一年份的同村打工网（2001 年）作为自变量会更加合理。但是，CHIPS 2002 数据没有提供 2001 年的自然灾害情况，因此如果用 2001 年的网络规模来解释 2002 年的收入，我们就无法用工具变量模型获得因果判断。

风雨灾害。鉴于农民外出打工决定基本在春节前后做出，我们就有理由假设：对于一个村庄，2002 年的自然灾害强度和全年外出打工人数应该显著相关。而这个相关，应该在工具变量分析（2SLS）的第二阶段可以得到统计证明。

显然，自然灾害的破坏力不容易直接测量。对此，本章的操作化定义是村庄中自然灾害导致本村农业收成比正常年份减少的比例。对于 2002 年内未发生自然灾害的村庄，我们把自然灾害导致的减产比例设置为 0。由于问卷中“正常年份”的农业收入本身不是精确表述，问卷中村主任们给出的减产比例也就是一个大概的估计量。2002 年因为自然灾害导致的村庄农业减产比例均值为 11%，最高的影响达到 85%，最少的自然是 0。①

前文我们讨论过，对于中国这样幅员广阔的国家，自然灾害的发生频度、种类，各地的抗灾能力、人口密度、农作物类型等显然是存在地区差异的。因此，自然灾害导致的村庄农业减产也有可能是地域性的，进而和同样具有地域性的工资差异有关。考虑这个可能性，我们对自然灾害破坏力的地域性差异进行了控制。利用数据封装的方法，有学者基于年自然灾害发生频度和级别、受灾人口、国民经济总产值等诸多数据，把中国各省份对自然灾害的抵抗能力指数分为 5 级（Wei et al.，2004）。从级别 5 到级别 1，对自然灾害的抵抗能力逐级增加。我们参考了这项研究成果，并将 5 级指数引入模型作为一个虚拟控制变量。在这个基础上，我们可以认为村庄这样狭小范围内的自然灾害强度是随机的。

（五）其他控制变量

被访农民工个体层面的控制变量包括年龄、年龄平方、性别、教育程度、城市工作经验、城市工作经验平方、行业类型。如表 10 - 1 所示，农民工的平均年龄为 27 岁，大部分为男性，女性仅仅占 37.4%。已婚的占 42.6%。教育方面，平均受教育年数为 8 年，即初中学历。因为我们分析的是农民工在城市的打工收入，所以城市工作经验更为重要。为此，我们没有采用计量

① 灾害会增大村内劳动力外出打工的可能。但一旦外出，老人会弥补家庭劳动力的空白，或者出租土地给外人耕作。因此灾害之年村内实际务农者数量不会减少，纯粹因灾害导致留村劳动力减少而带来的农业减产微乎其微。更重要的是，本章中的村庄农业减产比例为村主任对灾害强度的直接估计，故我们有充分理由相信该减产比例仅由自然条件变化引起。

经济学中传统的 Mincer 方程中的经验算法，而是将城市工作经验定义为农民工曾经在城市里打工过的年数。限于篇幅，表 10－1 中没有展示行业变量，本研究的数据中有 60％的农民工集中在工业和建筑业领域。

村级的控制变量包括 1998 年村庄人均收入、全村劳动力数量、村庄离最近县城的距离、是不是大中城市郊区等等。控制多年前的村庄人均收入是为了控制一些无法观测到的影响个体收入的历史性因素，特别是村庄的工业化水平。当然，这种方法对于解决遗漏变量问题并不理想，因为它会引入其他的噪声。村庄离开最近县城的距离和是不是大中城市郊区代表了对城市工作信息的接触程度以及一些无法观测到的村庄性质。

四、估算结果和诠释

表 10－2 是通过 OLS 模型、Heckit 模型和 IV-Heckit 模型分别估算出的相关参数。因为不少村民来自同一个村庄，“簇”于一个村之内，这样我们的样本之间就可能不是完全独立的。因此，我们采取稳健簇差异估计量（robust cluster variance estimators）对标准误进行估算，以克服“簇内相关”（within-cluster correlation）。实际上我们尝试了用多层线性模型（HLM）的方法进行相关估算，获得的结果和表 10－2 基本一致。限于篇幅，这里不再纳入。此外值得指出的是，在估算时，日工资是以对数形式出现的，这是考虑到工资收入的偏度（skewness）统计量为 4.46，明显右偏。出于同样理由，对村庄外出打工人数也进行了对数处理。

（一）OLS 模型估计量

表 10－2 中第一列是基于 OLS 模型的估计量。从表中可见，来自同一村庄的外出打工人数，对农民工工资的影响系数为 0.125，在 0.01 水平上显著。但该模型不能得出任何因果结论。年龄和年龄平方对工资的影响也都在 0.01 水平上显著，不过两者的方向却相反。这意味着年龄对于工资有边际递减效应。城市工作的经验和教育程度同样影响工资，不过经验对于工资收入不存在边际递减效应。同样符合我们一般预期的是，性别和行业对于农民工收入的意义都不大，这显然是因为农民工在城市内所从事的职业非常集中，无论男女，

基本都集中在最低技能要求和收入的行业。最后，村庄层次的因素，对农民工收入的影响也是微乎其微。

表 10-2 OLS、Heckit 和 IV-Heckit 模型估算结果（N=2 361）

	OLS	Heckit	IV-Heckit
同村打工网规模（对数）	0.125*** (0.034 9)	0.263*** (0.076)	0.628*** (0.232)
年龄	0.06*** (0.019 7)	0.035 2 (0.023 8)	0.045 6 (0.028 2)
年龄平方	−0.000 9*** (0.000 3)	−0.001*** (0.000 3)	−0.000 9*** (0.000 3)
男性	0.020 4 (0.044 9)	0.045 8 (0.046 6)	0.050 3 (0.053 5)
教育程度	0.008 (0.012 6)	0.018 2 (0.013 7)	0.020 4 (0.015 9)
城市工作经验	0.058 8*** (0.018 1)	0.099 3*** (0.027 6)	0.090 4*** (0.017 0)
城市工作经验平方	−0.001 45* (0.000 8)	−0.003 51*** (0.001 3)	−0.003 57*** (0.001 7)
1998 年村庄人均收入	0.019 4 (0.039 7)	−0.047 1 (0.043 4)	−0.084 5 (0.165)
全村劳动力数量	−0.000 07 (0.000 06)	−0.000 1** (0.000 06)	−0.000 4** (0.000 19)
离最近县城的距离	0.001 4 (0.001 5)	0.004 7** (0.002 2)	0.001 3 (0.003 0)
非大中城市郊区	−0.992 (0.212)	0.469* (0.279)	−0.138 (0.454)
行业	YES	YES	YES
自然灾害脆弱指数	YES	YES	YES
截距	0.192 (0.651)	−1.566 (1.150)	−1.746 (1.404)
反向 Mills 比率		0.754** (0.379)	0.353** (0.147)
工具变量第一阶段回归 F 统计量			17.42
豪斯曼内生性检验			p= 0.007

注：* $p<0.1$，** $p<0.05$，*** $p<0.01$。

（二）Heckit 模型估计量

第二列的估计值来 Heckit 模型，即考虑了可能的样本选择问题。我们发现，当样本选择导致的偏误被消减之后，农民工收入的网络效应从 0.125 上升为 0.263，且在 0.01 水平上显著。而反向 Mills 比率（潜在的选择打工的概率）对于工资也有正向显著影响，这说明有助于适应城市工作的某种能力变量被遗漏了，它确实是一个既影响收入又决定外出打工与否的因素。也就是说，确实存在样本选择问题。Heckti 模型产生的估计值，比 OLS 估计值更为可信。

那么我们自然要问：为何同村打工网效应的 Heckit 估计值比 OLS 估计值量大？从中国城乡收入的巨大差异来看，我们有理由相信潜在能力强（例如，具有更适应城市工作的某种难以观察到的能力）的农民有更强的意愿外出打工。这样，OLS 模型所使用的样本就不是一个随机样本，而是具有相对较高能力的农民群体。而这个群体，恰恰因为自身适应城市的能力强，可能会更加主动地建立城市内的新网络，其在求职方面也会更加倚重这些新网络，而对基于村庄的老乡网络的依赖程度反而较小。因此，OLS 模型自然就会低估网络效应。实际上，一些实证研究的结果可以间接证明这个诠释。例如，不少研究发现部分打工者在来到城市之后就开始努力和城市社区建立起网络（齐心，2007；徐丙奎，2007）。具有更多城里朋友的农民工能够向老家汇回更多的款项，也有更多的存款（曹子玮，2003）。这些研究都表明：城市社会关系比基于村庄的社会网对于农民工求职而言，具有更大的价值。因此，能力强的人自然就会更加倚重新关系。这一点，颇类似于布兰德和谢宇（Brand & Xie，2010）提出的大学教育回报中的负向选择：越上不了大学的人，从大学教育中获益越多。实际上，这在关于城市移民社会资本的研究中也得到印证：城市新移民社会资本的本地化将是一种理性选择的结果（雷开春，2011）。

（三）IV-Heckit 模型估计量

IV-Heckit 模型是基于赫克曼二阶段法的工具变量模型，能够同时解决样本选择问题和其他一般性内生性问题。该模型的估算结果见表 10－2 第三列。在描述分析结果之前，我们先要看几个关键的统计量，以确保工具变量分析结果的可靠性。我们发现：第一，工具变量和自变量的相关是足够强的。如第三列底部所示，自然灾害和网络规模直接相关的第一阶段回归 F 统计量达到 17.4，在 0.05 水平上显著，并远远超过了经验标准值。[①] 第二，豪斯曼内生性检验结果显示 Heckit 模型和 IV-Heckit 模型直接存在系统差异，表示同村打工网确实是一个内生性变量。因为工具变量模型的估计量总是一致的，所以我们有必要放弃标准 Heckit 模型而采用 IV-Heckit

① 本章采用工具变量的 2SLS 回归方法。第一阶段回归统计量略去。

模型的结果。

有意思的是，IV-Heckit 模型给出了一个比 Heckit 模型更大的网络效应估计值。后者是 0.263，而前者增加到 0.628，并在 0.01 水平上显著。除此之外，两个模型中其他控制变量的参数相差不大。根据 IV-Heckit 模型给出的估计量，在其他一切条件相同的情况下，村庄打工网络每增大 2%，就会带来 1.2%的工资增加。假设有一个农民工的同村打工网大小为 250 人（本数据中均值规模为 252 人），日工资为 14 元（本数据中均值为 16.28 元），一年内在外打工 250 天（本数据中均值为 255 天），年收入为 3 500 元。那么仅仅增加 5 个人外出打工，同村农民工个体的工资就可以有 1.2%的增加，即年收入达到 3 542 元。如果增加 50 个人外出，则年收入近 4 000 元。

如何解释 IV-Heckit 估计值大于 Heckit 估计值呢？一个可能的简单解释是：Heckit 模型中的遗漏变量和网络规模的相关关系，与其和工资的相关关系，呈相反方向。也即一个正相关，一个负相关（或者一个负相关，一个正相关）。不过，如果考虑到自然灾害促使农民做出外出打工决定的“压力”可能不是均质的，这里就存在一个工具变量分析中非常独特的“局部平均干预效应”问题（简称 LATE，参见 Imbens & Angrist，1994；Angrist et al.，1996）。[①] 而这个问题，恰恰能对较大的工具变量估计值做出一个更为合理和直观的解释。

我们现在不再假定工具变量（自然灾害强度）对于内生解释变量（同村打工网）的因果效应是均质的。比如，由于能力、地形、习俗等因素，不同村庄的农民，在做出外出打工决定时，对自然灾害的敏感度可能是不一样的。一个非常可能的现象就是，能力弱的村民或者因为循环累积因果造成平均能力较弱的村庄[②]，对自然灾害更加敏感，对自然灾害造成的损失更加担忧，也就更容易被自然灾害“拉动”而外出打工。这样，“弱能力村庄”村民的外

① 注意，在 LATE 框架下诠释工具变量估计值，需要一个前提：自然灾害和网络之间的关系是单调的。

② 循环累积因果（cumulative causation）由缪尔达尔提出，指的是在一个动态的社会过程中，社会经济各因素之间存在着循环累积的因果关系。市场力量的作用一般趋向于强化而不是弱化区域间的不平衡，即区域发展的马太效应。

出打工网络规模，就更容易受自然灾害影响。当我们用自然灾害作为工具变量来估算同村打工网对于工资的因果效应时，工具变量模型的估计值所体现的就不是基于样本的平均干预效应（ATE），而是一个加权平均值。重要的是，其中来自“弱能力村庄”的农民工，会具有更大的权重。这个加权平均值，就是 LATE。

前文我们就提及，基于理性选择，能力弱的农民工，对基于村庄的同乡网依赖更多，从村庄网获得的边际效益也更大。同样，来自“弱能力村庄”的农民工，也会比来自“强能力村庄”的农民工更倚重村庄网，并从村庄网获得更大的边际效益——尽管这个网络本身可能是低质量的。这样，来自“弱能力村庄”的农民工，从同村打工网中的获益，要比那些来自“强能力村庄”的农民工要大。既然 IV-Heckit 模型更多地反映了“弱能力村庄”的网络效应，它给出的估计值自然就要比 Heckit 模型大。总而言之，这是一个典型的 LATE 问题，是工具变量方法中饶有兴味和特别值得探讨的现象。这里限于篇幅，不再对具体计量经济模型进行推演。而由此得出的结论是清晰的：总体上同村打工网对农民工的收入存在正向影响，而且能力弱的农民工更依赖也更能从村庄网中获益。

（四）稳健性检验

稳健性检验可以测试不同的对农民工的定义、不同的样本数和纳入省份虚拟变量是否会改变模型回归的基本结果模式。第一，我们用不同的标准来定义“农民工”，并在此基础上进行同样的回归。所用到的“农民工”定义包括：出村 180 天以上的农民（检验模型 1），出县（市）180 天以上的农民（检验模型 2），出乡（镇）90 天以上的农民（检验模型 3），出乡（镇）240 天以上的农民（检验模型 4）。第二，考虑到有不到 30%的农民工在省内打工，我们进一步把 22 个省份作为虚拟变量纳入方程（检验模型 5）。第三，把收入前 1%、5%的高收入农民工样本删除（检验模型 6 和 7）。第四，把零工资的农民工样本删除（检验模型 8）。从表 10－3 可以看出，这些稳健性检验所用模型的估计值，和表 10－2 中的模型估计值具有非常相似的模式。因此，我们相信表 10－2 中的模型分析结果是稳健的。

表 10-3 稳健性检验诸模型的网络效应估计值

	检验模型 1	检验模型 2	检验模型 3	检验模型 4
	出村	出县（市）	出乡（镇）	出乡（镇）
时间	>180 天	>180 天	>90 天	>240 天
OLS 估计值	0.151***	0.124***	0.096***	0.139***
Heckit 估计值	0.214***	0.270***	0.154***	0.261***
IV-Heckit 估计值	0.773***	0.619***	1.058***	0.829***
样本数	2 486	2 135	2 800	1 975
	检验模型 5	检验模型 6	检验模型 7	检验模型 8
	出村	出县（市）	出乡（镇）	出乡（镇）
时间	>180 天	>180 天	>90 天	>240 天
OLS 估计值	0.053*	0.137**	0.143**	0.072 2**
Heckit 估计值	0.151**	0.194***	0.186***	0.252***
IV-Heckit 估计值	0.403**	0.605***	0.731***	0.468***
样本数	2 361	2 350	2 254	2 102

注：* $p<0.1$，** $p<0.05$，*** $p<0.01$。

五、结语

自 20 世纪 70 年代起的中国农民打工潮，已经成为迄今为止世界上最为壮观、庞大也是最为特殊的移民现象。尽管研究农民工规模、机制和社会效应的中西文献汗牛充栋，但精确地估算社会网络与农民工求职的因果关系，至今仍是难题。本章对这一领域研究的补充在于：第一，社会网本身具有内生性，因此对网络效应的因果判断困难重重。而本章采取多重识别策略，用赫克曼二阶段法解决了定量分析中的样本选择问题，以自然灾害作为工具变量解决了其他一般性内生性偏误问题，从而使得估算出的网络效应具有因果效力。这是社会网络的社会学分析领域的第一次尝试。第二，本章针对中国农民工流动和就业的特点，引入“同村打工网”这一概念，对农民工在求职中所真正倚重的社会网络进行了更为精准的操作化定义。通过高级模型识别策略和合理的农民工社会网度量，我们得出了和先前研究（刘林平，张春泥，2007；章元，陆铭，2009）不尽相同又逻辑一致的结论：家庭网、亲属网、拜年网、送礼网等等都不是农民工求职所依赖的主要资源，而村庄网，更准确地说是“同村打工网”，才是影响农民工收入的重要因素。而这种网络单位差异的内涵，和格兰诺维特的弱关系理论、林南的社会资源理论，吻合得非常好。这是因为：和家庭网相比，村庄网是相对较弱的关系网络，但因此会有更多、更有价值的打工信息。能力较弱的农民工，更多依赖于村庄网，而那些能力较强的农民工，则开始更多动员在城市中新近建立起来的网络资源。

最后要提出的是，社会网研究中，网络的操作化定义应该进行多层面的探索和分析。例如，刘林平和张春泥（2007）从请客送礼和加入工会的角度来度量农民工的社会网，有力地证明了这类网络对农民工的工资收入并无影响。但农民工在求职方面所倚重的社会网络，可能不仅仅局限在这几个方面。章元和陆铭（2009）参考了奈特和岳（Knight & Yueh，2002）对中国人个体层面社会资本的测量方法，即把家庭拥有的亲友数作为网络的度量。但重要的是，奈特等的研究针对的是中国城市居民，而当我们的研究对象变成从农村来到城市的农民工时，这一操作化定义就可能不太适合。在这个意义上，本章和这些研究一起构成了对同一课题相互补充的多层面探讨。尤其是，本章与章元和陆铭（2009）使用的是相同的数据。接下来，我们希望看到未来的研究，进一步尝试把网络的分析单元和度量，放置到乡、县等其他的层面，从而加深我们对农民工群体中网络动员范围的理解。

第十一章　关系的学术场域效应：学术合作与期刊发表

导读：本章基于2007—2017年间我国人文社科六大代表性专业的权威期刊论文数据（9 358篇），综合计算社会科学、社会网分析和因果计量模型等方法，对中国当代人文社科学术合作的网络结构进行描述、分类与可视化，并对合作网络规模与学术研究方法和成果之间的关系进行深入探究。研究表明：在同样条件下，定量学者往往身处更大的合作网络；合作网络规模越大，则越有利于论文发表。基于地理空间"胡焕庸线"的工具变量分析，本章进一步为合作网络的发表效应提供了因果证据。

学术论文是当代学术研究中最为通用的成果产出方式，得益于其短周期、高聚焦、公开公正等优点，已成为诸多现代学科的通则。而学术论文的产出过程，亦作为一种特殊的社会行为被纳入社会科学学者的研究视野（Pritchard，1969）。在学术论文的撰写中，有独作与合作之区分。随着现代学术研究不断深入、不同领域逐渐融合，团队分工协作式的研究模式为自然科学与一些社科类学科所广泛推行（Sergi et al.，2014）。由于学术合作的网络连接属性，它和学术产出之间的关系，很早就引起学界关注（如邱均平，曾倩，2013；王海涛等，2016；谢彩霞，刘则渊，2006；钟镇，2013；Abramo，D'Angelo & Di Costa，2009；Bordons，Aparicio & Costas，2013；Glänzel，2001；Pravdic & Oluic-Vukovic，1986；Carillo et al.，2013；Lee & Bozeman，2005；Polyakov et al.，2017）。随着社会网分析的崛起，更多研究开始关注合作网的总体结构或网络位置的学术效应（如杨张博等，2015；Abbasi，Altmann & Hossain，2011；Abbasi，Chung & Hossain，2012；Bordons et al.，2015；Cannella & McFadyen，2016；Haddad et al.，2017；Hatmaker et al.，2017；Jansen，von Goertz & Heidler，2010；Janssen et al.，2006；Li et al.，2013；Newman，2001；Otte & Rosseau，2002；Yin et al.，2006）。不过，相关研究均聚焦于国际自然科学界，学科差异、网络结构差异的比较视野相对缺乏（除了 Bordons et al.，2015；Didegah & Thelwall，2013；Jansen et al.，2010；Vieira & Gomes，2010）。而仅有的社科研究（Moody，2004）亦局限于社会学专业，遑论分析中国人文社科学术合作的特征、结构及其与学术发表的关系。

我们留意到，近年来中国当代人文社科的学术合作，无论是数量还是质量均已较为可观。在图 11－1 左侧，我们展示了从中国知网中提取的 2007—2017 年人文社科领域部分专业（经济学、政治学、社会学、哲学、历史学、中国语言文学）除高校学报之外的全部 C 刊论文（249 882 篇）合作比例。[①] 在图 11－1 右侧，我们进一步展示了相关领域顶级期刊论文的合作情况并进行了国际对比。具体而言，我们从中国知网和 Web of Science 中分别提取了 2007—2017 年间《中国社会科学》和十年影响因子最高的六大专业 C 刊和六大 SSCI 刊物论文的合作数据（即人文社科领域 7 种顶级中文刊物和 6 种顶级英文刊物的 26 178 篇论文）。不难发现，总体上我国人文社科领域的学术合作十年来稳步上扬；在顶级专业期刊论文中，我国经济学合作论文占比已和国际顶级刊物不相伯仲，而社会学与政治学也在跟进。

学术合作是人文社科领域值得高度重视的课题。《美国社会学评论》于 2004 年刊发了一篇针对社会学学术合作的重要论文（Moody，2004）。十五年来，无论是从中国人文社科快速发展的大历史角度，还是从剖析学术场域、检验网络效应的实证和政策角度，我们都有必要在国际研究的基础上更进一步，对中国人文社科领域的学术合作规模、结构和价值等多重维度，进行展示、回顾和研究。人文社科领域覆盖既广，新兴领域众多，期刊繁多，论文浩如烟海。为便于分析，基于专业的典型性、成熟度和国际覆盖等维度，我们将分析视野进一步聚焦，以经济学、社会学、政治学作为社科领域的三大

① 社会学 10 971 篇（合作 4 684 篇），经济学 134 852 篇（合作 78 348 篇），政治学 27 649 篇（合作 7 569 篇），历史学 28 160 篇（合作 4 494 篇），中国语言文学 28 774 篇（合作 3 106 篇），哲学 19 476 篇（合作 4 592 篇）。

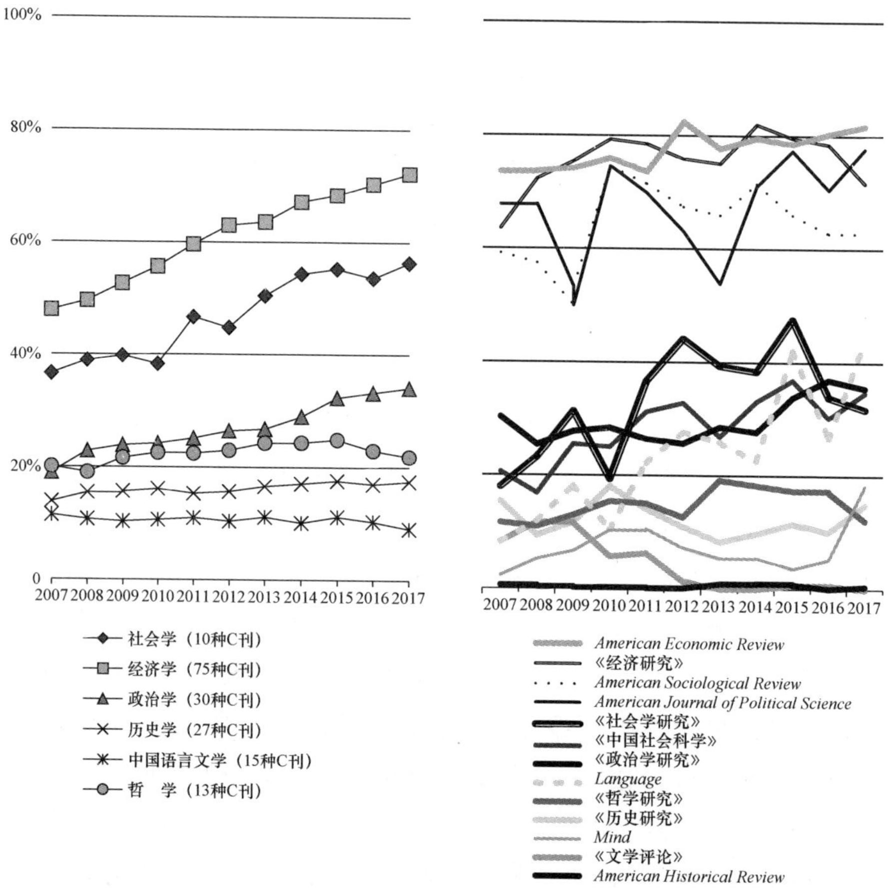

图 11-1 人文社科相关专业 C 刊、中外顶级期刊论文合作比例（2007—2017）

代表性专业，以哲学、历史学和中国语言文学（文史哲）为人文领域的三大代表性专业，借助六大经典专业来对我国人文社科领域的总体学术合作情况进行举一反三的观察。① 同时，发表于权威性期刊的论文群体，在相当程度上引领学科的前沿、主导学科的方向，是最应予以关注和剖析的学术成果形式。因此，我们以 2007—2017 年间六大专业顶级中文权威期刊近万篇（9 358）学术论文为大样本，对我国人文社科领域的学术合作进行全景式展示和特征图谱分析，并从社会网络的角度，对学术合作对于学术发表可能带来的推动效应进行实证量化分析。

---

① 从技术角度，我们完全可以利用爬虫程序获得全样本的信息。但相关中文数据库（如中国知网）出于数据保护目的禁止了爬虫程序的自动提取功能。

一、文献回顾

对学者学术合作关系的研究主要集中于文献计量学领域。早在 1978 年，比弗和卢森（Beaver & Rosen，1978）第一次系统梳理了当时的学术论文合作现象，并指出多作者合作的学术产出方式是对科学研究趋势专业化的回应。关于合作对于学术的助力作用，早期研究已有揭示：普拉夫迪奇和奥卢伊-武科维奇（Pravdic & Oluic-Vukovic，1986）于 1986 年便发现学术产出与学者合作频率间存在高度正向关联。基于 443 位美国科学家信息，李和波兹曼（Lee & Bozeman，2005）指出学者间的合作具有整合个人、机构及环境等优势资源的中介效应，进而证明了合作策略对论文出版率的正向作用。近年来国内外也有越来越多的研究发现，学术合作会带来更高频率的知识交换，有助于形成和发展新知，提升研究者的学术生产率、产出质量，增加文章可见度和被引率（如邱均平，曾倩，2013；王海涛等，2016；谢彩霞，刘则渊，2006；钟镇，2013；Abramo，D'Angelo & Di Costa，2009；Bordons，Aparicio & Costas，2013；Glänzel，2001；Carillo et al.，2013；Polyakov et al.，2017）。随着社会网分析的兴起，学者们进一步认识到，论文合作关系实际上同网络分析中经典的拜年网、核心讨论网、餐饮网等等，均可以看作是业缘社会网络的表现形式：在共同发表学术论文的背后，是相关学者深入频繁的讨论交流，而这种关系相比于学术会务、论坛等短期互动形式，强度更大，更能够反映学者间的业缘强关系（Newman，2001）。总体上看，针对学术合作网络的研究可以从个体网和整体网两种视角来加以概括。

个体网视角往往选择一些重要的学者作为中心节点，并将网络延伸至与其存在合作关系的学者。其中，网络结构是否会给学者的学术产出带来影响成为最受关注的话题（如杨张博等，2015；Cannella & McFadyen，2016；Haddad et al.，2017）。例如，卡纳拉和麦克法登（Cannella & McFadyen，2016）以分子遗传学领域 250 位具有高引用率的重要学者为中心节点构建个体网络，发现通过网络结构特征可以预测新节点的加入和老节点的脱离，并指出学者合作网络结构的变化在学术新知产出方面的三个过程：获取多样资源、分享经验和增强认知纽带。通过构建巴西 REAL 实验室研究者合作变迁网络，哈达德等（Haddad et al.，2017）再次确认处于网络中心的研究者在领域内学术发展过程中起着重要作用。在国内，杨张博等（2015）以生物学类“千人计划”归国学者为网络中心，构建个体网络，讨论了社会资本通过网络结构转移的发生细节。参考博特的“结构洞”理论（Burt，2004），他们在文中定义了网络中的“桥”节点（如国内外学界、不同学科、同一学科不同分支，或是同一分支以不同明星学者为中心的学术小圈）。当去掉该节点后网络会分离为两个以上子网络，并指出“桥”节点在初期网络形态中广泛存在，起到信息联通和结构桥梁的作用；在网络发展后期，同网节点间连接密度增加，“桥”节点的数量会逐渐减少。

整体网络视角则多选取某一领域或给定学科所有学者合作关系构建网络，旨在梳理学科发展脉络，解析当前聚焦的研究议题并进而预测学科走向。其中，小世界理论（small world）是解释学术合作网络形成机制的主要理论。所谓小世界网络，就是相对于同等规模节点的随机网络，具有较短的平均路径长度和较大的聚类系数的网络模型。在具有小世界特征的网络系统中，局部行为导致全局性的结果，而局部动态特性和全局动态特性之间的关系往往依赖于网络的结构（Frank & Yasumoto，1998；Friedkin，1984；Granovetter，1973；Newman，2001；Moody & White，2003；Watts，1999；Watts & Strogatz，1998）。比如，学术合作中，在网络中心可能存在少数明星作者，周围依附大量的合作者，从而支撑起主要的网络结构，即明星合作者现象（star collaborators）；或是网络中存在大量的闭合通路，使得合作网络的局部，不会因为某一个个人的离开而崩解，即所谓的结构黏性（structural cohesion）。

有关整体网络的实证研究也有着大量的文献，贾森等（Janssen et al.，2006）通过回顾“全球环境变迁中的人类行为”相关研究，构建了该领域学者论文合作整体网络，进而区分出回复性（resilience）、易损性（vulnerability）与适应性（adaptation）三种网络结构，并基于此讨论了不同网络结构下文章互引情况的差异。哈特梅克等（Hatmaker et al.，2017）通过对“公共服务动机”（public service motivation）领域学者合作网络进行研究，验证了该领域网络规模如何通过形成大量互不连接的子群使得其网络规模在26年间不断扩大。基于社科类学者合作网络，穆迪（Moody，2004）发现该领域在30余年间形成了一个紧密连接的内核，一定程度上解释了社会学领域学术合作比例不断提高的现象，进而指出学科内不同研究领域的特性和方法的差异如何形塑学术合作的倾向性，例如，相比于采用非定量方法进行研究的学者，定量学者更倾向于建立相互间的合作。国内的相关研究多集中在情报学和文献管理领域。如刘鹏和夏昊翔（2015）发现一个学科的学者合作网络往往经历三个阶段的演化：从分散状态到链式连接，最终形成小世界社区网络。孟祥保（2012）则梳理了中美两国间社科类学者合作情况，并在机构合作层面再次确认了一些关键节点如何充当网络核心并对整体网络结构的维持起到重要作用。

以上的研究，展示了部分学科领域的学术合作结构特征，揭示了合作对于学术论文数量与质量的重要影响及其网络机制。但仍然存在不少亟待提升的空间。第一，缺乏超越单一学科的整体视野，对相邻学科间的不同特征比较分析不足。除了少量涉及学科间比较分析之外（如 Bordons et al.，2015；Didegah & Thelwall，2013；Jansen et al.，2010；Vieira & Gomes，2010），前人文献多集中于对某一学科的合作展示分析，对不同学科之间的合作结构差异缺乏解读，对同一学科之间不同合作结构的产出特征缺乏关注。第二，对人文社科领域的合作关注不足。学者的目光多聚焦于合作规模和网络特征非常明显的自然科学。除了穆迪（2004）之外，鲜有学者对人文社科领域的合作进行专题分析。特别是，当定量的方法、实验的手段等传统使用于自然科学的分析方法，越来越被人文社科学者所掌握，学术合作也就越来越成为人文社科研究领域的重要现象。第三，社会网络视角下的中国学术场域研究亟待加强。从社会网的角度看，中国的学术场域之所以重要，是因为关系是具有中国特色的社会网络形式，嵌于关系网络中的中国学术合作，亟待学界加以分析和解读。从中国学术所处的高度发展阶段来看，高校之间激烈的论文竞争与考核机制，使得学术合作成为学者应对考核和晋升压力的一种重要途径。而目前相关研究非常少。

二、数据与方法

（一）期刊选取

对权威期刊的选定，本研究以南京大学中国社会科学研究评价中心发布的《中文社会科学引文索引（CSSCI）来源期刊目录》（即C刊）为参考依据，以各专业排名第一的顶级刊物作为本章所聚焦的学科权威期刊。这样，在社会科学大类，经济学领域为月刊《经济研究》；社会学领域为双月刊《社会学研究》；政治学领域为双月刊《政治学研究》。在人文学科大类，历史学领域为双月刊《历史研究》；中国语言文学领域为双月刊《文学评论》；哲学领域为月刊《哲学研究》。以上刊物，均是中国社会科学院下属研究所主办，在各自专业领域，均为公认的长期享有盛誉、对学科具有旗帜性作用的重要刊物，在很大程度上代表了相关领域的最高专业水平和最前沿研究。

各刊有单月双月出版之分。从表11-1可见，双月刊《社会学研究》在诸多刊物中每期发表论文数量较低，2007—2017年间刊发论文数仅700篇出头，非但无法与月刊《经济研究》《哲学研究》等高达2 000篇左右的发表量相提并论，即便与同为双月刊的《政治学研究》《历史研究》近900篇的数量相比，也有很大差距。考虑到C刊目录中“社会学理论”（即社会学综合类期刊）仅有《社会学研究》和《社会》两种，而两刊一道为学者所推崇（尤其是《社会》2006年改版之后），且两者定位、领域及作者群体具有很大重合（陈华珊，2017），故将《社会》十年间的680篇论文也计入，得到社会学论文1 391篇。当然，在稳健性检验中，我们会检验不涵盖《社会》数据的分析结论。

（二）数据提取

在学术期刊的数据采集方面，我们主要使用各期刊官方网站提供的开源信息，通过Python语言编写爬虫程序，分别获取各期刊2007年至2017年间所有刊发文章的信息。具体而言，我们采用正则表达式分析网页源代码，提取了合计9 358篇论文的七项要素：（1）文章题目；（2）全体作者；（3）作者单位；（4）关键词；（5）摘要；（6）发表时间；（7）期号。其中，对机构的统计以独立学校或研究所为单位，机构产出量按照第一作者（简称一作）计算。[①]

在构建网络图谱时，我们按照中文领域学术论文的署名通则，将作者划分为第一作者与非第一作者。我们借助Python的NetworkX插件，构建出六大专业的十年学术合作关系网络，并进行相应的网络性质分析。在实际操作

---

① 社科院下属研究所均单独计数，否则各领域各期刊最高产机构将均为社科院。

中，为确保数据质量，我们还处理了以下两个方面的问题：第一，论文筛选。由于各刊每期发表的内容中，除领域内研究型文章外，还会有一些期刊公告、会议通知等讯息，故将各刊中这些与学术研究无涉的信息删除。最终得到只包含各期刊学术研究论文信息的数据集。第二，同名筛选。我们对不同文章中出现的同名作者，逐一核查其对应机构。如所在机构一致，则认为是同一位作者。如机构有所不同，则搜索网络公开信息或原始文献中作者信息以确认是否为更换了机构的同一学者。如为同名的不同作者，则加以标注区分。以此确保数据的可靠性。

（三）研究策略

整个研究分三步进行，采取不同的分析模型和方法，层层递进。

第一步，描述和分类。对所涉六大专业七份期刊十年间研究论文的合作情况进行数据描述和可视化，并利用聚类分析（cluster analysis）方法，构建学术合作程度等级分类的统计标准（合作网络规模）和相关网络结构概念。利用既有文献中网络拓扑空间的结构性指标，对学术合作网络进行属性分析和判断。

第二步，分别以“万篇”（9 358）论文和“五千一作”（5 684 人）为样本，分析研究“方法取向”（定量还是非定量）和作者所属“合作网络规模”之间的关联。其中，“方法取向”的测量，采用对论文摘要全文（210 万字）进行分词和文本分析，利用定量研究特定学术词汇在摘要文本中的出现频数来构建其特征性指数。

第三步，分别以“万篇”（9 358）论文和“五千一作”（5 684 人）为样本，探讨论文作者所在“合作网络”的规模，是否能有效提升学术发表水平。考虑到可能存在的双向因果和遗漏变量等内生性问题，我们采用工具变量的方法进行因果推断。

三、学术合作网络总览

（一）学术合作网络的数量特征

表 11－1 呈现了人文社科专业权威期刊论文合作的基本数量指标，从中

表 11-1　2007—2017 年人文社科代表性期刊的论文合作情况对比

	社会科学				人文学科			
	社会学			经济学	政治学	哲学	历史学	中国语言文学
	《社会学研究》	《社会》	合计	《经济研究》	《政治学研究》	《哲学研究》	《历史研究》	《文学评论》
	双月	双月	双月	月刊	双月	月刊	双月	双月
论文总数	711	680	1 391	1 951	881	2 364	854	1 917
合作数量 （合作比例）	232 （32.6%）	199 （29.3%）	431 （31.0%）	1 479 （75.8%）	257 （29.2%）	350 （14.8%）	104 （12.2%）	94 （4.9%）
2～3 位作者	219	188	407	1 292	256	350	103	94
4 位以上	13	11	24	187	1	0	1	0
篇均作者数	1.44	1.38	1.41	2.23	1.31	1.15	1.14	1.05
作者数	675	651	1 107	2 590	812	1 530	723	1 282
一作数	462	476	769	1 187	588	1 290	632	1 217
一作平均发文数	1.54	1.43	1.81	1.64	1.50	1.83	1.35	1.58

注：作者数为非重复作者数。例如甲在某期刊发表 3 篇，作者数中甲按 1 计算。也因此，社会学合计栏中，作者数 1 107 并非两刊作者的简单相加。

我们大致可以总结出学术合作的两个方面数量特征。

首先，学术合作程度的学科差异明显。社会科学中的合作比例明显高于人文学科；而六个学科中，经济学独占鳌头，社会学次之。具体而言，在《经济研究》中，采用多作者合作发表的文章占十年间所发表文章总量的75.8%，超过四分之三；而《社会学研究》《社会》两家期刊中的合作论文量占比分别为32.6%、29.3%[①]，三成不到，略高于《政治学研究》的29.2%。而对于文史哲期刊而言，合作比例则小得多：《哲学研究》《历史研究》和《文学评论》的合作占比分别为15%、12%和5%。当对合作文章的作者数量做更为细化的考量时，经济学中具有4位及以上作者的文章占比达9.6%，社会学中仅有约2%，政治学与历史学中仅有0.1%，而中国语言文学和哲学则完全不存在4位或更多作者数的情况。实际上，按照篇均作者来计算，经济学类论文篇均作者已经超过了2位。

其次，核心作者群的贡献度亦有学科差异。在我国当代人文社科领域，文章的第一作者对论文的贡献最大，且一般只有单一的第一作者。因此，将各刊文章总量除以一作群体的数量，得到的一作平均发文数是各刊的核心作者集中度的重要指标。《经济研究》一作平均发文数达1.64篇，为社会科学类最高。而《哲学研究》超过1.8篇，为人文学科类最高，且超过《经济研究》。这意味着哲学领域的核心作者群体为整个学科发表做出的贡献度或支撑度最大。而历史学领域的一作平均发文数最低，意味着历史学领域权威期刊论文发表的作者群体更为分散。

（二）学术合作网络的结构等级

学术合作具有社会网络属性，单纯的统计表格无法完全呈现出其结构化的特征。因此，我们进行网络可视化展示并在图11-2中予以呈现。在图11-2中，左侧为社会科学类（经济学、社会学、政治学），而右侧为人文学科类

---

① 值得说明的是，从发表量、合作量、篇均作者数等指标来看，《社会学研究》和《社会》两刊非常接近。实际上，两刊的一作和作者群体分别有169位、219位学者是相互重合的，即这些学者在两刊中均有文章发表。须知将两刊作者产出情况加总，绝大多数的学者仅有一篇作品：以一作身份在两刊中累计发表两篇及以上文章的仅有288位；作为作者参与两篇及以上论文发表的仅有374位。这意味着两刊的作者群体间有极大重合，而加总后的总体亦确可代表社会学领域的学术研究行为来与其他学科相比照。

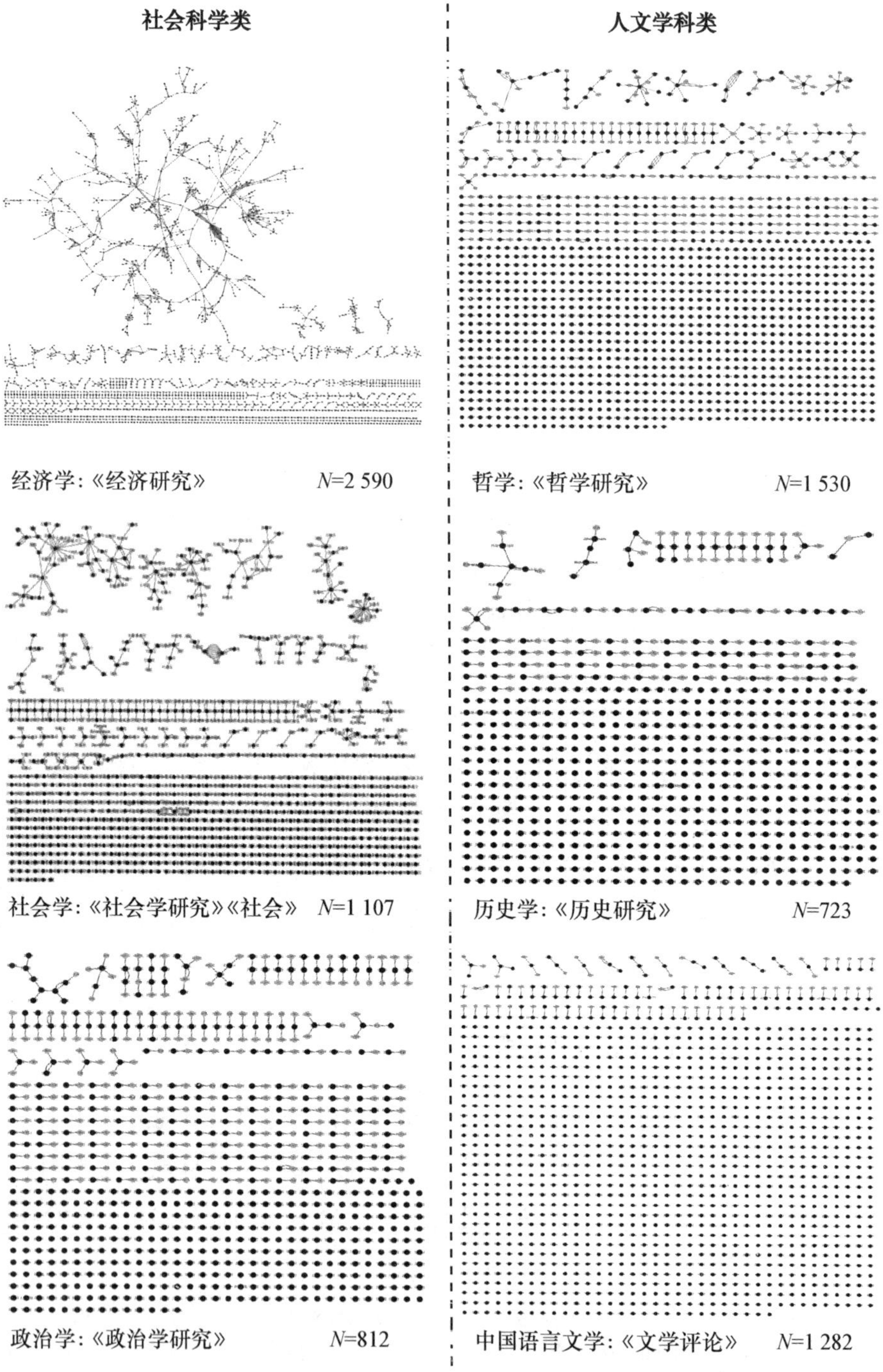

图 11-2 人文社科权威期刊论文的作者合作网（2007—2017）

注：深色节点为一作，浅色节点为非一作；浅连线为合作关系（N=8 044）。

（哲学、历史学、中国语言文学）。图中共有全部论文的不重复一作 5 684 人，非一作 2 360 人，合计 8 044 人（即 8 044 个节点）。深色节点代表一作，浅色节点代表非一作；两节点间连线数代表合作发表论文的次数。即当两节点之间存在合作关系时于图中显示连接；若有学者在十年中始终以独作形式发表论文，则对应深色节点处于孤立状态。在一篇多作者合作的文章中，所有非一作均只与一作直接连接。因此，两节点间建立关联需要满足两项条件：（1）至少一个节点具有担任文章一作的经验；（2）在此篇文章中另一节点作为非第一作者参与到文章写作中。下文呈现的网络关系图谱均循此规则。此外，有的学者既有合作，又有独作。在图中，凡有合作的，就不列入独立节点，体现非重复性。

从图中可以看到，在六大专业的学术合作网络中，既有非常集聚的大规模连接网络，也有大量的独立节点。同时，还有一大批包含双节点、三节点、四节点的中小规模连接组合。我们以图 11－2 中全部 8 044 个节点为总体，以合作网络规模（所含作者数量）及对应规模的网络个数为二元因素共同聚簇，按照“层内差异最小，层间差异最大”的原则，采用聚类分析方法，得到了合作网络结构的四级分层结果，分别是 1 节点级、2～3 节点级、4～55 节点级和 876 节点级。每级涵盖的节点数，占为总节点数（8 044）的比例分别为 44.3%、26.9%、18.0%和 10.9%。为了对这些网络结构进行形象化描述，我们以海陆岛礁为借鉴，提出如下四层合作网络结构定义。

（1）独立礁：与其他节点间未建立合作的独立节点，即从未有合作的作者。

（2）合作礁：含 2～3 个节点的连接体，包括偶有合作的作者，以及合作对象有限且固定的作者。这类网络结构涉及节点较少，连接较为简单，却在各学科中均有大量分布。视觉上主要是两节点的短连接，以及三节点间的短折线。

（3）合作岛：含 4 个及 4 个以上节点，但所含节点数尚不足与其他更大网络结构形成聚类效果上的区分。合作岛的内部能够形成较为复杂的网络连接方式。本章中，规模最大的合作岛为社会学领域含 55 个节点的大型合作网络。

（4）合作群岛：包含大量节点并具有相当复杂的连接形态的网络结构。

这种大量节点的聚合意味着较为成熟的合作网络形式。聚类结果显示本研究中仅有一处合作群岛，归属于经济学，包含有876个节点。

运用四级岛礁定义，我们能对六大专业领域的刊物论文合作情况进行网络结构的特征描述。从图11－2来看，最引人注目的是经济学的学术论文合作关系，可以说呈现出高度网络化特征。其中，有大量节点集聚成一处规模很大的合作网络，并在内部具有复杂密集的关联。该网络子群实际包含876个节点，占到经济学学者总量的33.8%，形成了经济学学者合作网络的超级“合作群岛”。此外，还存在不少“合作岛”及一些“合作礁”，而“独立礁”在经济学论文中的比例则明显很低。相比之下，社会学两刊文章合作关系网络形成的最大子群包含55个节点，但仍不足以被划分为“合作群岛”；而政治学的合作则更次之，最大的“合作岛”也不过才10个节点。和三大社会科学相比，图11－2右侧的文史哲学科则明显呈现“独立礁”主导的特征，合作网络化程度甚低。实际上，文史哲三学科出现的最大规模网络子群只包含12个节点，且多为轮状分布，节点之间连接稀疏，对局部中心和“桥”节点更为依赖；包含节点甚少的合作礁与独立礁占绝大比例。

四、方法取向、网络规模和学术发表

（一）研究假设

定量社会科学研究，即以数据为基础，以数学、统计或实验方法对社会结构、过程和现象等进行证实或证伪。定量研究的知识、技巧在模型方法、文章结构、知识基础等方面具有相当的通用性，因此定量方法取向的学者，较之其他诸如理论、质性研究取向的学者，在学术合作方面有更低的成本、更多的便利，从而更有可能身处规模等级较大的学术合作网络。这一点，国际研究中已有初步提及（Moody，2004），不过仅仅集中于社会学专业。我们将据此对近十年中国人文社科领域进行全面计量检视。这样，我们提出假设1：定量方法取向的学者，拥有规模更大的间接学术合作网络。

更重要的是，从社会网络的角度，身处较大规模学术合作网络，意味着拥有更多的潜在学术合作者和更广的学术信息渠道。这会使作者有更大的可能获取额外的学术社会资本，也有利于提升学术发表的数量和质量。具体而言，曾经合作过的直接社会关系人，可以带来“强关系”式的学术资源和社会资源；而未曾合作但有着网络连接渠道的间接社会关系人，可以带来“弱关系”式的学术信息和跨领域、跨学科的前沿优势。社会网络和社会资本理论中关于关系的价值，已有相当积累，这里不再赘述（边燕杰，2004；陈云松，范晓光，2011）。

目前，学术合作对产出效率、质量的影响研究，均主要针对科学界（Lee & Bozeman，2005；Carillo et al.，2013），样本均非常有限（不到1 000），而在因果判断上也仅仅使用了进一步控制遗漏变量的可能代理变量等方法，未有较好的解决方案。① 因此，我们基于中国人文社科六大代表性专业的权威期刊论文发表数据，提出第二个研究假设（假设 2）并试图从反事实因果角度加以检验：较大的间接学术合作网络，会带来更好的发表记录。

（二）主要变量

考虑到同一作者多次发表作品时，其所在城市、科研机构甚至研究方法并不完全一致，我们首先使用 2007—2017 年中国人文社科六大专业的 9 358 篇论文作为样本。不过，这样也就意味着我们把每篇论文的作者视为独立个体，可能会使得那些发表数量较多的一作，因在样本中重复出现而具有过高的权重。因此，为确保分析的可靠性，我们进一步以不同的论文第一作者作为样本进行分析（9 358 篇论文来自 5 684 位不同的第一作者）。这样，在回归分析部分，我们分别以论文 9 358“篇”和一作 5 684“人”作为样本进行研究。我们检验了假设所涉及的主要变量（不包括作者工作单位所在省市虚拟变量），相关结果见表 11－2。②

1. 核心变量

核心变量有三个：

（1）合作网络规模：考虑到稳健性，我们分别测试了两种因变量度量。一种是“合作网络规模等级”，即“独立礁”“合作礁”“合作岛”和“合作群

① 卡里略（Carillo et al.，2013）的工具变量，并非针对核心解释变量合作人数。

② 因为表 11－2 以论文“篇”和一作“人”为样本，所估计的有关指标的均值等统计量不尽一致。

岛”（1～4 的定序变量）；另一种是“合作网络规模大小”，即原始规模数据（大于 0 的正整数连续变量）。

（2）方法取向：对于一篇论文而言，方法取向或定量或非定量（1 和 0 的二分变量）；对于一个作者而言，方法取向为其发表论文中的定量作品占全体作品之比（介于 0 到 1 之间的连续变量）。至于我们如何对 9 358 篇论文的研究方法进行定量和非定量的判断，方法详见下文。

（3）学术发表：考虑到各学科论文数量不一致，我们采用“相对数量”的测量方式来作为学术发表的指标，即用 2007 年到 2017 年间该作者发表的论文“绝对数量”除以本专业同时段内的论文总量（为便于直接展示，我们将比例乘以 1 000）。十年累积的发表相对数量，代表的是截至 2017 年底的个人最新发表记录。我们还对“绝对数量”（直接作为学术发表情况的测量指标）进行了稳健性检验。考虑到本章所有样本均为顶级权威期刊，且时间跨度较大，而中国知网的引用数据页面对爬虫设置了禁止程序，因此我们未使用引用率指标作为论文质量的标志。

表 11-2　回归分析主要变量描述

	论文“篇”样本 （N=9 358）	一作“人”样本 （N=5 684）
合作网络规模等级		
1 独立礁	58.92%	62.61%
2 合作礁	19.64%	19.90%
3 合作岛	13.00%	10.70%
4 合作群岛	8.43%	6.79%
合作网络规模大小	76.682（242.650）	61.898（219.833）
方法取向（或比例）		
定量=1	19.60%	0.198（0.387）
非定量=0	80.40%	
论文合作属性（或比例）		
合作=1	29.01%	0.302（0.441）
非合作=0	70.99%	
发表绝对数量	2.623（2.124）	1.646（1.267）
发表相对数量×1000	1.610（1.373）	1.726（1.401）
作者机构		
一流学术单位=1	55.81%	45.83%
其他单位=0	44.19%	54.17%

续表

	论文“篇”样本 （N=9 358）	一作“人”样本 （N=5 684）
作者网络中心度	1.334（2.884）	0.875（1.880）
作者城市位置		
胡焕庸线以东=1	91.74%	90.75%
胡焕庸线以西=0	8.26	9.25%

注：分类变量报告比例，连续变量报告均值和标准误（括号内）。

2. 控制变量

我们在两个假设的验证模型中，将控制论文所属的学科专业门类（六大专业）、合作情况（论文“篇”样本中为二分变量，合作=1，非合作=0；一作“人”样本中为合作比例连续变量，即合作文章占其总论文数之比）、是否在一流学术机构（985 高校、中国社科院和境外高校取 1，其他高校和单位取 0）、一作所在省份的固定效应和年份固定效应。此外，在第一个假设的验证模型中，我们还会控制论文一作的合作网络中心度，即作者发表论文的合作次数，用以控制作者内在合作倾向性（该指标在第二个假设中不纳入模型，因为它和发表数量必然高度相关，而且会完全中介合作网络规模的效应）。

3. 方法取向的生成

要获知论文采取的是定量还是非定量方法，我们需要对全部近万篇论文进行海量阅读，需要耗费大量时间。不过，借助对论文摘要进行文本分析的方法，我们可以快捷地获得这一指标。这是因为，论文摘要是对一篇学术论文的文章主旨、使用方法及研究结果的高度概括，精准明晰地反映了文章旨趣和研究方法。相比于论文的全文文本包含大量文献回顾、解释说明等信息，摘要文本中出现的定性定量关键性术语的数量，可以被用来判别文章的研究方法取向。我们生成关键变量“方法取向”的具体步骤是：

第一步，借助 Python 语言中的 Jieba 中文分词插件对 9 358 篇论文的约 210 万字（2 106 246 字）汇总文本进行词汇分割。为保障分词效果，在分词过程中将由搜狗词库提供的社会科学类专业词汇库设置为参考词库，并按照通用的停止词表划定停止词（stop words）。因现代汉语中单字多作为连词代词之用，在文本中很少有实际义旨，故按照文本分析通则将仅有一个字符的分词结果删去；同时删除纯数字内容。最后，我们从文本里获得 69 347

个词。

第二步，设定一组明确指向定量研究方法的特征性术语表，包括“定量”“量化”“模型”“数据”“变量”“检验”“问卷”“回归”“函数”“面板”“计量”“内生”“因子”“抽样”“统计”，共15个。对每个特征词利用R语言编程对分词后的全部摘要文本进行逐条统计。如果该词出现于文本中，则记“1”，否则为“0”。将各词所得变量相加，得到大于等于0的连续变量，即“定量术语指数”（该指数最高值为8，即有8个定量特征词出现于同一摘要文本中）。当“定量术语指数”大于等于3时，我们将主解释变量“方法取向”变量赋值为1，代表定量研究；对指数小于2的文献，我们人工逐条复检确认，最终构建出“定量-非定量”二分变量（哲学、中国语言文学论文摘要中偶有出现“检验”“模型”字样，但多非量化研究）。最后，论文的“定量术语指数”均值为0.53。由于3的阈值根据经验人工指定，除了使用“方法取向”二分变量之外，我们在稳健性检验中还另外直接使用原始的“定量术语指数”以及以4为阈值进行分析。

（三）因果推断策略

由于数据的可获得性限制和学者在顶级期刊发文的间歇性，我们以十年为一个总体考察阶段，以末期各项最新指标作为分析变量，把2007—2017年间的相关学术发表动态压缩到一个总截面进行分析。尽管这一方法会让我们无法观测十年内的学术发表动态演变和结构演化，但也使我们获得了足够丰富的样本和足以观测到大规模合作网络的时间窗口，从而可以从社会网络的角度来对合作结构进行分析解读和可视化，进而探究合作网络、研究方法和学术产出之间的重要关联。

假设1聚焦的是方法取向和网络规模的关系。在假设1的表述中，我们不强调“反事实”框架中的因果作用，而仅强调验证统计上的关联。主要原因有三：第一，从时间逻辑角度，学者的研究方法取向多在学术训练成长期就已逐步形成，且在顶级期刊发表定量或非定量论文，需要各自领域相当的训练积累，因此总体上我们把学者的方法取向看作一个前定的变量，这样双向因果就不会成为因果推断的障碍。第二，从解释机制角度，前文我们已提及，大量理论和实证文献已表明定量研究方法的术语、模型具有高度的通用性，这种通用性使得其潜在的合作网络增大。这一明确、清晰和直观的因果机制，较之可能的遗漏变量机制而言，具有压倒性的解释优势。除非我们真的相信，某种遗漏变量（如学者内在的性格、能力）是同时决定其方法取向和合作网络的真正原因。第三，从研究宗旨角度，既然学者的研究取向，很少在学术生涯中出现重要转变，那么在研究中我们可以不关心方法取向对合作网络是否具有“反事实”意义上的因果作用。换言之，确认方法取向和合作网络规模之间的统计关联，就已经具有足够的学术意义。

假设 2 的情况则有不同。实际上，我们的假设表述暗含了强烈的因果意涵（合作网络规模会影响学术成果发表），这主要出于三个方面的考虑：第一，双向因果成为干扰因果推断的重要问题。这是因为，一方面，合作网络的规模越大、等级越高，则越有可能获取学术资源和社会网络，越有利于发表；另一方面，发表成果越多越好，则越有可能形成更多的学术合作关联。第二，社会网络的因果作用，确实受到内生性问题的困扰。大量社会网络文献已经表明，个人的能力、性格等遗漏变量，确实可能成为同时决定网络规模与个人劳动力市场结果的真实原因。第三，从研究意义角度，我们希望证实或者证伪合作网络对于学术发表的因果作用。这是因为，如果假设得到反事实因果证据的支持，那么我们的研究结果就具有一定的政策和实际价值：鼓励合作、倡导合作，可以增加学者的高质量产出。基于以上三点，在分析中我们也必须考虑解决双向因果和遗漏变量问题。

考虑到因果推断的要求，我们使用工具变量（IV）方法，以作者所在城市的地理位置是否处于国内“胡焕庸线”以东作为合作网络规模的 IV。该 IV 的合理性体现在：由于我国学术机构多处于“胡焕庸线”以东，这意味该线以西的学者，以及在境外机构的学者，在地理空间上与学术共同体其他成员有较大隔绝，导致所处合作网络的规模会比较小。这意味着 IV 会与解释变量网络规模高度相关。而这一点，可以得到有效的统计验证。同样重要的是，在广泛控制了年份固定效应、省份固定效应、是否一流学术机构等关键变量之后，我们发现城市的天然地理位置，与学者的发表没有直接关联。也就是说，IV 对于因变量学术发表，是高度外生的。

“胡焕庸线”作为 IV，其与合作网络规模的紧密关联，甚至直接可以从视觉上加以判断。我们在地图上将论文作者所在单位的 144 个城市进行标注，通过弧线将有过合作关系的作者进行连接。不难发现，无论是单独专业还是所有专业叠加，学术合作的空间分布沿“胡焕庸线”均呈现东多西少的模式。实际上，在非合作的 2 715 篇文章中，有西部学者参与的仅 202 篇，其中一作单位为“胡焕庸线”以西的 174 篇。

当然，使用该 IV 难免存在争议。不过，我们的用意在于：利用处于同一省份而不同城市的“胡焕庸线”东西的微妙差异，来识别模型。实际上，我们还可以进行 PSM 匹配，尝试其他的方法。

（四）检验假设 1：方法取向与网络规模

当因变量是“合作网络规模等级”即 1～4 的定序变量时，我们采用 OLogit 方法进行回归。当因变量为“合作网络规模大小”即原始规模数据时，考虑到其为大于等于 1 的正整数，且样本均值小于标准差，泊松（Poisson）模型的前提无法成立，我们进行了负二项模型拟合（表 11 - 3 底部的过度分散参数检验结果也表明了负二项模型的合理性）。鉴于不同年份、不同省份的学术导向、学术思潮差异可能导致同一年份内样本或者同一省份内样本不独立，我们在计算标准误时均使用省份年份双重簇稳健估计量。回归分析结果见表 11 - 3。此外，我们还对社科领域 4 223 篇论文和人文领域 5 135 篇论文分别做了局部样本回归，获得了和表 11 - 3 一致的结果，限于篇幅不再展示。

表 11 - 3 中的模型 1 和模型 2 为 OLogit 模型，报告的系数为优势比（odds ratio）。其中，模型 1 分析的是 9 358 篇论文样本，而模型 2 分析的是 5 684 人的一作样本。不难发现，无论哪种样本，即便在控制了作者的网络中心度和论文合作情况等对合作网络规模影响极大的关键因素之后，方法取向仍然能够对合作网络规模等级产生影响。以论文样本模型 1 为例，在其他条件一致的情况下，定量方法取向的作者，其合作网络规模提升整整一级的优势比是原先优势比的 1.249 倍。如果计算边际效应的话，定量研究者身处非独立礁的概率，也就是合作网等级规模大于 1 的概率，比非定量研究者要高出 0.022。这个概率上的差异已接近哲学和政治学之间学科差异的一半。实际上，以一作为样本的模型 2，该系数更大。其他变量对合作网络规模等级的影响也饶有趣味。在其他条件一致的情况下，政治学学者的合作网络规模

表 11-3 方法取向对合作网络规模的影响

	Y＝合作网络规模等级		Y＝合作网络规模大小	
	OLogit 模型		负二项模型	
	N＝9 358 篇 Odds Ratio 模型一	N＝5 684 人 Odds Ratio 模型二	N＝9 358 篇 IRR 模型三	N＝5 684 人 IRR 模型四
方法取向				
非定量（参照组）				
定量/定量比）	1.249* (0.115)	1.442*** (0.132)	1.579*** (0.100)	1.697*** (0.124)
网络中心度	2.329*** (0.107)	2.563*** (0.164)	1.244*** (0.013)	1.314*** (0.018)
合作/合作比	8.853*** (1.033)	46.603*** (24.181)	1.517*** (0.073)	1.882*** (0.182)
一流机构	1.101 (0.060)	1.164 (0.095)	1.034 (0.304)	1.041 (0.037)
专业				
政治学（参照组）				
社会学	1.056 (0.095)	1.278 (0.175)	1.621*** (0.094)	1.500*** (0.091)
经济学	3.034*** (0.344)	2.679*** (0.365)	50.588*** (4.645)	44.483*** (4.721)
历史学	0.442*** (0.041)	0.617*** (0.091)	0.812*** (0.033)	0.946*** (0.052)
中国语言文学	0.278*** (0.029)	0.456*** (0.095)	0.809*** (0.345)	0.970*** (0.058)
哲学	0.615*** (0.058)	0.879 (0.199)	0.937*** (0.039)	1.042*** (0.078)
年份固定效应	YES	YES	YES	YES
省份固定效应	YES	YES	YES	YES
截距	—	—	1.499*** (0.084)	1.190*** (0.056)
分割点 1	1.314*** (0.114)	2.352*** (0.118)	—	—
分割点 2	4.240*** (0.179)	6.158*** (0.517)	—	—
分割点 3	7.225*** (0.279)	8.607*** (0.692)	—	—
LR test (alpha=0)	—	—	1.198*** (0.027)	1.279*** (0.065)

等级，比经济学小得多，和社会学没有显著差异，但比文史哲三个专业都要大。此外，中心度、合作情况显然能够影响合作网络规模等级，但是学术机构之间，则不存在这样的差异。

模型 3 和模型 4 则是以合作网络规模大小为因变量的负二项模型。在此模型中，方法取向的效应更为明显。以论文“篇”样本的模型 3 为例，在其他条件相同的情况下，定量学者和非定量学者相比，前者的合作网络平均规模大小是后者的 1.579 倍，即大出近 60%。和模型 1 相比，我们看到此时社会学和政治学学科之间也出现了统计显著的差异。总体上，表 11－3 表明，采取定量研究方法的学者，更容易栖身于较大规模的合作网络。这样，我们的假设 1 得到了实证支持。

（五）检验假设 2：网络规模与学术发表

表 11－4 中，模型 1 到模型 4 分别以合作网络规模等级、规模大小为主解释变量，用 OLS 模型分析“篇”样本和“人”样本。不难发现，无论是在 9 358 篇论文还是在 5 684 位一作中，合作网络规模和学术发表之间，存在着显著的关联。而合作网规模效应之强，值得引起重视：以模型 1 为例，条件一致的两名学者，如果一位身处独立礁（从不合作），一位身处合作礁（即曾和 2～3 位同仁进行过合作），他们之间的发表差异为 0.819（即接近 1 篇），是一流学术机构和非一流学术机构之间差异（0.098）的 10 倍。

表 11－4　合作网络规模对学术发表的影响

	模型 1	模型 2	模型 3	模型 4
	N=9 358 篇 OLS	N=5 684 人 OLS	N=9 358 篇 OLS	N=5 684 人 OLS
合作网络规模等级				
独立礁（参照组）				
合作礁	0.819*** (0.054)	1.472*** (0.155)	—	—
合作岛	1.583*** (0.066)	2.149*** (0.189)	—	—
合作群岛	1.909*** (0.088)	2.194*** (0.138)	—	—
合作网络规模大小	—	—	0.001*** (0.000)	0.001*** (0.000)

续表

	模型 1	模型 2	模型 3	模型 4
	N=9 358 篇 OLS	N=5 684 人 OLS	N=9 358 篇 OLS	N=5 684 人 OLS
方法取向				
非定量（参照组）				
定量/定量比	−0.197** (0.066)	−167 (0.107)	−0.124 (0.073)	−0.106 (0.105)
合作/合作比	−0.940*** (0.066)	−1.718*** (0.169)	−0.187*** (0.047)	−0.200*** (0.047)
一流机构	0.098** (0.030)	0.222*** (0.031)	0.130*** (0.031)	0.258*** (0.035)
专业				
政治学（参照组）				
社会学	−0.496*** (0.072)	−0.329*** (0.068)	−0.344*** (0.079)	−0.195* (0.085)
经济学	−1.558*** (0.083)	−1.244*** (0.089)	−1.391*** (0.084)	−1.131*** (0.088)
历史学	−0.410*** (0.082)	−0.377** (0.106)	−0.565*** (0.088)	−0.459*** (0.119)
中国语言文学	−1.169*** (0.073)	−1.178*** (0.080)	−1.358*** (0.082)	−1.285*** (0.107)
哲学	−1.220*** (0.070)	−1.150*** (0.069)	−1.292*** (0.079)	−1.174*** (0.096)
年份固定效应	YES	YES	YES	YES
省份固定效应	YES	YES	YES	YES
截距	2.315*** (0.077)	2.341*** (0.081)	2.519*** (0.081)	2.480*** (0.094)
	模型 5	模型 6	模型 7	模型 8
	N=9 358 篇 工具变量	N=5 684 人 工具变量	N=9 358 篇 工具变量	N=5 684 人 工具变量
发表模型/合作模型	OLS/OLogit	OLS/OLogit	2SLS	2SLS
合作网络规模等级				
独立礁（参照组）				
合作礁	0.969*** (0.070)	1.592*** (0.208)	—	—
合作岛	1.821*** (0.093)	2.333*** (0.272)	—	—

续表

	模型 5	模型 6	模型 7	模型 8
	N=9 358 篇 工具变量	N=5 684 人 工具变量	N=9 358 篇 工具变量	N=5 684 人 工具变量
发表模型/合作模型	OLS/OLogit	OLS/OLogit	2SLS	2SLS
合作网络规模等级				
合作群岛	2.250*** (0.112)	2.446*** (0.247)	—	—
合作网络规模大小	—	—	0.001*** (0.000)	0.001*** (0.000)
方法取向				
非定量（参照组）				
定量/定量比	−0.209** (0.064)	−0.176 (0.104)	−0.124 (0.078)	−0.106 (0.104)
合作/合作比	−1.073*** (0.083)	−1.846*** (0.228)	−0.187*** (0.051)	−0.200*** (0.046)
一流机构	0.096** (0.030)	0.216*** (0.031)	0.130*** (0.030)	0.258*** (0.035)
专业				
政治学（参照组）				
社会学	−0.516*** (0.073)	−0.338*** (0.087)	−0.344*** (0.082)	−0.195* (0.085)
经济学	−1.645*** (0.089)	−1.290*** (0.101)	−1.391*** (0.084)	−1.131*** (0.088)
历史学	−0.383*** (0.082)	−0.371*** (0.106)	−0.565*** (0.089)	−0.459*** (0.119)
中国语言文学	−1.139*** (0.072)	−1.170*** (0.079)	−1.358*** (0.080)	−1.285*** (0.106)
哲学	−1.206*** (0.069)	−1.149*** (0.067)	−1.292*** (0.078)	−1.174*** (0.096)
年份固定效应	YES	YES	YES	YES
省份固定效应	YES	YES	YES	YES
截距	2.278*** (0.074)	2.333*** (0.081)	2.519*** (0.085)	2.480*** (0.093)
分割点 1	−0.048 (0.240)	1.834*** (0.265)	—	—
分割点 2	1.122*** (0.246)	3.422*** (0.451)	—	—
分割点 3	2.182*** (0.254)	4.404*** (0.537)	—	—
atanhrho	−0.077*** (0.021)	−0.049* (0.024)	−0.000 3 (0.044)	−0.000 5 (0.038)
Z/F（IV 的相关性）	3.56	4.84	18.95	11.50

在模型 2 中，独立礁和合作礁之间的差异对发表的影响更大，达到 1.472（即超过 1 篇），是一流和非一流学术机构之间差异（0.222）的 6 倍多。在模型 3 和模型 4 中，合作网络规模的大小每增加 1 000 人，则作者在权威期刊发表的论文就会增加 1 篇。从前文我们获知，经济学的合作群岛规模为 876（接近千人），这就意味着，如果社会学、政治学等学科也具有经济学一样近千人规模的超级合作结构，那么作者发表的论文将会增加 1 篇。实际上，网络规模大小增加 1 000 人，相当于其级别从独立礁增长到合作群岛。这个增幅，在模型 1 和模型 2 的结果中，甚至可以带来 2 篇权威期刊论文的发表。

接下来，我们用工具变量方法进行因果推断。在模型 1 到模型 4 的基础上，我们分别使用“胡焕庸线”以东作为工具，利用自然地理位置的外生差异来解决双向因果和遗漏变量问题，识别合作网络规模对于学术发表的真实作用（模型 5 至模型 8）。具体方法为：当把合作网络规模等级作为内生变量时，我们使用条件混合过程回归（CMP）同时估计发表方程（OLS）和含工具变量的网络规模等级方程（Ologit）；而当把合作网络规模大小作为内生变量时，我们直接拟合两阶段最小二乘法（2SLS）方程。表 11 - 4 底部的 Z 值和 F 值表明工具变量和合作网络规模高度相关。总体上，模型 5 至模型 8 的结果表明，工具变量分析结果和前述结果几乎一致。[①] 这意味着，我们的假设 2 得到了反事实因果意义上的证明。

五、结语

本章综合计算社会科学、社会网络分析、文本分析及实证回归等方法，绘制了人文社科六大学科层面的学术合作整体网络图谱，并分析了相应的网络属性。这是学界首次对中国人文社科领域的合作行为进行全景式的梳理和结构分析，对人文社科研究本身以及文献计量学均具有一定的意义。而

① 表格底部的 atanhrho 的显著性表明，模型 5 较之模型 1，模型 6 较之模型 2，结果均更可靠，因为工具变量分析中同时估算的两个模型的残差存在相关。换句话说，合作网络规模等级这个定序变量确实是内生的，而规模大小则不然，无须采用工具变量结果。

分析研究方法取向、合作网络规模与学术产出直接的统计关联，更具有政策意蕴。

我们采用聚类分析方法，将学术论文的合作规模划分为四个等级，并根据其网络结构特征，用“独立礁”“合作礁”“合作岛”和“合作群岛”来定义。数量统计和可视化结果均显示，经济学、社会学、政治学的网络化程度依次降低；而哲学、历史学和中国语言文学等人文学科的学术合作比例又明显小于社会科学。最后，采取定量方法的研究者往往更容易身处较大的合作网络；而更大更高等级的合作网络，则会带来更多更好的论文发表。基于“胡焕庸线”的工具变量分析，从因果角度证实了这一点。本章从社会网络的角度第一次对中国人文社科研究的顶级权威期刊进行了大规模的总览研究和机制分析，是多学科多方法结合的一次突破性尝试，为我们理解当代中国人文社科的学术生产过程，以及各学科发展的差异和不平衡，提供了新的理解方式。

当然，本章也存在诸多不足。第一，受限于中国知网等数据库对爬虫程序的限制，我们无法对全部 C 刊的论文进行全面分析，而只能分析顶级期刊。尽管顶级期刊代表了中国人文社科研究的最高水平，但这类期刊的合作发表特征，未必和一般刊物的合作发表特征具有一致性。因此，我们的结论，从谨慎的角度，更适用于中国人文社科的前沿领域。此外，更多的变量，诸如是否有基金支持、文献数量、作者学术背景等的影响，需要在今后研究中借助更大规模的数据进行综合考量。第二，尽管我们对学者所处合作网络的规模属性与学术产量间的关系进行了因果分析，但工具变量本身的外生性难免受到质疑。在后续研究中，我们将尝试对十年间合作网络的动态发展特点进行分析，在研究中加入时间维度，讨论特定领域网络生长过程等，并构建面板数据，进行因果推断，为工具变量分析的结果进一步提供佐证。第三，学术发展动态不一，特别是社会学和政治学处于量化研究大幅度扩张的特定发展时期。因此，更长时间跨度的研究，才能进一步揭示中国人文社科研究的合作网络结构特征与动态。我们会在今后的研究中进行拓展。

结语：社会资本研究的未来

社会资本、社会网络、关系网络等等，对于人们实际的工作、生活，究竟有无影响，是定量社会学分析的要义所在。特别是，我们很清楚地认识到，人的内在能力无法被观测记录，而能力与社会网络以及个人的经济社会地位等等劳动力市场结果都密切相关。因此，社会资本实证研究必须时时以解决内生性问题为己任，才能从科学的角度为理论提供强有力的验证。仅仅依靠提出概念来吸引读者、宣扬观点的时代已经远去。严肃的社会学，需要依靠扎实的数据和清晰的逻辑，对观点、假说进行检验。没有得到实证检验的理论，只能被作为观点、假说而存在。被一个或数个研究证明了的观点、假说，需要不同时间、空间的反复验证，才能具备上升为真正理论的可能。这是因为，社会现象纷繁复杂，时空差异巨大，不能放之四海而皆准。本书从概念和理论出发，侧重从实证研究和因果推断角度，对社会资本领域的最新研究方法和前沿进行了梳理与展示，并使用来自众多国家的数据，对社会资本的真实劳动力市场价值进行因果推断。其中，有些是对社会资本研究领域经典研究和数据的复制拓展，有些是利用新的数据进行的理论验证。相关的因果推断方法实践，则可以为从事社会网络和社会资本的研究人员提供一定的借鉴样本。

社会资本研究的兴起，从格兰诺维特提出弱关系理论开始，已历经 40 多年。在这 40 多年里，主要完成了概念和理论框架，并使用传统问卷调查对相关理论进行了初步检验。总体上，社会资本理论的全球发展大致经历了三个阶段。

第一个阶段，即概念和理论阶段。这一阶段以科尔曼分析社会资本和格兰诺维特提出弱关系理论为标志，伴随网络分析的逐步普及和对社会资本的测量的完善。其时间跨度主要在 20 世纪 60—80 年代。代表人物主要集中在欧美，包括在美国的学者科尔曼、格兰诺维特、林南、博特和在欧洲的学者施奈德斯、沃克尔、弗莱普等等。

第二个阶段是大规模实证分析阶段。在这一阶段，社会网络和社会资本理论引发大量实证研究。特别是，以边燕杰为代表的中国学者对关系的引入，使得社会资本研究领域进一步拓展。其时间跨度，从 20 世纪 80 年代到 2000 年。代表性的国际学者包括边燕杰、麦克唐纳和林南先生师门的诸多学者。代表性的国内学者包括张文宏、罗家德、赵延东等。

第三个阶段，以内生性问题及其解决方案的提出为标志。其中以莫维（Mouw，2003）的问题提出为滥觞。该研究在社会资本界引起了较大影响与争论。陈云松、梁玉成、胡安宁等一批学者在 2010 年前后将相关的内生性概念系统引入国内学界，并进行了一批基于高级计量方法的实证研究。

从未来来看，特别是进入大数据、计算科学时代后，社会资本领域的研究可以有如下几个方向的展望。

（1）大规模网络数据的收集和分析。纵观近年来社会学国际顶级期刊上发表的相关社会资本论文，基于个体中心网的研究已经很少，取而代之的是大规模的地域性甚至全球性网络数据分析。实际上，基于社交媒体的大规模社会网络数据分析已经开始，并将成为未来社会网络和社会资本研究的热点和主要突破点。

（2）高级计量方法的普及。从目前来看，社会网络和社会资本领域的定量研究，已经使用了固定效应模型、工具变量、随机实验、匹配等各种有助于因果识别的方法。但基于倍差法（DID）和断点回归（RD）的研究设计还不多见。在今后的社会资本研究中，随机实验和 DID、RD 将为成为因果推断突破的主要方法。

（3）机器学习和社会网络预测分析。基于机器学习的社会预测，在社会资本和社会网络领域有望得到应用。机器学习在社会学的应用，主要在于突破理论模型范式，基于大量 X 变量对缺失的 Y 变量进行精准预测。例如，对性少数群体的性取向和社会网络进行分析时，必然遇到大量缺失值的情况：人们往往不愿意透露自己的性取向和相应的社会关系。但是利用机器学习，对数据进行训练从而获得预测模型，可以对那些不愿意透露信息的个体进行社会预测，从而为社会治理和政策分析提供真实可靠的依据。

（4）特殊网络分析。虽然一般性的总体网络在经典社会资本研究中很重要，但基于特殊网络的研究仍然会在将来的研究中占据一席之地，比如游戏网络、大型社交媒体网络、古代人物社交网络等等。这方面的研究，实际也是社会网络、社会资本等经典社会学领域与新闻传播、量化历史等领域的交叉融合。

（5）理论进一步深化。例如，本书从一开头，就对社会资本的主观维度和关系强度等进行了拓展补充。再如，在新近的社会资本研究中，有学者从弱关系、结构洞等概念角度进一步发展出“带宽”理论。随着研究的深化，社会资本的定义将在本体论层次得到进一步丰富，在方法论层次得到进一步拓展与创新。

参考文献

Aaronson, D. (1998). Using sibling data to estimate the impact of neighborhoods on children's educational outcomes. Journal of Human Resources, 33 (4), 915-946.

Abbasi, A., Altmann, J., & Hossain, L. (2011). Identifying the effects of co-authorship networks on the performance of scholars: A correlation and regression analysis of performance measures and social network analysis measures. Journal of Informetrics, 5 (4), 594-607.

Abbasi, A., Chung, K. S. K., & Hossain, L. (2012). Egocentric analysis of co-authorship network structure, position and performance. Information Processing & Management, 48 (4), 671-679.

Abell, P., Crouchley, R., & Mills, C. (1995). An exploration of self employment in Great Britain: In search of social capital. Unpublished manuscript.

Abramo, G., D'Angelo, C. A., & Di Costa, F. (2009). Research collaboration and productivity: Is there correlation?. Higher Education, 57 (2), 155-171.

Acemoglu, D., Johnson, S., & Robinson, J. A. (2002). Reversal of fortune: Geography and institutions in the making of the modern world income distribution. Quarterly Journal of Economics, 117 (4), 1231-1294.

Adler, P. S., & Kwon, S. W. (2002). Social capital: Prospects for a new concept. Academy of Management Review, 27 (1), 17-40.

Ahmad, A. (2005). Getting a job in Finland: The social networks of immigrants from the Indian subcontinent in the Helsinki metropolitan labour market. Academic dissertation, University of Helsinki.

Alba, R. D. , & Kadushin, C. (1976). The intersection of social circles: A new measure of social proximity in networks. Sociological Methods & Research, 5 (1), 77-102.

Alexander, D. (2000). Confronting catastrophe: New perspectives on natural disasters. Oxford University Press.

Ammermueller, A. , & Pischke, J. S. (2009). Peer effects in European primary schools: Evidence from the progress in international reading literacy study. Journal of Labor Economics, 27 (3), 315-348.

Angrist, J. D. (1990). Lifetime earnings and the Vietnam era draft lottery: Evidence from social security administrative records. American Economic Review, 80 (3), 313-336.

Angrist, J. D. (1993). The effect of veterans benefits on education and earnings. ILR Review, 46 (4), 637-652.

Angrist, J. D. , & Evans, W. N. (1998). Children and their parents labor supply: Evidence from exogenous variation in labor supply. American Economic Review, 88 (3), 450-477.

Angrist, J. D. , & Krueger, A. B. (1992). The effect of age at school entry on educational attainment: An application of instrumental variables with moments from two samples. Journal of the American Statistical Association, 87 (418), 328-336.

Angrist, J. D. , & Krueger, A. B. (1999). Empirical strategies in labor economics. In O. C. Ashenfelter & D. Card (Eds.), Handbook of labor economics (Vol. 3, pp. 1277-1366). Elsevier.

Angrist, J. D. , & Lavy, V. (1999). Using Maimonides' rule to estimate the effect of class size on scholastic achievement. Quarterly Journal of Economics, 114 (2), 533-575.

Angrist, J. D. , Chen, S. H. , & Frandsen, B. R. (2010). Did Vietnam veterans get sicker in the 1990s? The complicated effects of military service on self-reported health. Journal of Public Economics, 94 (11-12), 824-837.

Angrist, J. D., Imbens, G. W., & Rubin, D. B. (1996). Identification of causal effects using instrumental variables. Journal of the American Statistical Association, 91 (434), 444-455.

Ao, D. (2007). Social capital and getting a job: A revisit and new direction. Doctoral dissertation, Duke University.

Aral, S. (2016). The future of weak ties. American Journal of Sociology, 121 (6), 1931-1939.

Aral, S., & Van Alstyne, M. (2011). The diversity-bandwidth trade-off. American Journal of Sociology, 117 (1), 90-171.

Araujo, C., De Janvry, A., & Sadoulet, E. (2004). Peer effects in employment: Results from Mexico's poor rural communities. CUDARE Working Paper No. 991, University of California, Berkeley.

Arcidiacono, P., & Nicholson, S. (2005). Peer effects in medical school. Journal of Public Economics, 89 (2-3), 327-350.

Armin, F., & Fischbacher, U. (2000). Crime in the lab-detecting social interaction. European Economic Review, 46 (4-5), 859-869.

Asadullah, M. N., & Chaudhury, N. (2008). Social interactions and student achievement in a developing country: An instrumental variables approach. Policy Research Working Paper Series 4508, The World Bank.

Bao, S., Bodvarsson, O. B., Hou, J. W., & Zhao, Y. (2007). Interprovincial migration in China: the effects of investment and migrant networks. IZA Discussion Paper No. 2924.

Bayer, P., & Ross, S. L. (2006). Identifying individual and group effects in the presence of sorting: A neighborhood effects application. NBER Working Paper No. 12211.

Bayer, P., Ross, S. L., & Topa, G. (2008). Place of work and place of residence: Informal hiring networks and labor market outcomes. Journal of Political Economy, 116 (6), 1150-1196.

Beaman, L. A. (2012). Social networks and the dynamics of labour market outcomes: Evidence from refugees resettled in the US. Review of Economic Studies, 79 (1), 128–161.

Beaver, D., & Rosen, R. (1978). Studies in scientific collaboration: Part I. The professional origins of scientific co-authorship. Scientometrics, 1 (1), 65–84.

Beggs, J. J., Haines, V. A., & Hurlbert, J. S. (1996). Revisiting the rural-urban contrast: Personal networks in nonmetropolitan and metropolitan settings 1. *Rural Sociology*, 61 (2), 306–325.

Bentolila, S., Michelacci, C., & Suarez, J. (2004). Social networks and occupational choice. CEPR Discussion Paper, No. 4308.

Bentolila, S., Michelacci, C., & Suarez, J. (2010). Social contacts and occupational choice. Economica, 77 (305), 20–45.

Berk, R. A. (1983). An introduction to sample selection bias in sociological data. American Sociological Review, 48 (3), 386–398.

Berk, R. A., & Ray, S. C. (1982). Selection biases in sociological data. Social Science Research, 11 (4), 352–398.

Bernardi, F. (2014). Compensatory advantage as a mechanism of educational inequality: A regression discontinuity based on month of birth. Sociology of Education, 87 (2), 74–88.

Betts, J. R., & Zau, A. (2004). Peer groups and academic achievement: Panel evidence from administrative data. Unpublished manuscript, Public Policy Institute of California.

Bian, Y. (1997). Bringing strong ties back in: Indirect ties, network bridges, and job searches in China. American Sociological Review, 62 (3), 366–385.

Bian, Y. (2001). Guanxi capital and social eating in Chinese cities: Theoretical models and empirical analyses. In N. Lin, K. Cook, & R. S. Burt (Eds.), Social capital: Theory and research (pp. 275–295). Aldine De Gruyter.

Bian, Y., & Ang, S. (1997). Guanxi networks and job mobility in China and Singapore. Social Forces, 75 (3), 981–1005.

Bian, Y., & Logan, J. R. (1996). Market transition and the persistence of power: The changing stratification system in urban China. American Sociological Review, 61 (5), 739-758.

Bian, Y., Huang, X., & Zhang, L. (2015). Information and favoritism: The network effect on wage income in China. Social Networks, 40, 129-138.

Blalock, H. M. (1984). Contextual-effects models: Theoretical and methodological issues. Annual Review of Sociology, 10 (1), 353-372.

Blau, P., & Duncan, O. D. (1967). The American occupational structure. Wiley.

Bobonis, G. J., & Finan, F. (2009). Neighborhood peer effects in secondary school enrollment decisions. Review of Economics & Statistics, 91 (4), 695-716.

Boorman, S. A. (1975). A combinatorial optimization model for transmission of job information through contact networks. The Bell Journal of Economics, 6, 216-249.

Boozer, M., & Cacciola, S. E. (2001). Inside the 'Black Box' of Project STAR: Estimation of peer effects using experimental data. Yale Economic Growth Center Discussion Paper No. 832.

Bordons, M., Aparicio, J., & Costas, R. (2013). Heterogeneity of collaboration and its relationship with research impact in a biomedical field. Scientometrics, 96 (2), 443-466.

Bordons, M., Aparicio, J., González-Albo, B., & Díaz-Faes, A. A. (2015). The relationship between the research performance of scientists and their position in co-authorship networks in three fields. Journal of Informetrics, 9 (1), 135-144.

Bourdieu, P. (1977). Outline of a theory of practice. Cambridge University Press.

Bourdieu, P. (1984). Distinction: A social critique of the judgement of taste. Harvard university press.

Bourdieu, P. (1986). The forms of social capital. In J. G. Richardson

(Ed.), Handbook of theory and research for the sociology of education (pp. 241-258). Greenwood Press.

Bourdieu, P. (1989). Social space and symbolic power. Sociological Theory, 7 (1), 14-25.

Bourdieu, P., & Wacquant, L. (1992). An invitation to reflexive sociology. University of Chicago Press.

Bramoullé, Y., Djebbari, H., & Fortin, B. (2009). Identification of peer effects through social networks. Journal of Econometrics, 150 (1), 41-55.

Brand, J. E., & Xie, Y. (2010). Who benefits most from college? Evidence for negative selection in heterogeneous economic returns to higher education. American Sociological Review, 75 (2), 273-302.

Brashears, M. E., & Quintane, E. (2018). The weakness of tie strength. Social Networks, 55, 104-115.

Breland, J. W., Treadway, D. C., Duke, A. B., & Adams, G. L. (2007). The interactive effect of leader-member exchange and political skill on subjective career success. Journal of Leadership & Organizational Studies, 13 (3), 1-14.

Bridges, W. P., & Villemez, W. J. (1986). Informal hiring and income in the labor market. American Sociological Review, 51 (4), 574-582.

Brock, W. A., & Durlauf, S. N. (2001). Interactions-based models. In J. J. Heckman & E. Leamer (Eds.), Handbook of econometrics (Vol. 5, pp. 3297-3380). Elsevier.

Bruggeman, J. (2016). The strength of varying tie strength: Comment on Aral and Van Alstyne. American Journal of Sociology, 121 (6), 1919-1930.

Burt, R. S. (1992). Structural holes: The social structure of competition. Harvard University Press.

Burt, R. S. (2000). The network structure of social capital. Research in Organizational Behavior, 22, 345-423.

Burt, R. S. (2004). Structural holes and good ideas. American Journal of Sociology, 110 (2), 349-399.

Bushway, S., Johnson, B. D., & Slocum, L. A. (2007). Is the magic still there? The use of the Heckman two-step correction for selection bias in criminology. Journal of Quantitative Criminology, 23 (2), 151–178.

Calvó-Armengol, A., & Zenou, Y. (2005). Job matching, social network and word-of-mouth communication. Journal of Urban Economics, 57 (3), 500–522.

Cameron, C., & Trivedi, P. (2005). Microeconometrics. Cambridge University Press.

Campbell, K. E., & Rosenfeld, R. A. (1985). Job search and job mobility: Sex and race differences. Research in the Sociology of Work, 3 (14), 147–174.

Campbell, K. E., Marsden, P. V., & Hurlbert, J. S. (1986). Social resources and socioeconomic status. Social Networks, 8 (1), 97–117.

Cannella Jr, A. A., & McFadyen, M. A. (2016). Changing the exchange: The dynamics of knowledge worker ego networks. Journal of Management, 42 (4), 1005–1029.

Cao, Y., & Nee, V. G. (2000). Comment: Controversies and evidence in the market transition debate. American Journal of Sociology, 105 (4), 1175–1189.

Card, D. (1995). Using geographic variation in college proximity to estimate the return to schooling. In L. N. Christofides, E. K. Grant, & R. Swidinsky (Eds.), Aspects of labor market behaviour: Essays in honour of John Vanderkamp (pp. 201–222). University of Toronto Press.

Card, D., & Krueger, A. B. (1996). School resources and student outcomes: An overview of the literature and new evidence from North and South Carolina. Journal of Economic Perspectives, 10 (4), 31–50.

Carillo, M. R., Papagni, E., & Sapio, A. (2013). Do collaborations enhance the high-quality output of scientific institutions? Evidence from the Italian Research Assessment Exercise. Journal of Socio-Economics, 47, 25–36.

Carman, K. G. , & Zhang, L. (2012). Classroom peer effects and academic achievement: Evidence from a Chinese middle school. China Economic Review, 23 (2), 223-237.

Carroll, G. R. , & Teo, A. C. (1996). On the social networks of managers. Academy of Management Journal, 39 (2), 421-440.

Case, A. C. , & Katz, L. F. (1991). The company you keep: The effects of family and neighborhood on disadvantaged youths. NBER Working Paper No. 3705.

Cason, T. N. , & Mui, V. L. (1998). Social influence in the sequential dictator game. Journal of Mathematical Psychology, 42 (2-3), 248-265.

Chan, A. , Madsen, R. , & Unger, J. (1992). Chen village under Mao and Deng. University of California Press.

Chan, K. W. , & Zhang, L. (1999). The *Hukou* system and rural-urban migration in China: Processes and changes. China Quarterly, 160, 818-855.

Chanley, V. A. , Rudolph, T. J. , & Rahn, W. M. (2000). The origins and consequences of public trust in government: A time series analysis. Public Opinion Quarterly, 64 (3), 239-256.

Chen, Y. (2011). The causal effect of social capital in the labor market: Identification challenges and strategies. Chinese Sociological Review, 44 (2), 76-100.

Chen, Y. (2012). Do networks pay off among internal migrants in China? An instrumental variable analysis. Chinese Sociological Review, 45 (1), 28-54.

Chen, Y. , & Völker, B. (2016). Social capital and homophily both matter for labor market outcomes—evidence from replication and extension. Social Networks, 45, 18-31.

Chen, Y. , & Williams, M. (2016). Subjective well-being in the new China: Religion, social capital, and social status. British Journal of Sociology, 67 (4), 719-746.

Chen, Z. , Jiang, S. , Lu, M. , & Sato, H. (2008). How do heterogeneous social interactions affect the peer effect in rural-urban migration. Empirical evidence from China. LICOS Discussion Papers No. 22408.

Cheng, B. S., Chou, L. F., Wu, T. Y., Huang, M. P., & Farh, J. L. (2004). Paternalistic leadership and subordinate responses: Establishing a leadership model in Chinese organizations. Asian Journal of Social Psychology, 7 (1), 89-117.

Cipollone, P., & Rosolia, A. (2007). Social interactions in high school: Lessons from an earthquake. American Economic Review, 97 (3), 948-965.

Citrin, J. (1974). Comment: The political relevance of trust in government. American Political Science Review, 68 (3), 973-988.

Clampet-Lundquist, S., & Massey, D. S. (2008). Neighborhood effects on economic self-sufficiency: A reconsideration of the Moving to Opportunity experiment. American Journal of Sociology, 114 (1), 107-143.

Clark, A. E., & Lohéac, Y. (2007). "It wasn't me, it was them!" Social influence in risky behavior by adolescents. Journal of Health Economics, 26 (4), 763-784.

Clogg, C. C. (1988). Latent class models for measuring. In R. Langeheine & J. Rost (Eds.), Latent trait and latent class models (pp. 173-205). Plenum Press.

Cogliser, C. C., & Schriesheim, C. A. (2000). Exploring work unit context and leader-member exchange: A multi-level perspective. Journal of Organizational Behavior, 21 (5), 487-511.

Cole, M. S., Schaninger Jr, W. S., & Harris, S. G. (2002). The workplace social exchange network: A multilevel, conceptual examination. Group & Organization Management, 27 (1), 142-167.

Coleman, J. (1990). Foundations of social theory. Belknap Press of Harvard University Press.

Collins, R. (2004). Interaction ritual chains. Princeton University Press.

Conley, T. G., & Udry, C. R. (2010). Learning about a new technology: Pineapple in Ghana. American Economic Review, 100 (1), 35-69.

Contreras, D. , Zapata, D. , Ochoa, M. , & Kruger, D. I. (2007). The role of social networks in the economic opportunities of Bolivian women. RES Working Papers No. 3240.

Craig, S. C. , Niemi, R. G. , & Silver, G. E. (1990). Political efficacy and trust: A report on the NES pilot study items. Political Behavior, 12 (3), 289-314.

Currie, J. , & Yelowitz, A. (2000). Are public housing projects good for kids?. Journal of Public Economics, 75 (1), 99-124.

Cutler, D. M. , & Glaeser, E. L. (1997). Are ghettos good or bad?. Quarterly Journal of Economics, 112 (3), 827-872.

David, P. A. (1994). Why are institutions the 'carriers of history'?: Path dependence and the evolution of conventions, organizations and institutions. Structural Change & Economic Dynamics, 5 (2), 205-220.

De Graaf, N. D. , & Flap, H. D. (1988). "With a little help from my friends": Social resources as an explanation of occupational status and income in West Germany, The Netherlands, and the United States. Social Forces, 67 (2), 452-472.

de Souza Briggs, X. (1998). Brown kids in white suburbs: Housing mobility and the many faces of social capital. Housing Policy Debate, 9 (1), 177-221.

de Souza Briggs, X. (2002). Social capital and segregation: race, connections, and inequality in America. KSG Faculty Research Working Papers Series 02-011.

Delattre, E. , & Sabatier, M. (2007). Social capital and wages: An econometric evaluation of social networking's effects. Labour, 21 (2), 209-236.

Dicks, A. , & Lancee, B. (2018). Double disadvantage in school? Children of immigrants and the relative age effect: A regression discontinuity design based on the month of birth. European Sociological Review, 34 (3), 319-333.

Didegah, F. , & Thelwall, M. (2013). Which factors help authors produce the highest impact research? Collaboration, journal and document properties. Journal of Informetrics, 7 (4), 861–873.

Dienesch, R. M., & Liden, R. C. (1986). Leader-member exchange model of leadership: A critique and further development. Academy of Management Review, 11 (3), 618–634.

DiPrete, T. A., & Gangl, M. (2004). 7. Assessing bias in the estimation of causal effects: Rosenbaum bounds on matching estimators and instrumental variables estimation with imperfect instruments. Sociological Methodology, 34 (1), 271–310.

Dominguez, S., & Watkins, C. (2003). Creating networks for survival and mobility: Social capital among African-American and Latin-American low-income mothers. Social Problems, 50 (1), 111–135.

Duflo, E., & Saez, E. (2003). The role of information and social interactions in retirement plan decisions: Evidence from a randomized experiment. Quarterly Journal of Economics, 118 (3), 815–842.

Dujardin, C., & Goffette-Nagot, F. (2005). Neighborhood effects, public housing and unemployment in France. GATE Working Paper 05–05.

Duncan, G. J., Brooks-Gunn, J., & Klebanov, P. K. (1994). Economic deprivation and early childhood development. Child Development, 65 (2), 296–318.

Duncan, G., Clark-Kauffman, E., & Snell, E. (2004, January). Residential mobility interventions as treatments for the sequelae of neighborhood violence. Working Paper, Northwestern University.

Duncan, G., Connell, J., & Klebanov, P. (1997). Conceptual and methodological issues in estimating causal effects of neighborhoods and family conditions on individual development. In J. Brooks-Gunn, G. Duncan, & J. Aber (Eds.), Neighborhood poverty (Context and Consequences for Children, Vol. 1, pp. 219–250). Russell Sage.

Duncan, O. D., Haller, A. O., & Portes, A. (1968). Peer influences on aspirations: A reinterpretation. American Journal of Sociology, 74 (2),

119-137.

Durlauf, S. N. (1999). The case "against" social capital. Focus, 20 (3), 1-5.

Durlauf, S. N. (2002). On the empirics of social capital. Economic Journal, 112 (483), F459-F479.

Durlauf, S. N., & Tanaka, H. (2008). Understanding regression versus variance tests for social interactions. Economic Inquiry, 46 (1), 25-28.

Durlauf, S., & Fafchamps, M. (2004). Social capital. NBER Working Paper Series 10485.

Elliott, J. R. (1999). Social isolation and labor market insulation: Network and neighborhood effects on less-educated urban workers. Sociological Quarterly, 40 (2), 199-216.

Erickson, B. H. (1996). Culture, class, and connections. American Journal of Sociology, 102 (1), 217-251.

Erikson, R., & Goldthorpe, J. H. (1992). The constant flux: A study of class mobility in industrial societies. Oxford University Press.

Evans, W. N., Oates, W. E., & Schwab, R. M. (1992). Measuring peer group effects: A study of teenage behavior. Journal of Political Economy, 100 (5), 966-991.

Fernandez, R. M., & Galperin, R. V. (2014). The causal status of social capital in labor markets. Contemporary Perspectives on Organizational Social Networks, 40, 445-462.

Flap, H., & Boxman. E. (2001). Getting started: The influence of social capital on the start of the occupational career. In N. Lin, K. Cook, & R. S. Burt (Eds.), Social capital: Theory and research (pp. 159-184). Aldine De Gruyter.

Flap, H., & Völker, B. (2001). Goal specific social capital and job satisfaction: Effects of different types of networks on instrumental and social aspects of work. Social Networks, 23 (4), 297-320.

Flap, H., & Völker, B. (2001). Goal specific social capital and job satisfaction: Effects of different types of networks on instrumental and social aspects of work. Social Networks, 23 (4), 297–320.

Frank, K. A., & Yasumoto, J. Y. (1998). Linking action to social structure within a system: Social capital within and between subgroups. American Journal of Sociology, 104 (3), 642–686.

Friedkin, N. (1980). A test of structural features of Granovetter's strength of weak ties theory. Social Networks, 2 (4), 411–422.

Friedkin, N. E. (1984). Structural cohesion and equivalence explanations of social homogeneity. Sociological Methods & Research, 12 (3), 235–261.

Gabbay, S. M., & Leenders, R. T. (1999). CSC: The structure of advantage and disadvantage. In R. A. J. Leenders & S. M. Gabbay (Eds.), Corporate social capital and liability (pp. 1–14). Springer.

Galbiati, R., & Zanella, G. (2008). The social multiplier of tax evasion: Evidence from Italian audit data. Working Paper No. 539, Department of Economics, University of Siena.

Garment, S. (1991). Scandal: The culture of mistrust in American politics. Times Books/Random House.

Gee, L. K., Jones, J. J., Fariss, C. J., Burke, M., & Fowler, J. H. (2017). The paradox of weak ties in 55 countries. Journal of Economic Behavior & Organization, 133, 362–372.

Gerber, T. P. (2000). Membership benefits or selection effects? Why former communist party members do better in post-Soviet Russia. Social Science Research, 29 (1), 25–50.

Gerber, T. P., & Mayorova, O. (2010). Getting personal: Networks and stratification in the Russian labor market, 1985—2001. American Journal of Sociology, 116 (3), 855–908.

Giddens, A. (1973). The class structure of the advanced societies. Hutchinson.

Glaeser, E. L., Sacerdote, B., & Scheinkman, J. A. (1996). Crime and social interactions. Quarterly Journal of Economics, 111 (2), 507–548.

Glänzel, W. (2001). National characteristics in international scientific co-authorship relations. Scientometrics, 51 (1), 69-115.

Godechot, O. (2016). The chance of influence: A natural experiment on the role of social capital in faculty recruitment. Social Networks, 46, 60-75.

Goldthorpe, J. H. (1980). Social mobility and class structure in modern Britain. Clarendon Press.

Goodman, L. A. (1974a). Exploratory latent structure analysis using both identifiable and unidentifiable models. Biometrika, 61 (2), 215-231.

Goodman, L. A. (1974b). The analysis of systems of qualitative variables when some of the variables are unobservable. Part I. A modified latent structure approach. American Journal of Sociology, 79 (5), 1179-1259.

Gould, E. D., Lavy, V., & Paserman, M. D. (2009). Does immigration affect the long-term educational outcomes of natives? Quasi-experimental evidence. Economic Journal, 119 (540), 1243-1269.

Graham, B. S. (2008). Identifying social interactions through conditional variance restrictions. Econometrica, 76 (3), 643-660.

Granovetter, M. S. (1973). The strength of weak ties. American Journal of Sociology, 78 (6), 1360-1380.

Granovetter, M. S. (1974). Getting a job: a study of contacts and careers. Harvard University Press.

Grodner, A., & Kniesner, T. J. (2008). Labor supply with social interactions: Econometric estimates and their tax policy implications. Research in Labor Economics, 28, 1-23.

Grogger, J. (1996). School expenditures and post-schooling earnings: Evidence from high school and beyond. Review of Economics & Statistics, 78 (4), 628-637.

Grosser, T. J., Lopez-Kidwell, V., & Labianca, G. (2010). A social network analysis of positive and negative gossip in organizational life. Group & Organization Management, 35 (2), 177-212.

Guthrie, D. (1998). The declining significance of Guanxi in China's economic transition. China Quarterly, 154, 254-282.

Haddad, E. A. , Mena-Chalco, J. P. , & Sidone, O. J. (2017). Scholarly collaboration in regional science in developing countries: The case of the Brazilian real network. International Regional Science Review, 40 (5), 500–529.

Hagenaars, J. A. , & Halman, L. C. (1989). Searching for ideal types: The potentialities of latent class analysis. European Sociological Review, 5 (1), 81–96.

Halaby, C. N. (2004). Panel models in sociological research: Theory into practice. Annual Review of Sociology, 30, 507–544.

Hall, R. E. , & Jones, C. I. (1999). Why do some countries produce so much more output per worker than others?. Quarterly Journal of Economics, 114 (1), 83–116.

Hallsten, L. , Voss, M. , Stark, S. , & Josephson, M. (2011). Job burnout and job wornout as risk factors for long-term sickness absence. Work, 38 (2), 181–192.

Han, G. H. (2010). Trust and career satisfaction: The role of LMX. Career Development International, 15 (5), 437–458.

Han, S. K. (1996). Structuring relations in on-the-job networks. Social Networks, 18 (1), 47–67.

Hannan, K. (2008). China: Migrant workers want 'decent work'. The Copenhagen Journal of Asian Studies, 26 (2), 60–81.

Hanson, S. , & Pratt, G. (1991). Job search and the occupational segregation of women. Annals of the Association of American Geographers, 81 (2), 229–253.

Hanushek, E. A. , Kain, J. F. , Markman, J. M. , & Rivkin, S. G. (2003). Does peer ability affect student achievement?. Journal of Applied Econometrics, 18 (5), 527–544.

Hanushek, E. A. , Rivkin, S. G. , & Taylor, L. L. (1996). Aggregation and the estimated effects of school resources. Review of Economics & Statistics, 78 (4), 611–627

Harding, D. J. (2003). Counterfactual models of neighborhood effects: The effect of neighborhood poverty on dropping out and teenage pregnancy. American Journal of Sociology, 109 (3), 676-719.

Hare, D. (1999). 'Push' versus 'pull' factors in migration outflows and returns: Determinants of migration status and spell duration among China's rural population. Journal of Development Studies, 35 (3), 45-72.

Hare, D., & Zhao, S. (2000). Labor migration as a rural development strategy: A view from the migration origin. In L. A. West& Y. Zhao (Eds.), Rural labor flows in China (pp. 148-178). University of California, Berkeley.

Harris, J. R., & Todaro, M. P. (1970). Migration, unemployment and development: A two-sector analysis. American Economic Review, 60 (1), 126-142.

Hartmann, W. R., Manchanda, P., Nair, H., Bothner, M., Dodds, P., Godes, D., ... & Tucker, C. (2008). Modeling social interactions: Identification, empirical methods and policy implications. Marketing Letters, 19 (3-4), 287-304.

Hartmann, W., & Yildiz, T. (2006). Preferences for joint consumption and the implications for targeted marketing. Working Paper, Stanford University.

Hatmaker, D. M., Smith, A. E., Pandey, S. K., & Subedi, S. (2017). Coauthorship networks in public service motivation scholarship: Implications for the evolution of a field. Review of Public Personnel Administration, 37 (3), 295-322.

Heckman, J. (1979). Sample Selection Bias as a Specification Error. Econometrica, 47 (1), 153-161.

Heckman, J. J. (1976). The common structure of statistical models of truncation, sample selection and limited dependent variables and a simple estimator for such models. Annals of Economic & Social Measurement, 5 (4), 475-492.

Heckman, J. J., & Robb Jr, R. (1985). Alternative methods for evaluating the impact of interventions: An overview. Journal of Econometrics, 30 (1-2), 239-267.

Hedström, P. (2005). Dissecting the social: On the principles of analytical sociology. Cambridge University Press.

Hedström, P. (2008). Studying mechanisms to strengthen causal inferences in quantitative research. In J. M. Box-Steffensmeier, H. E. Brady, & D. Collier (Eds.), The Oxford handbook of political methodology (pp. 319-335). Oxford University Press.

Hedström, P., & Kolm, A. -S., & Aberg, Y. (2003). Social interaction and unemployment. Working Paper Series 15, Uppsala University, Department of Economics.

Hedström, P., & Swedberg, R. (1998). Social mechanisms: An analytical approach to social theory. Cambridge University Press.

Hellerstein, J. K., McInerney, M., & Neumark, D. (2008). Measuring the importance of labor market networks. NBER Working Paper Series 14201.

Hetherington, M. J. (1998). The political relevance of political trust. American Political Science Review, 92 (4), 791-808.

Hogan, D. P., Eggebeen, D. J., & Clogg, C. C. (1993). The structure of intergenerational exchanges in American families. American Journal of Sociology, 98 (6), 1428-1458.

Holland, P. W. (1986). Statistics and causal inference. Journal of the American Statistical Association, 81 (396), 945-960.

Hoxby, C. (2000). Peer effects in the classroom: Learning from gender and race variation. NBER Working Paper No. 7867.

Hoxby, C. M., & Weingarth, G. (2005). Taking race out of the equation: School reassignment and the structure of peer effects. Working Paper No. 7867, Harvard University.

Hughes, M. R. (1997). Sample selection bias in analyses of the political democracy and income inequality relationship. Social Forces, 75 (3),

1101－1117.

Hunter，L. M.（2005）. Migration and environmental hazards. Population & Environment，26（4），273－302.

Hwang，K. K.（1987）. Face and favor：The Chinese power game. American Journal of Sociology，92（4），944－974.

Ichino，A.，& Maggi，G.（2000）. Work environment and individual background：Explaining regional shirking differentials in a large Italian firm. Quarterly Journal of Economics，115（3），1057－1090.

Imbens，G. W.，& Angrist，J. D.（1994）. Identification and estimation of local average treatment effects. Econometrica，62（2），467－475.

Ioannides，Y. M.，& Loury，L. D.（2004）. Job information networks，neighborhood effects，and inequality. Journal of Economic Literature，42（4），1056－1093.

Jacob，B. A.（2004）. Public housing，housing vouchers，and student achievement：Evidence from public housing demolitions in Chicago. American Economic Review，94（1），233－258.

Jansen，D.，Von Goertz，R.，& Heidler，R.（2010）. Knowledge production and the structure of collaboration networks in two scientific fields. Scientometrics，83（1），219－241.

Janssen，M. A.，Schoon，M. L.，Ke，W.，& Börner，K.（2006）. Scholarly networks on resilience，vulnerability and adaptation within the human dimensions of global environmental change. Global Environmental Change，16（3），240－252.

Jencks，C.，& Mayer，S.（1990）. The social consequences of growing up in a poor neighborhood. In L. Lynn & M. McGreary（Eds.），Inner city poverty in the United States（pp. 111－186）. National Academy Press.

Kanbur，R.，& Zhang，X.（2005）. Fifty years of regional inequality in China：A journey through central planning，reform，and openness. Review of Development Economics，9（1），87－106.

Kandel，D. B.（1978）. Homophily，selection，and socialization in adolescent friendships. American Journal of Sociology, 84 (2), 427-436.

Katz, L. F., Kling, J. R., & Liebman, J. B. (2001). Moving to opportunity in Boston: Early results of a randomized mobility experiment. Quarterly Journal of Economics, 116 (2), 607-654.

Kawaguchi, D. (2004). Peer effects on substance use among American teenagers. Journal of Population Economics, 17 (2), 351-367.

Keele, L. (2005). The authorities really do matter: Party control and trust in government. Journal of Politics, 67 (3), 873-886.

Keele, L. (2007). Social capital and the dynamics of trust in government. American Journal of Political Science, 51 (2), 241-254.

Kerckhoff, A. C. (1995). Institutional arrangements and stratification processes in industrial societies. Annual review of Sociology, 21 (1), 323-347.

Kijkuit, B., & van den Ende, J. (2010). With a little help from our colleagues: A longitudinal study of social networks for innovation. Organization Studies, 31 (4), 451-479.

Kim, H. H. (2001). Social capital, embedded status, and the endorsement effect. Paper prepared for the SSRC workshop on the Corporation as a Social Institution. Institute of Industrial Relations, UC Berkeley.

Kipnis, A. B. (1997). Producing Guanxi: Sentiment, self, and subculture in a north China village. Duke University Press.

Kling, J. R., Liebman, J. B., & Katz, L. F. (2007). Experimental analysis of neighborhood effects. Econometrica, 75 (1), 83-119.

Kling, J. R., Ludwig, J., & Katz, L. F. (2005). Neighborhood effects on crime for female and male youth: Evidence from a randomized housing voucher experiment. Quarterly Journal of Economics, 120 (1), 87-130.

Kluegel, J. R., & Matějů, P. (1995). Egalitarian vs. inegalitarian principles of distributive justice. In J. R. Kluegel, D. S. Mason, & B. Wegener (Eds.), Social justice and political change: Public opinion in capitalist and post-communist states (pp. 209-238). Aldine De Gruyter.

Knight, J., & Yueh, L. (2008). The role of social capital in the labour market in China. Economics of Transition, 16 (3), 389-414.

Korenman, S., & Turner, S. C. (1996). Employment contacts and minority-white wage differences. Industrial Relations, 35 (1), 106-122.

Korpi, T. (2001). Good friends in bad times? Social networks and job search among the unemployed in Sweden. Acta Sociologica, 44 (2), 157-170.

Krackhardt, D. (1992). The strength of strong ties: The importance of *philos* in organizations. In N. Nohria & R. Eccles (Eds.), Networks and organizations: Structure, form, and action (pp. 216-239). Harvard Business School Press.

Krauth, B. V. (2005). Peer effects and selection effects on smoking among Canadian youth. Canadian Journal of Economics, 38 (3), 735-757.

Krug, G., & Fuchs, B. (2019). Will the true causal effect please stand up? A critique of using fixed-effects regression to estimate the effects of personal contacts on wages. Working Paper.

Kugler, A. D. (2003). Employee referrals and efficiency wages. Labour Economics, 10 (5), 531-556.

Ladd, E. C., & Lipset, S. M. (1980). Public opinion and public policy. InP. Duignan & A. Rabushka (Eds.), The United States in the 1980s (pp. 49-84). Hoover Institution.

Lai, G., Lin, N., & Leung, S. Y. (1998). Network resources, contact resources, and status attainment. Social Networks, 20 (2), 159-178.

Laschever, R. (2005). The doughboys network: Social interactions and labor market outcomes of World War I veterans. Unpublished manuscript, Northwestern University.

Lavy, V., Paserman, M. D., & Schlosser, A. (2012). Inside the black box of ability peer effects: Evidence from variation in the proportion of low achievers in the classroom. Economic Journal, 122 (559), 208-237.

Law, K. S., Wong, C. S., Wang, D., & Wang, L. (2000). Effect of supervisor-subordinate Guanxi on supervisory decisions in China: An empirical investigation. International Journal of Human Resource Management, 11 (4), 751-765.

Lawrence, C. J., & Krzanowski, W. J. (1996). Mixture separation for mixed-mode data. Statistics & Computing, 6 (1), 85-92.

Lazarsfeld, P. F. (1950). The logical and mathematical foundation of latent structure analysis. In S. A. Stouffer, L. Guttman, E. A. Suchman, P. F. Lazarsfeld, S. A. Star, & J. A. Clausen (Eds.), Measurement and prediction: Studies in social psychology in World War II (Vol. 4, pp. 362-472). Princeton University Press.

Lazega, E., & Van Duijn, M. (1997). Position in formal structure, personal characteristics and choices of advisors in a law firm: A logistic regression model for dyadic network data. Social Networks, 19 (4), 375-397.

Lee, S. H., & Phan, P. H. (2006). The effects of tie strength and tie diversity on job search, pay increases, and promotions in Singapore and Thailand. Journal of Social & Personal Relationships, 23 (5), 820-839.

Lee, S., & Bozeman, B. (2005). The impact of research collaboration on scientific productivity. Social Studies of Science, 35 (5), 673-702.

Li, B., & Walder, A. G. (2001). Career advancement as party patronage: Sponsored mobility into the Chinese administrative elite, 1949—1961. American Journal of Sociology, 106 (5), 1371-1408.

Li, E. Y., Liao, C. H., & Yen, H. R. (2013). Co-authorship networks and research impact: A social capital perspective. Research Policy, 42 (9), 1515-1530.

Li, L. (2004). Political trust in rural China. Modern China, 30 (2), 228-258.

Li, S. (2008). Rural migrant workers in China: Scenario, challenges and public policy. Working Paper No. 89, International Labor Office (ILO), Policy Integration and Statistics Department, Geneva.

Li, Y., Pickles, A., & Savage, M. (2005). Social capital and social trust in Britain. European Sociological Review, 21 (2), 109-123.

Liang, Z. (2006). Internal migration in China during the reform era: Patterns, policies, and challenges. In Z. Zhao & F. Guo (Eds.), Demography in China in the 21st Century (pp. 197–215). Oxford University Press.

Liebman, J. B., Katz, L. F., & Kling, J. R. (2004). Beyond treatment effects: Estimating the relationship between neighborhood poverty and individual outcomes in the MTO experiment. Princeton University Industrial Relations Section Working Paper No. 493.

Lin, N. (1982). Social resources and instrumental action. In P. V. Marsden & N. Lin (Eds.), Social structure and network analysis (pp. 131–145). Sage.

Lin, N. (1990). Social resources and social mobility: A structural theory of status attainment. In R. Breiger (Eds.), Social mobility and social structure (pp. 247–261). Cambridge University Press.

Lin, N. (1995). Local market socialism: Local corporation in action in rural China. Theory & Society, 24 (3), 301–354.

Lin, N. (1999a). Building a network theory of social capital. Connections, 22 (1), 28–51.

Lin, N. (1999b). Social networks and status attainment. Annual Review of Sociology, 25 (1), 467–487.

Lin, N. (2000). Inequality in social capital. Contemporary Sociology, 29 (6), 785–795.

Lin, N. (2002). Social capital: A theory of social structure and action. Cambridge University Press.

Lin, N. (2003). Job search in urban China: Gender, network chains, and embedded resources. In H. Flap & B. Völker (Eds.), Creation and return to social capital (pp. 145–171). Praeger.

Lin, N. (2008). A network theory of social capital. In D. Castiglione, J. van Deth & G. Wolleb (Eds.), The handbook of social capital (pp. 50–59). Oxford University Press.

Lin, N., & Ao, D. (2008). The invisible hand of social capital: An exploratory study. In N. Lin & B. H. Erickson (Eds.), Social capital: An international research program (pp. 107-132). Oxford University Press.

Lin, N., & Dumin, M. (1986). Access to occupations through social ties. Social Networks, 8 (4), 365-385.

Lin, N., Cook, K., & Burt, R. (Eds.) (2001). Social capital: Theory and research. Aldine De Gruyter.

Lin, N., Ensel, W. M., Vaughn, J. C. (1981) Social resources and strength of ties: Structural factors in occupational status attainment. American Sociological Review, 46, 393-405.

Lin, N., Lee, H. Y., & Ao, D. (2013). Contact status and finding a job: Validation and extension. In N. Lin, Y. Fu, & C. J. Chen (Eds.), Social capital in three societies: The context of socioeconomic and cultural institutions. Routledge.

Lin, N., Vaughn, J. C., & Ensel, W. M. (1981). Social resources and occupational status attainment. Social Forces, 59 (4), 1163-1181.

Lin. N. (2004). Job search in urban China: Gender, network chains, and embedded resources In H. Flap & B. Völker (Eds.), Creation and returns of social capital: A new research program (pp. 145-171). Routledge.

Louch, H. (2000). Personal network integration: transitivity and homophily in strong-tie relations. Social Networks, 22 (1), 45-64.

Ludwig, J., Duncan, G. J., & Pinkston, J. C. (2005). Housing mobility programs and economic self-sufficiency: Evidence from a randomized experiment. Journal of Public Economics, 89 (1), 131-156.

Magidson, J., & Vermunt, J. K. (2001). Latent class factor and cluster models, bi-plots, and related graphical displays. Sociological Methodology, 31 (1), 223-264.

Mallee, H. (2000). Agricultural labor and rural population mobility: some observations. In L. A. West & Y. Zhao (Eds.), Rural labor flows in China (pp. 34-66). University of California, Berkeley.

Mansbridge, J. (1997). Social and cultural causes of dissatisfaction with US government. In J. S. Nye Jr., P. D. Zelikow, & D. C. King (Eds.), Why people don't trust government (pp. 133－153). Harvard University Press.

Manski, C. (2000). Economic analysis of social interactions. Journal of Economic Perspectives, 14 (3), 115－136.

Manski, C. F. (1993). Identification of endogenous social effects: The reflection problem. Review of Economic Studies, 60 (3), 531－542.

Marmaros, D., & Sacerdote, B. (2002). Peer Effects in occupational choice. European Economic Review, 46, 870－879.

Marsden, P. V. (2001). Interpersonal ties, social capital, and employer staffing practices. In N. Lin, K. Cook, & R. S. Burt (Eds.), Social capital: Theory and research (pp. 105－125). Aldine De Gruyter.

Marsden, P. V., & Campbell, K. E. (1984). Measuring tie strength. Social Forces, 63 (2), 482－501.

Marsden, P. V., & Gorman, E. H. (2001). Social networks, job changes, and recruitment. In I. Berg & A. Kalleberg (Eds.), Sourcebook on labor markets: Evolving structures and processes (pp. 467－502). Kluwer Academic/Plenum.

Marsden, P. V., & Hurlbert, J. S. (1988). Social resources and mobility outcomes: A replication and extension. Social forces, 66 (4), 1038－1059.

Massey, D. S. (1987). Understanding Mexican migration to the United States. American Journal of Sociology, 92 (6), 1372－1403.

Maurin, E., & Moschion, J. (2009). The social multiplier and labor market participation of mothers. American Economic Journal: Applied Economics, 1 (1), 251－272.

McCallister, L, & Serge, F. C. (1978). A procedure for surveying personal networks. Sociological Methods & Research, 7 (2), 131－148.

McCutcheon, A. L. (1987). Latent class analysis. Sage.

McDonald, S. (2015). Network effects across the earnings distribution: Payoffs to visible and invisible job finding assistance. Social Science Research,

49, 299-313.

McEwan, P. J. (2003). Peer effects on student achievement: Evidence from Chile. Economics of Education Review, 22 (2), 131-141.

McPherson, M., Smith-Lovin, L., & Brashears, M. E. (2006). Social isolation in America: Changes in core discussion networks over two decades. American Sociological Review, 71 (3), 353-375.

McPherson, M., Smith-Lovin, L., & Cook, J. M. (2001). Birds of a feather: Homophily in social networks. Annual Review of Sociology, 27 (1), 415-444.

Meng, X. (2000). Labour market reform in China. Cambridge University Press.

Meverson, E. M. (1994). Human capital, social capital and compensation: The relative contribution of social contacts to managers' incomes. Acta Sociologica, 37 (4), 383-399.

Miller, A. H. (1974). Political issues and trust in government: 1964-1970. American Political Science Review, 68 (3), 951-972.

Moffitt, R. A. (1996). Selection bias adjustment in treatment-effect models as a method of aggregation. NBER Working Paper No. t0187.

Moffitt, R. A. (2001). Policy interventions, low-level equilibria, and social interactions. In S. N. Durlauf & H. P. Young (Eds.), Social dynamics (pp. 45-82). MIT Press.

Montgomery, J. D. (1991). Social networks and labor-market outcomes: Toward an economic analysis. American Economic Review, 81 (5), 1408-1418.

Montgomery, J. D. (1992). Job search and network composition: Implications of the strength-of-weak-ties hypothesis. American Sociological Review, 57 (5), 586-596.

Moody, J. (2004). The structure of a social science collaboration network: Disciplinary cohesion from 1963 to 1999. American Sociological Review, 69 (2), 213-238.

Moody, J., & White, D. R. (2003). Social cohesion and embeddedness: A hierarchical conception of social groups. American Sociological Review, 68 (1), 103-127.

Morgan S L, Winship C, 2007. Counterfactuals and causal inference: Methods and principles for social research. New York: Cambridge University Press.

Morgan, S. L. (2001). Counterfactuals, causal effect heterogeneity, and the Catholic school effect on learning. Sociology of Education, 74, 341-374.

Morgan, S. L., & Harding, D. J. (2006). Matching estimators of causal effects: Prospects and pitfalls in theory and practice. Sociological Methods & Research, 35 (1), 3-60.

Mouw. T (2006). Estimating the causal effect of social capital: a review of recent research. Annual Review of Sociology, 32, 79-102.

Mouw, T. (2002). Racial differences in the effects of job contacts: Conflicting evidence from cross-sectional and longitudinal data. Social Science Research, 31 (4), 511-538.

Mouw, T. (2003). Social capital and finding a job: Do contacts matter?. American Sociological Review, 68 (6), 868-898.

Munshi, K. (2003). Networks in the modern economy: Mexican migrants in the US labor market. Quarterly Journal of Economics, 118 (2), 549-599.

Murray, S. O., Rankin, J. H., & Magill, D. W. (1981). Strong ties and job information. Sociology of Work & Occupations, 8 (1), 119-136.

Nair, H. S., Manchanda, P., & Bhatia, T. (2006). Asymmetric peer effects in physician prescription behavior: The role of opinion leaders. SSRN Working Paper, Stanford Graduate School of Business.

Nee, V. (1989). A theory of market transition: From redistribution to markets in state socialism. American Sociological Review, 54 (5), 663-681.

Nee, V. (1991). Social inequalities in reforming state socialism: Between redistribution and markets in China. American Sociological Review, 56 (3), 267-282.

Nee, V. (1996). The emergence of a market society: Changing mechanisms of stratification in China. American Journal of Sociology, 101 (4), 908–949.

Nee, V., & Matthews, R. (1996). Market transition and societal transformation in reforming state socialism. Annual Review of Sociology, 22 (1), 401–435.

Newman, M. E. (2001). The structure of scientific collaboration networks. Proceedings of the National Academy of Sciences of the United States of America, 98 (2), 404–409.

Newton, K. (2001). Trust, social capital, civil society, and democracy. International Political Science Review, 22 (2), 201–214.

Ng, T. W., Eby, L. T., Sorensen, K. L., & Feldman, D. C. (2005). Predictors of objective and subjective career success: A meta-analysis. Personnel Psychology, 58 (2), 367–408.

Norris, P. (1999). Introduction: The growth of critical citizens?. In P. Norris (Ed.), Critical citizens: Global support for democratic government (pp. 1–27). Oxford University Press.

Norris, P. (2002). Democratic phoenix: Reinventing political activism. Cambridge University Press.

North, D. C. (1997). The contribution of the new institutional economics to an understanding of the transition problem. WIDER Annual Lectures No. 1.

Obukhova, E., & Lan, G. (2013). Do job seekers benefit from contacts? A direct test with contemporaneous searches. Management Science, 59 (10), 2204–2216.

Obukhova, E., & Zhang, L. (2017). Social capital and job search in urban China: The strength-of-strong ties hypothesis revisited. Chinese Sociological Review, 49 (4), 340–361.

Oi, J. C. (1992). Fiscal reform and the economic foundations of local state corporatism in China. World Politics, 45 (1), 99–126.

Onnela, J. P. , Saramäki, J. , Hyvönen, J. , Szabó, G. , Lazer, D. , Kaski, K. , ... & Barabási, A. L. (2007). Structure and tie strengths in mobile communication networks. Proceedings of the National Academy of Sciences, 104 (18), 7332–7336.

Oreopoulos, P. (2002). Do Neighbourhoodsinfluence long-term labour market success?: A comparison of adults who grew up in different public housing projects. Statistics Canada, Analytical Studies Research Paper No. 185.

Orren, G. (1997). Fall from grace: The public's loss of faith in government. In J. S. Nye Jr. , P. D. Zelikow, & D. C. King (Eds.), Why people don't trust government (pp. 77–107). Harvard University Press.

Otte, E. , & Rousseau, R. (2002). Social network analysis: A powerful strategy, also for the information sciences. Journal of Information Science, 28 (6), 441–453.

Palloni, A. , Massey, D. S. , Ceballos, M. , Espinosa, K. , & Spittel, M. (2001). Social capital and international migration: A test using information on family networks. American Journal of Sociology, 106 (5), 1262–1298.

Panel on Civic Trust and Citizen Responsibility. (1999). A Government to trust and respect: Rebuilding citizen-government relations for the 21st century. National Academy of Public Administration.

Pellizzari, M. (2010). Do friends and relatives really help in getting a good job?. Industrial & Labor Relations Review, 63 (3), 494–510.

Peng, M. W. , & Heath, P. S. (1996). The growth of the firm in planned economies in transition: Institutions, organizations, and strategic choice. Academy of Management Review, 21 (2), 492–528.

Petersen, T. , Saporta, I. , & Seidel, M. D. L. (2000). Offering a job: Meritocracy and social networks. American Journal of Sociology, 106 (3), 763–816.

Podolny, J. M. , & Baron, J. N. (1997). Resources and relationships: Social networks and mobility in the workplace. American Sociological Review, 62 (5), 673-693.

Polanyi, K. (1957). The great transformation: The political and economic origins of our time. Beacon Press.

Polyakov, M., Polyakov, S., & Iftekhar, M. S. (2017). Does academic collaboration equally benefit impact of research across topics? The case of agricultural, resource, environmental and ecological economics. Scientometrics, 113 (3), 1385-1405.

Portes, A. (1995). The economic sociology of immigration. Russell Sage.

Portes, A. (1998). Social capital: Its origins and applications in modern sociology. Annual Review of Sociology, 24 (1), 1-24.

Pravdic, N., & Oluic-Vukovic, V. (1986). Dual approach to multiple authorship in the study of collaboration/scientific output relationship. Scientometrics, 10 (5-6), 259-280.

Pritchard, A. (1969). Statistical bibliography or bibliometrics. Journal of Documentation, 25 (4), 348-349.

Qian, N. (2008). Missing women and the price of tea in China: The effect of sex-specific earnings on sex imbalance. Quarterly Journal of Economics, 123 (3), 1251-1285.

Requena, F. (1991). Social resources and occupational status attainment in Spain: A cross-national comparison with the United States and the Netherlands. International Journal of Comparative Sociology, 32 (3-4), 233-242.

Ritzer, G., & Gindoff, P. (1992). Methodological relationism: Lessons for and from social psychology. Social Psychology Quarterly, 55 (2), 128-140.

Ritzer, G., & Goodman, D. J. (2004). Modern sociological theory. McGraw-Hill.

Rivkin, S. G. (2001). Tiebout sorting, aggregation and the estimation of peer group effects. Economics of Education Review, 20 (3), 201-209.

Roberts, K. D. (2000). Chinese labor migration: Insights from Mexican undocumented migration to the United States. In L. A. West & Y. Zhao (Eds.), Rural labor flows in China (pp. 179-230). University of California, Berkeley.

Robins, G., & Boldero, J. (2003). Relational discrepancy theory: The implications of self-discrepancy theory for dyadic relationships and for the emergence of social structure. Personality & Social Psychology Review, 7 (1), 56-74.

Robinson, C., & Tomes, N. (1982). Self-selection and interprovincial migration in Canada. Canadian Journal of Economics, 15 (3), 474-502.

Rona-Tas, A. (1994). The first shall be last? Entrepreneurship and communist cadres in the transition from socialism. American Journal of Sociology, 100 (1), 40-69.

Rosenbaum, P. R., & Rubin, D. B. (1983). The central role of the propensity score in observational studies for causal effects. Biometrika, 70 (1), 41-55.

Roth, T. (2018). The influence of parents' social capital on their children's transition to vocational training in Germany. Social Networks, 55, 74-85.

Rozelle, S., Guo, L., Shen, M., Giles, J., & Low, T. Y. (1997, March). Poverty, networks, institution, or education: Testing among competing hypotheses on the determinants of migration in China. Paper presented at the 1997 Annual Meetings of the Association for Asian Studies, Chicago, Illinois.

Sacerdote, B. (2001). Peer effects with random assignment: Results for Dartmouth roommates. Quarterly Journal of Economics, 116 (2), 681-704.

Sampson, R. J. (2008). Moving to inequality: Neighborhood effects and experiments meet social structure. American Journal of Sociology, 114 (1), 189-231.

Sanbonmatsu, L., Kling, J. R., Duncan, G. J., & Brooks-Gunn, J. (2006). Neighborhoods and academic achievement results from the Moving to Opportunity experiment. Journal of Human Resources, 41 (4), 649-691.

Scandura, T. A., & Schriesheim, C. A. (1994). Leader-member exchange and supervisor career mentoring as complementary constructs in leadership research. Academy of Management Journal, 37 (6), 1588–1602.

Schriesheim, C. A., Neider, L. L., & Scandura, T. A. (1998). Delegation and leader-member exchange: Main effects, moderators, and measurement issues. Academy of Management Journal, 41 (3), 298–318.

Seibert, S. E., Kraimer, M. L., & Liden, R. C. (2001). A social capital theory of career success. Academy of Management Journal, 44 (2), 219–237.

Sergi, B., Parker, R., & Zuckerman, B. (2014). Support for international collaboration in research: The role of the overseas offices of basic science funders. Review of Policy Research, 31 (5), 430–453.

Shen, J., & Bian, Y. (2018). The causal effect of social capital on income: A new analytic strategy. Social Networks, 54, 82–90.

Shu, X., & Bian, Y. (2003). Market transition and gender gap in earnings in urban China. Social Forces, 81 (4), 1107–1145.

Shvydko, T. (2007). Interactions at the workplace: peer effects in earnings. Unpublishedmanuscript, University of North Carolina at Chapel Hill.

Simon, C. J., & Warner, J. T. (1992). Matchmaker, matchmaker: The effect of old boy networks on job match quality, earnings, and tenure. Journal of Labor Economics, 10 (3), 306–330.

Skinner, G. W. (1964). Marketing and social structure in rural China: Part I. Journal of Asian Studies, 24 (1), 3–43.

Skinner, G. W. (1965a). Marketing and social structure in rural China: Part II. Journal of Asian Studies, 24 (2), 195–228.

Skinner, G. W. (1965b). Marketing and social structure in rural China: Part III. Journal of Asian Studies, 24 (3), 363–399.

Smith, S. S. (2000). Mobilizing social resources: Race, ethnic, and gender differences in social capital and persisting wage inequalities. Sociological Quarterly, 41 (4), 509–537.

Sobel, M. E. (1996). An introduction to causal inference. Sociological Methods & Research, 24 (3), 353-379.

Soetevent, A. R. (2006). Empirics of the identification of social interactions: An evaluation of the approaches and their results. Journal of Economic Surveys, 20 (2), 193-228.

Soetevent, A. R., & Kooreman, P. (2005). Social ties within school classes: The roles of gender, ethnicity, and having older siblings. Oxford Review of Economic Policy, 21 (3), 373-391.

Solinger, D. J. (1999). Citizenship issues in China's internal migration: comparisons with Germany and Japan. Political Science Quarterly, 114 (3), 455-478.

Son, J., & Lin, N. (2012). Network diversity, contact diversity, and status attainment. Social Networks, 34 (4), 601-613.

Sorensen, A. T. (2006). Social learning and health plan choice. The Rand Journal of Economics, 37 (4), 929-945.

Sparrowe, R. T., & Liden, R. C. (2005). Two routes to influence: Integrating leader-member exchange and social network perspectives. Administrative Science Quarterly, 50 (4), 505-535.

Sprengers, M., Tazelaar, F., & Flap, H. D. (1988). Social resources, situational constraints, and re-employment. Netherlands Journal of Sociology, 24 (2), 98-115.

Stock, J. H., & Yogo, M. (2005). Testing for weak instruments in linear IV regression In J. H. Stock & D. W. K. Andrews (Eds.), Identification and inference for econometric models: A festschrift in honor of Thomas Rothenberg (pp. 80-108). Cambridge University Press.

Stolzenberg, R. M., & Relles, D. A. (1997). Tools for intuition about sample selection bias and its correction. American Sociological Review, 62 (3), 494-507.

Todaro, M. P. (1969). A model of labor migration and urban unemployment in less developed countries. American Economic Review, 59 (1),

138–148.

Topa, G. (2001). Social interactions, local spillovers and unemployment. Review of Economic Studies, 68 (2), 261–295.

Treiman, D. J. (2009). Quantitative data analysis: Doing social research to test ideas. Jossey-Bass/Wiley.

Tversky, A., & Kahneman, D. (1979). Prospect theory: An analysis of decision under risk. Econometrica, 47 (2), 263–291.

Tversky, A., & Kahneman, D. (1992). Advances in prospect theory: Cumulative representation of uncertainty. Journal of Risk & Uncertainty, 5 (4), 297–323.

Van der Gaag, M. P., & Snijders, T. A. B. (2005). The resource generator: Measurement of individual social capital with concrete items. Social Networks, 27 (1), 1–29.

Van der Gaag, M. P., & Snijders, T. A. (2004). Proposals for the measurement of individual social capital. In H. Flap & B. Völker (Eds.), Creation and returns of social capital: A new research program (pp. 199–218). Routledge.

Vecchio, R. P. (1995). The impact of referral sources on employee attitudes: Evidence from a national sample. Journal of Management, 21 (5), 953–965.

Verba, S., & Orren, G. R. (1985). Equality in America: The view from the top. Harvard University Press.

Verbeek, M. (2012). A guide to modern econometrics. Wiley.

Verhaeghe, P. P., Van der Bracht, K., & Van de Putte, B. (2015). Inequalities in social capital and their longitudinal effects on the labour market entry. Social Networks, 40, 174–184.

Vieira, E. S., & Gomes, J. A. (2010). Citations to scientific articles: Its distribution and dependence on the article features. Journal of Informetrics, 4 (1), 1–13.

Vigdor, J., & Nechyba, T. (2004). Peer effects in elementary school:

Learning from 'apparent' random assignment. Unpublished manuscript. Duke University.

Völker, B., & Flap, H. (1995). Changes in personal networks in the former GDR. In Should auld acquaintance be forgot...? The institutions of communism, the transition to capitalism and personal networks: the case of East Germany. Thesis Publishers.

Völker, B., & Flap, H. (1999). Getting ahead in the GDR: Social capital and status attainment under communism. Acta Sociologica, 42 (1), 17-34.

Walder, A. G. (1995). Local governments as industrial firms: an organizational analysis of China's transitional economy. American Journal of sociology, 101 (2), 263-301.

Walder, A. G. (2003). Elite opportunity in transitional economies. American Sociological Review, 68 (6), 899-916.

Walder, A. G., Li, B., & Treiman, D. J. (2000). Politics and life chances in a state socialist regime: Dual career paths into the urban Chinese elite, 1949 to 1996. American Sociological Review, 65 (2), 191-209.

Watanabe, S. (1987). Job-searching: A comparative study of male employment relations in the United States and Japan. Unpublished doctoral dissertation, University of California at Los Angeles.

Watts, D. J. (1999). Small worlds: The dynamics of networks between order and randomness. Princeton University Press.

Watts, D. J., & Strogatz, S. H. (1998). Collective dynamics of 'small-world' networks. Nature, 393 (6684), 440-442.

Wayne, S. J., Liden, R. C., Kraimer, M. L., & Graf, I. K. (1999). The role of human capital, motivation and supervisor sponsorship in predicting career success. Journal of Organizational Behavior, 20 (5), 577-595.

Wegener, B. (1991). Job mobility and social ties: Social resources, prior job, and status attainment. American Sociological Review, 56 (1), 60-71.

Wegener, B. (2000). Political culture and post-communist transition—a social justice approach: Introduction. Social Justice Research, 13 (2), 75-82.

Wei, Y. (1998). Regional inequality of industrial output in China, 1952 to 1990. Geografiska Annaler: Series B, Human Geography, 80 (1), 1-15.

Wei, Y. M., Fan, Y., Lu, C., & Tsai, H. T. (2004). The assessment of vulnerability to natural disasters in China by using the DEA method. Environmental Impact Assessment Review, 24 (4), 427-439.

Weiler, M., & Hinz, O. (2018). Social capital accumulation through social media networks and its benefits in a project-based labor market: Evidence from a randomized online field experiment. Available at SSRN 3246663, SSRN Electronic Journal.

Weinberg, B. A., Reagan, P. B., & Yankow, J. J. (2004). Do neighborhoods affect hours worked? Evidence from longitudinal data. Journal of Labor Economics, 22 (4), 891-924.

Wellman, B., & Gulia, M. (1999). The network basis of social support: A network is more than the sum of its ties. In B. Wellman (Ed.), Networks in the global village: Life in contemporary communities (pp. 83-118). Westview.

Westwood, R. I., & Chan, A. (1992). Head-ship and leadership. In R. I. Westwood (Ed.), Organizational behavior: A Southeast Asian perspectives (pp. 118-143). Longman.

Whyte, M. (2010). Myth of the social volcano: Perceptions of inequality and distributive injustice in contemporary China. Stanford University Press.

Wielgosz, J. B., & Carpenter, S. (1987). The effectiveness of alternative methods of searching for jobs and finding them: An exploratory analysis of the data bearing upon the ways of coping with joblessness. American Journal of Economics & Sociology, 46 (2), 151-164.

Winship, C., & Morgan, S. L. (1999). The estimation of causal effects from observational data. Annual Review of Sociology, 25 (1), 659-706.

Winship, C., & Sobel, M. (2004). Causal inference in sociological studies. In M. Hardy & A. Bryman (Eds.), Handbook of data analysis (pp. 481-

503). Sage.

Wooldridge, J. M. (2006). Introductory econometrics: A modern approach. Thomson/South-Western.

Wooldridge, J. M. (2010). Econometric analysis of cross section and panel data. MIT press.

Wright, E. O. (1997). Class counts: Comparative studies in class analysis. Cambridge University Press.

Wu, X. (2009). Income inequality and distributive justice: A comparative analysis of mainland China and Hong Kong. China Quarterly, 200, 1033-1052.

Wu, X., & Treiman, D. J. (2007). Inequality and equality under Chinese socialism: The *Hukou* system and intergenerational occupational mobility. American Journal of Sociology, 113 (2), 415-445.

Yakubovich, V. (2005). Weak ties, information, and influence: How workers find jobs in a local Russian labor market. American Sociological Review, 70 (3), 408-421.

Zhang, L. (2001). Strangers in the city: Reconfigurations of space, power, and social networks within China's floating population. Stanford University Press.

Zhao, Y. (1999). Leaving the countryside: rural-to-urban migration decisions in China. American Economic Review, 89 (2), 281-286.

Zhao, Y. (2002). Causes and consequences of return migration: recent evidence from China. Journal of Comparative Economics, 30 (2), 376-394.

Zhao, Y. (2003). The role of migrant networks in labor migration: The case of China. Contemporary Economic Policy, 21 (4), 500-511.

Zimmerman, D. J. (2003). Peer effects in academic outcomes: Evidence from a natural experiment. Review of Economics & Statistics, 85 (1), 9-23.

Zinovyeva, N., & Bagues, M. (2015). The role of connections in academic promotions. American Economic Journal: Applied Economics, 7 (2), 264- 292.

边燕杰，杜海峰，李德昌，李黎明，张顺，孙晓娥（编）.（2011）. 关系社会学：理论与研究. 北京：社会科学文献出版社.

边燕杰，张磊.（2013）. 论关系文化与关系社会资本. 人文杂志（1），107-113.

边燕杰，张文宏.（2001）. 经济体制、社会网络与职业流动. 中国社会科学（2），77-89+206.

边燕杰.（2004）. 城市居民社会资本的来源及作用：网络观点与调查发现. 中国社会科学（3），136-146+208.

边燕杰.（2010）. 关系社会学及其学科地位. 西安交通大学学报（社会科学版），30（3），1-6+48.

波普诺.（1999）. 社会学（第10版，李强等译）. 北京：中国人民大学出版社.

卜长莉.（2006）. 社会资本的负面效应. 学习与探索（2），54-57.

布迪厄.（2003）. 实践感（蒋梓骅译）. 南京：译林出版社.

蔡昉.（1996）. 劳动力迁移和流动的经济学分析. 中国社会科学（春季卷），120-135.

蔡翥，朱士群.（2005）. 关系资本：农民阶层分化的有力路径——安徽两村实地调查. 甘肃社会科学（2），80-84.

曹子玮.（2003）. 农民工的再建构社会网与网内资源流向. 社会学研究（3），99-110.

陈凌.（1999）. 就业体制转型的模式比较：东德与中国. 管理世界（1），102-112.

陈云松，边燕杰.（2015）. 饮食社交对政治信任的侵蚀及差异分析：关系资本的“副作用”. 社会，35（1），92-120.

陈云松，范晓光.（2010）. 社会学定量分析中的内生性问题测估社会互动的因果效应研究综述. 社会，30（4），91-117.

陈云松，范晓光.（2011）. 社会资本的劳动力市场效应估算——关于内生性问题的文献回溯和研究策略. 社会学研究，25（1），167-195+245.

陈云松，沃克尔，弗莱普.（2013）. “找关系”有用吗——非自由市场经济下的多模型复制与拓展研究. 社会学研究，28（3），101-118+243.

陈云松，吴晓刚.（2012）. 走向开源的社会学定量分析中的复制性研究. 社会，32（3），1-23.

陈云松. (2008). 分析社会学：寻求连接微观与宏观的机制性解释. 浙江社会科学（5），22-29+125.

陈云松. (2012). 逻辑、想象和诠释：工具变量在社会科学因果推断中的应用. 社会学研究，27（6），192-216+245-246.

程诚. (2017). 同伴社会资本与学业成就——基于随机分配自然实验的案例分析. 社会学研究，32（6），141-164.

戴元光，邵培仁，龚炜. (1998). 传播学原理与应用. 兰州：兰州大学出版社.

方颖，赵扬. (2011). 寻找制度的工具变量：估计产权保护对中国经济增长的贡献. 经济研究（5），138-148.

费孝通. (1998). 乡土中国. 北京：北京大学出版社.

巩前文，张俊飚. (2007). 农业自然灾害与农村贫困之间的关系——基于安徽省面板数据的实证分析. 中国人口. 资源与环境，17（4），96-99.

辜鸿铭等. (1998). 清代野史：卷 4. 成都：巴蜀书社.

管玥. (2012). 政治信任的层级差异及其解释：一项基于大学生群体的研究. 公共行政评论，5（2），67-99+179-180.

韩翼，杨百寅. (2012). 师徒关系开启徒弟职业成功之门：政治技能视角. 管理世界（6），124-132+188.

郝明松，边燕杰. (2013). 社会网络资源的形塑：职业交往的视角. 中国研究（2），110-128+261.

何晓波. (2011). 农村劳动力市场发展与乡城移民——基于中国家庭收入调查的数据分析. 经济与管理评论，27（2），124-131.

胡荣，胡康，温莹莹. (2011). 社会资本、政府绩效与城市居民对政府的信任. 社会学研究，25（1），96-117+244.

胡荣. (2007). 农民上访与政治信任的流失. 社会学研究（3），39-55+243.

奂平清. (2010). “关系社会学”研究反思. 科学社会主义（1），107-110.

黄国满. (2004). 当前我国公民政治参与问题分析. 社会科学战线（3），165-169.

雷开春. (2011). 城市新移民社会资本的理性转换. 社会，31（1），74-93.

黎相宜. (2009). 关系消费的表演与凝固——当代中国转型期饮酒社交消费研究. 开放时代（1），89-98.

李春玲.（2005）．当代中国社会的声望分层——职业声望与社会经济地位指数测量．社会学研究（2），74－102＋244.

李路路.（2003）．再生产的延续：制度变迁与城市社会分层结构．北京：中国人民大学出版社.

李培林.（1996）．流动民工的社会网络和社会地位．社会学研究，1996（4），42－52.

李爽，陆铭，佐藤宏.（2008）．权势的价值：党员身份与社会网络的回报在不同所有制企业是否不同?．世界经济文汇（6），23－39.

李燕萍，涂乙冬.（2011）．与领导关系好就能获得职业成功吗？一项调节的中介效应研究．心理学报，43（8），941－952.

李永强，杨建华，白璇，车瑜，詹华庆.（2012）．企业家社会资本的负面效应研究：基于关系嵌入的视角．中国软科学（10），104－116.

梁纪毅.（2009）．公民意识培育：扩大公民有序政治参与的关键路径．党政论坛（8），30－32.

梁玉成.（2010）．社会资本和社会网无用吗?．社会学研究，25（5），50－82＋243－244.

林南，敖丹.（2010）．社会资本之长臂：日常交流获取工作信息对地位获得的影响．西安交通大学学报（社会科学版），30（6），74－81＋88.

刘军，宋继文，吴隆增.（2008）．政治与关系视角的员工职业发展影响因素探讨．心理学报（2），201－209.

刘林平，张春泥.（2007）．农民工工资：人力资本、社会资本、企业制度还是社会环境？——珠江三角洲农民工工资的决定模型．社会学研究（6），114－137＋244.

刘林平.（2001）．外来人群体中的关系运用——以深圳“平江村”为个案．中国社会科学（5），112－124＋207.

刘鹏，夏昊翔.（2015）．跨学科研究领域的合著网络演化分析——以“复杂网络”研究领域为例．情报杂志，34（9），85－91.

刘少杰.（2002）．后现代西方社会学理论．北京：社会科学文献出版社.

罗家德，赵延东.（2005）．社会资本的层次及其测量方法．见李培林，覃方明（主编）．社会学：理论与经验（第1辑）．北京：社会科学文献出版社.

孟森.（2000）. 明清史论着集刊正续编. 石家庄：河北教育出版社.

孟天广，杨明.（2012）. 转型期中国县级政府的客观治理绩效与政治信任——从“经济增长合法性”到“公共产品合法性”. 经济社会体制比较（4），122-135.

孟祥保.（2012）. 论中美人文社会科学研究合作结构——基于 SSCI、A&HCI 论文（2002—2011）的计量分析. 东南大学学报（哲学社会科学版），14（4），14-19+126.

彭庆恩.（1996）. 关系资本和地位获得——以北京市建筑行业农民包工头的个案为例. 社会学研究（4），53-63.

彭泗清.（2000）. 关系与信任：中国人人际信任的一项本土研究. 见中国社会学年鉴：1995—1998. 北京：社会科学文献出版社.

彭泗清.（2003）. 信任的建立机制：关系运作与法制手段. 见郑也夫，彭泗清（编）. 中国社会中的信任. 北京：中国城市出版社.

齐心.（2007）. 延续与建构：新生代农民工的社会网络. 江苏行政学院学报（3），76-81.

秦德君.（2001）. 中国政治发展与扩大公民政治参与. 社会科学（9），19-22+7.

邱均平，曾倩.（2013）. 国际合作是否能提高科研影响力——以计算机科学为例. 情报理论与实践，36（10），1-5.

阮丹青，周路，布劳，魏昂德.（1990）. 天津城市居民社会网初析——兼与美国社会网比较. 中国社会科学（2），157-176.

上官酒瑞，程竹汝.（2009）. 政治信任研究兴起的学理基础与社会背景. 江苏社会科学（1），126-132.

司敏.（2012）. 中国式酒席文化对隐性知识转移绩效研究. 硕士论文，山西师范大学.

宋留清.（2009）. 积极推进和扩大有序的公民政治参与. 理论前沿（1），38-39.

孙超.（2009）. 扩大公民政治参与存在的问题及对策. 辽宁行政学院学报，11（3），19-21.

孙昕，徐志刚，陶然，苏福兵.（2007）. 政治信任、社会资本和村民选举参与——基于全国代表性样本调查的实证分析. 社会学研究（4），165-187+245.

王国敏，郑晔.（2007）. 中国农业自然灾害的风险管理与防范体系研究. 成都：西南财经大学出版社.

王海涛，谭宗颖，陈挺.（2016）. 论文被引频次影响因素研究——兼论被引频次评估科研质量的合理性. 科学学研究，34（2），171-177.

王美艳.（2005）. 城市劳动力市场上的就业机会与工资差异——外来劳动力就业与报酬研究. 中国社会科学（5），36-46+205.

王天夫.（2006）. 社会研究中的因果分析. 社会学研究（4），132-156+244.

王卫东.（2006）. 中国城市居民的社会网络资本与个人资本. 社会学研究（3），151-166+245.

吴愈晓.（2011）. 社会关系、初职获得方式与职业流动. 社会学研究，26（5），128-152+244-245.

肖唐镖，王欣.（2010）. 中国农民政治信任的变迁——对五省份 60 个村的跟踪研究（1999—2008）. 管理世界（9），88-94.

谢彩霞，刘则渊.（2006）. 科研合作及其科研生产力功能. 科学技术与辩证法，（1），99-102+112.

谢宇，姜洋.（2008）. 奥迪斯·邓肯的学术成就：社会科学中用于定量推理的人口学方法. 社会（3），81-105+224.

谢宇.（2006）. 社会学方法与定量研究. 北京：社会科学文献出版社.

熊美娟.（2010）. 政治信任研究的理论综述. 公共行政评论，3（6），153-180+203.

熊美娟.（2011）. 社会资本与政治信任——以澳门为例. 武汉大学学报（哲学社会科学版），64（4），77-87.

徐丙奎.（2007）. 进城农民工的社会网络与人际传播. 华东理工大学学报（社会科学版），22（3），92-96.

徐丙奎.（2007）. 进城农民工的社会网络与人际传播. 华东理工大学学报（社会科学版），22（3），92-96.

杨光飞.（2006）. “关系资本”升格之合法性质疑. 人文杂志（2），147-151.

杨张博，高山行，刘小花.（2015）. 近朱者赤：基于社会网络分析方法的归国者跨国社会资本转移研究. 社会，35（4），177－198.
翟学伟.（1999）. 个人地位：一个概念及其分析框架——中国日常社会的真实建构. 中国社会科学（4），144－157＋207.
翟学伟.（2003）. 社会流动与关系信任——也论关系强度与农民工的求职策略. 社会学研究（1），1－11.
张春泥，刘林平.（2008）. 网络的差异性和求职效果——农民工利用关系求职的效果研究. 社会学研究（4），138－162＋244.
张爽，陆铭，章元.（2007）. 社会资本的作用随市场化进程减弱还是加强？——来自中国农村贫困的实证研究. 经济学（季刊）（2），539－560.
张顺，程诚.（2012）. 市场化改革与社会网络资本的收入效应. 社会学研究，27（1），130－151＋244－245.
张宛丽.（1996）. 非制度因素与地位获得——兼论现阶段中国社会分层结构. 社会学研究（1），64－73.
张文宏，李沛良，阮丹青.（2004）. 城市居民社会网络的阶层构成. 社会学研究（6），1－10.
张文宏.（2006）. 社会网络资源在职业配置中的作用. 社会，26（6），27－42.
张文宏.（2011a）. 中国社会网络与社会资本研究 30 年（上）. 江海学刊（2），104－112.
张文宏.（2011b）. 中国社会网络与社会资本研究 30 年（下）. 江海学刊（3），96－106.
张亚勇.（2008）. 试论当前公民政治冷漠的深层原因及消解对策. 延边大学学报（社会科学版）（4），54－58＋139.
章奇.（2008）. 社会科学中的因果关系及其分析方法. 浙江社会科学（3），2－12＋125.
章元，李锐，王后，陈亮.（2008）. 社会网络与工资水平——基于农民工样本的实证分析. 世界经济文汇（6），73－84.
章元，陆铭.（2009）. 社会网络是否有助于提高农民工的工资水平?. 管理世界（3），45－54.
赵尔巽等.（1977）. 清史稿·卷 2951·列传 82. 北京：中华书局.
赵延东.（1998）.“社会资本”理论述评. 国外社会科学（3），19－22.

钟镇.（2013）. 学术论文合著规模与引文影响力的相关性分析——以图书情报学为例. 情报杂志，32（12），127－131＋164.

周建国.（2002）. 社会资本分布的非均衡性及其负面效应分析. 唯实（3），39－44.

祝平燕.（2007）. 受教育程度对妇女政治态度和政治参与行为的影响——基于第二期中国妇女社会地位调查数据的分析. 见中国社会学会 2007 年会"社会建设与女性发展"论坛论文集（287－297 页）. 浙江省社科院社会学所，中国社会学会性别社会学专业委员会.

邹宇春，敖丹.（2011）. 自雇者与受雇者的社会资本差异研究. 社会学研究，26（5），198－224＋245－246.

邹宇春，敖丹，李建栋.（2012）. 中国城市居民的信任格局及社会资本影响——以广州为例. 中国社会科学（5），131－148＋207.

后　记

这本小书，代表了近年来我对社会资本、社会网络和关系社会学等相关领域的粗浅梳理与实证探索。从清史中一段君臣公案和布迪厄的理论开篇，到工具变量、倍差法、断点回归等因果高级模型的使用结束，其实它算不上对领域知识的系统阐发，而更接近一次基于个人探索的社会学自学全记录。即使是在这个后记里，我还是要“先”提醒大家，不要被第一章的故事和理论所蒙蔽。因为这是一本完全“硬核”、越往后越枯燥的社会学定量研究著作。

我对社会学的最初兴趣，的确源于自己的业余爱好。在南京大学我读的本科专业是城乡区域规划，不折不扣的理工科。但我自幼喜爱文史，在南京大学图书馆借的书，本专业的不多，王伯沆点评《红楼梦》、龙榆生选唐宋词之类的倒不少。因一位广西籍的舍友酷爱哲学，我也跟着翻了不少商务印书馆汉译名著那些红脊、绿脊的书，大多囫囵吞枣。大约在 2004 年，也就是在 16 年前，我一边醉心于孟森先生的《心史丛刊》和《明清史讲义》，一边在布迪厄晦涩难懂的“场域”“惯习”中打瞌睡。而记不清是何因缘造化，我同时还读到了林南老师的社会资源理论和边燕杰老师的强关系理论。在这样一个奇怪的时间点上，清史的片段、法国人的社会学和华人学者的理论，交织幻化在了一起。于是我用布迪厄的概念作为宏观框架，以林、边二位老师的假说作为微观理论，拿年羹尧与雍正的君臣关系作为史料，以自己理科生习惯的绘图、模型来推导，写出了一篇“奇葩”的文章。迄今，它早年的版本仍然可以在网上找到。

等到两年后我申请就读牛津大学，就顺手把它改写成英文，作为申请材料中的“writing sample”交过去。在牛津大学研究生课程中的核心大课“社会学理论”中，每周的小论文作业我有两次得了不错的分数：一次是社会网络的主题，因为我原本就读了很多文献；一次是国家与社会的主题，因为我对斯科特（James C. Scott）的 *Seeing Like a State* 一书的文笔特别喜欢。这样，我的硕士论文，冥冥中也自然就选择了社会资本的方向。入学一开始，我满脑子以为社会学无非就是梳理和钩沉社会学家们创造的各种稀奇古怪的概念，以为社会学者就是“社会学专家”。等到有一天我问硕士导师葛什尼教授（Jonathan Gershuny），硕士论文可不可以写一篇关于社会网络的纯理论的反思，他豹眼圆睁地对我说：“在牛津，你必须得做实证。这里可不是剑桥。”

剑桥大学出了个吉登斯，而牛津大学从来都是以实证执掌欧洲社会学之牛耳，对宏大理论的晦涩、玄奥与孤芳自赏，保持着强大的戒心。面对定量方法的步步逼近，剑桥大学还在苦苦坚守，但大理论风起云涌的时代确实已经过去，布迪厄在本世纪之初就已仙逝，鲍曼、沃勒斯坦这几年陆续驾鹤西行，老迈的吉登斯英雄迟暮。遍望欧陆北美，大理论四海寂寥，无人接武。定量范式，则生出了大数据和机器学习的双翼，以山呼海啸之势飞向实证社会学改天换地的时代之门。天空海阔，那绝不会是伊卡洛斯（Icarus）飞向太阳的征途。

2006 年我开始寻找数据：中国、关系、求职、数据，有了这四个关键词，今天任何一个社会学的高年级本科生，闭着眼睛也会想到四个字母——CGSS。第一次做社会关系的论文，我再次发挥了理科生认死理的特长：所有人言必称强关系、弱关系，可强弱维度颇多，在多维度测量的基础上，究竟如何来界定强弱？于是，潜类分析（LCA）走入我的视野。我要为社会关系构建出具有统计分界意义的关系强度级别。论文的结果很有趣：强度分了三层，即强、中和弱。这意味着，在当前中国社会的求职行为中，关系的使用不是简单的二元之分。这篇论文拿了不错的分数。在牛津大学，60～63 分是及格，64～66 分是良好，67～69 分是优秀。但牛津大学社会学系二十年没有出过 70 分以上的硕士论文。因为所有的教授都说，你们区区硕士怎么可能写出 70 分以上的论文呢？

事实上，以上谈到的两篇旧作，正是这本小册子的开篇两章的雏形。新的内容，增加了更多的经济学模型、贝叶斯因果分析，还有更新的数据。数据是信息。信息的注入，会给结论提供更多的支持。但构思，或者说这本书的开始，是在2004年。

牛津大学、剑桥大学、伦敦政治经济学院等英国名校的博士生似乎和美国名校不同，属于典型的“散养”。一招进来，并不进行2～3年的集中基础修习，而是直接开题开笔，默认“人设”是学者，而不是学生。这样的学术传统有得有失：博士流水线上扎实训练的缺失，导致英国的博士生容易走两个极端：少数的苦学者或有天赋者，如同“跑山鸡”一样，往往能有奇思妙想；意志力或者训练基础薄弱的，就得勉力支撑毕业。我虽然没有奇思妙想，但也是一心向学之人。我记得读博期间有一个学期，每天大约只睡4～5个小时。为节省吃饭的时间（牛津大学的繁文缛节和不着边际的餐桌漫谈十分耗时），一天两餐，午餐2～3个白水煮蛋蘸老干妈，晚餐微波炉蒸虾仁米饭。为解饥饿，每周去中餐馆（Opium Den或Paddyfield）点一整只红烧肘子、一盘绿叶蔬菜，就两杯清酒。当初我以为如此还能保持身材，直到今年看了《国家地理》的纪录片，才知道人在饥饿之中，身体早为积累能量改变了模式：一旦有饕餮大餐进来，为防备下一轮挨饿，脂肪的转化率比正常饱餐时要高得多。于是，我在饥饿感中读完博士，人却比硕士期间肥硕了一圈。脖颈后面堆叠的，我们家乡讽作“槽头肉”，大概来源于那一年。

博士研究的主题依然是社会网络和社会资本。我准备用实验和多主体仿真建模（ABM）来做社会网络互动演化分析，最后的计划书洋洋洒洒写了1万多字，布满了公式和图表（半年前拿出来，自己居然已经看不太懂了，大家可以试一试看十年前自己的论文）。2007流年大利，拿到了克莱登奖学金（Clarendon Scholarship）——对，就是钱锺书说的野鸡大学克莱登的那个克莱登，用的是牛津大学招生办所在的克莱登巷（Clarendon Lane）的典。等到2012年回到牛津大学参加毕业典礼，晚上的“High Table”问导师赫德斯特罗姆教授（Peter Hedström），当初作为博士招生委员会的主席，为何决定给我系里唯一的全奖。他回忆了下，然后笑着对我说：“实际上，我和汤姆都不知道你那个研究计划究竟要做什么，因为没读明白，所以感觉你应该有些想法，就给了。”语毕，我们当桌各自笑倒，烛光下续酒。他说的汤姆，就是Tom Snijders（汤姆·施奈德斯），社会网络研究领域的重要人物，我在Nuffield（牛津大学纳菲尔德学院）的学院顾问导师，荷兰社会学家。

今天，博士研究计划书里的一部分公式已被我整合在本书关于年羹尧的那第一章里。让长袍马褂和数学公式相依为命，给我一种炮制“奇葩”所带来的简单欢乐。这种恶趣味，还导致我后来试着用半通不通的文言文，以负二项模型来拟合 800 位唐代诗人的生平遭际与诗歌成就的关系，写成了又一篇“奇葩”论文。“奇葩”二字，据说是李培林老师在栗林论坛上点评论文时大笑着说的。最近，我可能要准备研究《乡村爱情故事》的 12 季海量台词文本。

接下来数年峰回路转，而一切都是拜一位叫作 Ted Mouw 的美国学者所赐。2003 年前后，这个年轻人从计量经济学里把内生性问题引入社会资本研究。而这个引入，他是用挑战名家的方式实现的。他写文章说，林南老师的社会资源理论错了，因为他的数据表明，社会资本对就业的影响并非因果性的，而只是同质性的。通俗说，不是关系有用，而是物以类聚，人以群分。这个颠覆性的论断，把当时沉浸在 Matlab 新天地里准备做仿真的我，拉回了回归模型的旧世界。

从知道 endogeneity（内生性）的这一刻开始，我就明白，整个社会资本研究的殿堂，积 20 年之功的大厦，已经暗暗塌了一角。我迅速转而开始研究我学术偶像的对手“毛泰德”：这是林南先生的学生敖丹对论战对手 Ted Mouw 的汉名翻译。我当时翻译成了“莫维”。这个名字，后来据说有翻译成“穆”的，还有翻译成“墨乌”的，大概是梁玉成所为。总之我和玉成都试图让这个名字由内而外散发出一种浓烈的城乡接合部既视感，以顺应我们的暗黑心理。但这一回是梁老师赢了。“墨乌”，不就是乌黑乌黑的吗？毕竟，他是边老师的学生，而边老师是林老师的学生。

在老一辈社会学家中，即使有做定量分析的，对因果推断也关心甚少。由此我开始阅读大量的计量经济学教材和论文。博士论文的文献回顾部分，大概回顾了上百篇经济学、社会学和政治学文献，以至于在中期考核时，施奈德斯教授说文献太长干脆做个元分析算了。接下来，在获得牛津大学社会学“第一毒舌”科林·米尔斯（Collin Mills）的认可后，我把一篇用村庄自然灾害作为工具变量的社会资本论文，投向了 *Social Forces*。修改一轮被无情拒稿后，我的心理自卫机制使我形成了一种虽败犹荣的安慰感。因为编辑写邮件给我，说虽然不错，但写得毕竟不像一篇社会学论文，而像一篇经济学论文。时过境迁，现在一想，原来我很早就是学科交叉的先驱（先烈?）。

这样，沿着解决内生性问题的思路我一步一步往下走，一路走来，各种方法和各种研究对象让我从一个半路出家者，逐渐走到社会资本和社会网络研究的前台。和比蒂·沃克尔（Beate Völker）教授合作，我结合多种识别方法，在复制和拓展中，初步解决了 Ted Mouw 和林南老师的学术之争：社会资源理论岿然不动，而同质性，可以在不同的制度下，对社会资本的功能起到不同的调节放大作用。林南老师告诉我，他很喜欢“莫林之争”这个说法。

围绕这一主线的论文，包括今天这本小书中的诸多章节，记载了我在探索内生性问题解决方法上的每一步，是自己在社会资本研究的学术峡谷中累年攀行、一路留下的野营篝火。其间，我得到林南老师、边燕杰老师对后学者的提携，至今难忘。玉成曾告诉我，若干年前，在泉城济南的一次青年社会学论坛中，边燕杰老师第一次发现了我的论文，读毕大喜，让玉成马上去打探此人现在何处、师出何门。2018 年我才第一次面对面见到林南老师。他和边老师一样，在众多的学术场合“逢人说项斯”，屡次推荐，而这都是同事朋友告知我才知情的。社会资本和社会网络领域，仿佛是我的福地：张文宏老师、罗家德老师、赵延东老师，都对我提携有加，大家都特别有缘。

也是通过对内生性问题的探索、对因果的执着追寻，我陆续认识了周晓虹老师、翟学伟老师、谢宇老师、张翼老师、谢寿光老师、张宛丽老师、冯小双老师、吴晓刚老师等重量级的社会学家和师长前辈。当然，还有太多的学术同道和师友，无论定量定性，都在不同的领域对我加以指点和帮助。吴晓刚老师是我的博士论文答辩委员会委员。答辩完毕，我们在 Nuffield 的学院吧里无佐菜分享了一瓶茅台，庆祝我拿到一个难得的“clear pass”。这在牛津大学社会学系已经颇长时间没有出现了。彼此深醉的时候，他说，读完我的博士论文的第一章，改变了对牛津大学社会学的看法。我趁着酒意抢过话来：若论训练，其实我倒并不是传统社会学锻造出来的，因为 Nuffield 是社会学、政治学、经济学的交融之所。在牛津大学这具有近千年历史的问学之地，我读的教材是计量经济学，我咨询的师友中治经济学、政治学的多过治社会学的。但我在社会学的落脚点是真实和坚定的，是林南和边燕杰开创的中国人的网络大学问。等我慷慨陈词之后，吴老师又回到他的话题：读到第三章、第四章，觉得气力又不够了，对牛津大学社会学的印象又要改回去了。我说，一鼓作气、再而衰、三而竭，不能怪我。于是我们大笑，续啤酒。

谈到帮助，因为这本书的出版有时间要求，而我来学术界又晚，所以我找到冯仕政老师。仕政三言两语、举重若轻，迅速帮我联系落实了一切出版事宜。非常感谢仕政！也感谢中国人民大学出版社盛杰老师的耐心和高效。此外，还要感谢书中部分章节的合作者边燕杰老师、句国栋同学。

几年前的一个深夜，我偶然打开 Dropbox 里博士论文的博德莱安图书馆备份，打量着目录，我突然意识到，不管是面板数据，还是工具变量，抑或是 DID（双重差分）和 RD（断点回归）、额外信息，你叫作外生冲击也好，自然实验也好，排除限定也好，都是发现因果的关键。但除了面板数据能够带来既定的资源，其他方法，都需要你发挥奇思妙想。也是从那个时间点起，我开始理解什么是完整的社会学想象力。我在一个瞬间理解到，在社会学界，人人言必称社会学的想象力，但诵经式的重复，其实已经悄悄背离了米尔斯的初心。

米尔斯很容易被误读的地方在于，他对社会学想象力的呼唤，仅仅部分来源于他对抽象经验主义执着于数据的批判，所以直到 21 世纪的今天，人们仍然容易把基于数据分析的定量研究和缺乏想象力联系起来，导致社会学研究方法本身被无端附带了想象力的高下之判："人文"之法，仿佛天生带有想象力的克里斯马；而"科学"之法，往往蒙受不脱匠气的批评。事实上，米尔斯对帕森斯抽象、宏大的社会学结构理论的强烈批判，才是他呼唤社会学想象力的首要原因。其实，米尔斯的批判，剑指 20 世纪中叶逐步开始建制化的整个社会学阵营：理论因臃肿而无益，实证因枯燥而无趣。米尔斯对大理论和经验研究的批判，推动了社会学从个人哲思舞台走向学科群体事业。毋庸置疑的是，在我们这个时代，社会学的想象力仍然是一种稀缺品。米尔斯的呼唤永不过时。

我们必须认识到，米尔斯呼唤的社会学想象力，不是无视逻辑的自由演绎，不是放弃严密的概念制造，不是仅仅埋头于历史的草蛇灰线而放弃对当下社会演进的把脉与解读。我们所憧憬的社会学想象力，是米尔斯希求的对世情的洞察力，是米尔斯强调的善于从历史中发现和比较的学术视野，是米尔斯那个著名的喝咖啡比喻之中，从个体行为中挖掘群体规律、在看似无关的现象之间捕捉社会关联的"于无声处听惊雷"式的推及与联想能力。

真正的社会学想象力不是一成不变的。每个时代，都有属于自己的社会学想象力。在当代人文社会科学学术活动中，在前人业已建成的学术广厦之中，社会学想象力的具体体现，或许再也不可能是学科诞生之初韦伯、涂尔干、齐美尔那种元气丰沛、天马行空的个人思维了，也很可能不会再有布迪厄、吉登斯那种让人服膺叫绝但又语焉模糊的神秘主义式寓言，所有的社会理论都要接受学术共同体和经验研究的严格检验：实践是检验真理的唯一标准。冷静下来思考，我们会发现，支撑社会学甚至大部分人类思想学术大厦的四梁八柱式的理论，百年来在众多伟大思想者的努力中已经完成了奠基和框架。而大量直觉的、浅层的社会现象关联，百年来在学术共同体的努力下，已经各自被反复证实或证伪。我们是这样不幸抑或有幸地处在一个“后大理论时代”。

在后大理论时代，我们需要什么样的社会学想象力？对我而言，当代的社会学想象力，既要有来自米尔斯的终极追问的力量，也要避免他过于追求个体化和反建制的诗人幻想，要把社会学置于21世纪人类知识总体框架中来识别看待。起码，当代社会学的想象力，需要依托诸多维度的力量支撑。

第一，具备对新生社会现象的高度敏感性。社会学想象力首先要求当代的社会学者，具有连接社会方方面面场域的信息接口。这种对信息多元化接口的要求，相对于传统时代独坐书斋的冥想和自律的追求而言，是大乖其道的：多元化接口意味着走近甚至走入现实的社会事务。而这样的信息接口，无法完全依靠回归中国历史文本的孤绝努力来实现：中国正处在变革之中的大时代，历史文本中的人群和现象，为当代中国社会研究所能提供的，对照意义可能大于寻根价值，这无疑对于习惯从现象中提炼概念、从历史中挖掘脉络的人文分析者来说，构成了新的挑战。

第二，具备对社会现象间关联机制的联想力。社会现象之间的关联往往是潜藏的，发现和联想到新的连接社会现象的机制的空间，是越来越逼仄的。在今天，你很难指望去利用传统的方式，寄希望于直接从个人经验、田野经验中召唤因果灵感的能力。你往往会发现，你所能直觉到的机制，不是已经被前人所发觉讨论，就是有其他学科曾经用改头换面的概念包装和讨论。而更为吊诡的是，即便幸运地想到某种重要的社会关联，你也可能缺乏相应的数据来进行实证检验。面对这样的困局，定量分析者的出路有两条：其一，学会用竞争性解释的批判思维去看待文献和现象，凡事皆问孰因孰果、因果是否倒置，或者是否有其他原因；其二，善于让数据本身成为激发想象力的重要源头。想象力的来源，既有冥想，也有资料，其中皆是学问，无论出处，无问东西。

第三，具备超越学科领域和方法畛域的贯通思维。社会科学具有范式上的“双重性”：既需要“人文化成”的底蕴和学养，亦倚重“格物致知”的科学逻辑和方法。近十年社科前沿的两个热区，均来自突破学科的对话和突破方法领域的融会贯通。一是社会科学的“内部交叉”：定量方法尤其是计量经济学方法向社会学、政治学等学科覆盖，迅速推动了社会科学内部对话和整体水平的提高。二是“外部交叉”：自然科学的方法、数据和模型，一经与社会科学结合往往能形成前沿。随机实验、仿真、地理信息系统、大数据、机器学习等自然科学手段和资料，已迅速推动计算社会科学、实验社会科学的勃兴。而社科学者进入人文领域，不同研究范式也能带来学术新疆域。不故步自封，对其他的学科和方法保持最大的尊敬并具有最好奇最强烈的融会贯通意识，是当代社会学亟待补充的想象力来源。

第四，具备从合理距离来洞察世情的职业习惯。社会学的想象力，或者米尔斯希望看到的想象力，是必须服务于人类学术智业的。正因为人类社会现象的浩瀚复杂，我们的想象力既不能完全只见树木不见森林，又不能只是鸟瞰而缺乏深度。我们不能走得过近，过度相信“个体”足以给我们提供解释力量。这是因为，每一个个体的社会化过程，都永远是局部的、细微的、高度差异化的。我们不能因为个体不可避免地被社会化，就把理解社会个体的学术过程，直接当作理解社会总体和总体社会的学术过程。同样，我们也不能过度相信“样本”的力量，否则将因过于简化而丧失对差异化社会过程的深度解读，除非我们可以通过一种新的方式，使基于样本的推断和基于个案的解读达到水乳交融。显然，不同方法与生俱来的差异导致形成了一个悖论。因此，无论做个体分析还是样本分析，抑或是大数据时代的总体分析，我们始终应该避免过于乐观，始终应该小心翼翼地用距离感来提醒自己：要在适当、合理的学术尺度上，在最大限度把握总体的前提下，保证社会分析的情怀和深度。

社会学的想象力，或者我理解的米尔斯所倡导的、我们一直孜孜以求的社会学想象力，绝不会仅仅来自固化的、一成不变的某种学派或某种技法，而是来自一条充满时代活力的巨大河流。在我看来，要完整地理解当代社会学的想象力，在当下特别重要的，乃是告别过往的定量定性、科学人文、个体总体孰高孰下的争辩，因为它们本来就是双峰并峙、二水分流，而社会学的想象力，是山之基石，是水之源流。作为研究者，我们应该尊重和包容各种方法，取长补短，而不必去追逐一种仅存在于想象中的方法大同的乌托邦。一名社会学家在进行思考之际，方法畛域之见越少，就越能拥有学术想象力的储备之泉。

正是这样千万社会学家的想象力的支脉源流，一起汇成社会学总体想象力的恣肆汪洋。

诚然，米尔斯在20世纪中叶对洞察世情、神游历史的心智品质之推崇，并不代表他对21世纪的当代社会学具有俯视或者神奇的预言能力。公允地说，米尔斯的局限性在于：20世纪的他，对社会学使命的理解仍然是19世纪式的。困在20世纪的米尔斯无法预见到：在21世纪，社会学本身已经成为一种严肃的公共智识事业，而不再是19世纪末到20世纪中期那样的个人作坊。对于米尔斯的想象力执念，我们应该深刻和动态地理解，在喝彩之余，最终还需要走出。因为，想象力原本没有那么神秘莫测，也未必需要加上米尔斯三个字来做这西方的加持。归根结底，社会学的想象力和方法论，虽紧密联系却属于两个不同的范畴。缺乏社会学的想象力，“人文”研究会降格为学者的自我思维放逐，而社会“科学”研究则可能沦落为学术流水线上的炮制。而方法的不足，只会进一步放大这种危险。我们要做的，应该是告别方法的高下之判和畛域之见，彼此尊重和理解，合力提升我们的社会学想象力。

回到社会网络和社会资本，回到因果推断。

我深信，因果推断是社会学定量分析的永恒主题，是当代社会学想象力中最为重要的组成部分。尽管我自己是大数据和计算社会科学的倡导者，但在我心目中，因果推断永远占据一个神圣的位置。在今年春天的南京大学本科生课程“定量社会分析前沿”的第一课上，我选取了这样的一个名字：“因果推断、大数据和计算社会科学：三体降临”。

这里的三体就是因果、大数据和社会计算方法，它们是定量社会学三大前沿。它们各自降临，给我们的学科带来巨大的推动力。但我们仍然需要一个可以整合它们的范式。这个范式，才是我们这一代社会学者所需要追寻的。它并不遥远，但必须一步一步去发现。从社会网络和社会资本领域，让我们开始这先驱者的一步。

图书在版编目（CIP）数据

关系社会资本新论/陈云松著. --北京：中国人民大学出版社，2020.6
（社会学文库）
ISBN 978-7-300-28169-8

Ⅰ. ①关… Ⅱ. ①陈… Ⅲ. ①社会资本-研究 Ⅳ. ①F014.391

中国版本图书馆 CIP 数据核字（2020）第 092012 号

"十二五"国家重点图书出版规划项目
社会学文库
主编　郑杭生
关系社会资本新论
陈云松　著
Guanxi Shehui Ziben Xinlun

出版发行	中国人民大学出版社		
社　　址	北京中关村大街 31 号	邮政编码	100080
电　　话	010－62511242（总编室）		010－62511770（质管部）
	010－82501766（邮购部）		010－62514148（门市部）
	010－62515195（发行公司）		010－62515275（盗版举报）
网　　址	http://www.crup.com.cn		
经　　销	新华书店		
印　　刷	北京宏伟双华印刷有限公司		
规　　格	170 mm×240 mm　16 开本	版　　次	2020 年 6 月第 1 版
印　　张	19.75 插页 2	印　　次	2023 年 1 月第 2 次印刷
字　　数	305 000	定　　价	69.00 元

版权所有　侵权必究　印装差错　负责调换